U0727098

新时代新理念职业教育教材·高速铁路系列
行业紧缺人才、关键岗位从业人员培训教材
高速铁路客运服务专业系列教材

高速铁路旅客服务心理学

主　编　兰云飞
副主编　宋婷婷　卢丽宁

北京交通大学出版社
·北京·

内 容 简 介

本书是"课程思政"建设探索教材,将思想政治教育元素融入专业课程教材中。本书由高校教师与企业专家联合编写,由 3 篇(5 个项目)组成,具体包括上篇心理基础知识(心理学与高速铁路旅客服务心理学、高速铁路旅客服务心理学基础知识)、中篇心理实务运用(高速铁路旅客的心理与服务、高速铁路旅客服务心理学实务)、下篇心理健康调节(高速铁路客运服务人员心理健康管理)。

本书体系全面、案例丰富、理实结合,适合作为高等职业院校、中等职业学校、技师学院、技工学校铁路运输类专业的教材,也可作为铁路职工培训用书。

版权所有,侵权必究。

图书在版编目(CIP)数据

高速铁路旅客服务心理学 / 兰云飞主编;宋婷婷,卢丽宁副主编. —北京:北京交通大学出版社,2023.7

ISBN 978-7-5121-5044-7

Ⅰ. ① 高… Ⅱ. ① 兰… ② 宋… ③ 卢… Ⅲ. ① 高速铁路–旅客运输–商业心理学–教材 Ⅳ. ① U293–05

中国国家版本馆 CIP 数据核字(2023)第 135067 号

高速铁路旅客服务心理学
GAOSU TIELU LÜKE FUWU XINLIXUE

策划编辑:刘 辉　责任编辑:刘 辉
出版发行:北京交通大学出版社　　　　电话:010-51686414　http://www.bjtup.com.cn
地　　址:北京市海淀区高梁桥斜街 44 号　邮编:100044
印 刷 者:北京时代华都印刷有限公司
经　　销:全国新华书店
开　　本:185 mm×260 mm　印张:13.25　字数:336 千字
版 印 次:2023 年 7 月第 1 版　2023 年 7 月第 1 次印刷
定　　价:48.80 元

本书如有质量问题,请向北京交通大学出版社质监组反映。对您的意见和批评,我们表示欢迎和感谢。
投诉电话:010-51686043,51686008;传真:010-62225406;E-mail:press@bjtu.edu.cn。

前　言

学习高速铁路旅客服务心理学是做好高速铁路客运服务工作的前提。

本书是"课程思政"建设探索教材，将思想政治教育元素融入专业课程教材中。本书由高校教师与企业专家联合编写，由 3 篇 5 个项目组成，上篇"心理基础知识"包括心理学与高速铁路旅客服务心理学、高速铁路旅客服务心理学基础知识 2 个项目，中篇"心理实务运用"包括高速铁路旅客的心理与服务、高速铁路旅客服务心理学实务 2 个项目，下篇"心理健康调节"包括高速铁路客运服务人员心理健康管理 1 个项目。

本书具有以下特点。

（1）本书依据教育部颁布的《职业教育专业简介》（2022 年版）、《职业学校专业教学标准》的要求进行编写，适合作为"旅客服务心理学""旅客心理学"等课程的课堂教学用书。

（2）为贯彻落实"立德树人"根本任务，本书在编写过程中将思政元素与专业课程内容进行融合，在专业课教材中潜移默化地体现贴合工作岗位的"思政"内容。

（3）本书是校企"双元"合作教材，由职业院校一线教师与铁路企业一线专家联合编写。

（4）本书设置"心理测评""心理自助"等栏目，可读性与实用性俱佳。

本书体系全面、案例丰富、理实结合，适合作为高等职业院校、中等职业学校、技师学院、技工学校铁路运输类专业的教材，也可作为铁路职工培训用书。

本书由黑龙江交通职业技术学院兰云飞担任主编，北京西站宋婷婷、广西经贸职业技术学院卢丽宁担任副主编。

由于编者水平有限，本书不足之处在所难免，恳请广大读者批评、指正。索取本书相关教学资源，可与出版社编辑刘辉联系（邮箱：cbslh@jg.bjtu.edu.cn；QQ：39116920）。

编　者

2023 年 7 月

目 录

上篇

心理基础知识

项目一　心理学与高速铁路旅客服务心理学

你是否了解自己、了解别人？为什么面对同样的情况，有的人会冲动，有的人却很理性？为什么有的人喜欢安静、有的人喜欢热闹？面对亲情、友情、爱情，不同的人为什么有不同的态度？这些都是心理学探究的问题。

心理测评

请扫描二维码，进行心理健康状况测评。

引导案例

乘务员陈自强的心理问题及乘务长李娜的帮助之道

陈自强是乘务班组的一名乘务员，今年刚入职。乘务长李娜发现陈自强有以下与常人不同之处。

（1）即使是很严肃的时候，也常自言自语，好像周围什么也没有，自己陶醉于自己的世界中。（感觉、知觉）

（2）对班组的许多制度都熟视无睹，不戴制帽、不微笑服务等现象时有发生，经常缺席班组的团建活动。（行为）

（3）经常发脾气，常常把同事的物品损坏。（情绪）

（4）孤僻、没有朋友。（性格）

李娜既是乘务长，也是党小组的组长，陈自强出现的种种问题，让她非常牵挂。

李娜经过了解发现，陈自强的家庭比较特殊。父母在外经商多年，由于不能陪伴陈自强成长，对他太过疼爱，导致其比较任性，根本不听父母的话。参加工作后，陈自强更加自由散漫。

李娜认为：童年的家庭环境造成了陈自强自由、放纵的性格。与父母的分离对他造成很大伤害。从小失去家庭的呵护，给他幼小的心灵留下阴影。由于父母不在身边，陈自强常自言自语，性格孤僻，同时内心又希望得到大家的重视，因此他想方设法搞一些恶作剧（如不戴制帽、发脾气等）。由于经常犯错误，经常受到大家的指责，使他变得更加放肆。

根据以上分析，李娜采取了以下帮扶措施。

（1）与陈自强交朋友。工作上耐心介绍操作规范，生活上帮助解决住宿、交通等实际困难，这些经常性的关注，使陈自强感受到班组的温暖。另外，安排陈自强和班组里活泼、开朗的同事"结对子"，安排他参加班组的各项活动，让他感受集体的氛围，感受朋友之情。

（2）持续、不断地对陈自强进行表扬、鼓励。培养他规范作业的自觉性。运用表扬、鼓励的语言激励他，在工作中给他"表现"的机会，逐渐让他改掉对制度熟视无睹的毛病。

（3）与陈自强的父母联系，及时反馈其在单位的情况。单位与家庭共同探讨帮助陈自强的办法与措施，合力促进陈自强的心理转变。

案例点评：

生活中充满了心理学现象。了解心理学、合理地运用心理学原理，对于解决工作、生活中遇到的问题具有非常积极的意义。

任务一 / 心理学的概念

知识点

- 心理学的概念；
- 心理学的发展历程；
- 心理学的研究对象；
- 心理学的研究意义。

技能目标

- 掌握心理学的概念，领会心理学的内涵；
- 掌握心理学的发展历程；
- 了解心理学的研究对象和研究意义。

素质目标

了解马克思主义心理学。

一、心理学的概念

心理学是研究人的心理现象发生、发展和活动规律的科学。人的心理现象，就是指心理活动经常表现出来的各种形式、形态或状态。心理活动分为外在心理活动和内在心理活动两种。外在个性心理可以被直接观察，包括语言、动作、表情等；内在心理活动不能被直接观察，但可通过某种途径被间接观察，如认知、情绪、意志和人格等。所有的心理过程都是密切联系、相互制约的。心理现象构成如图1-1所示。

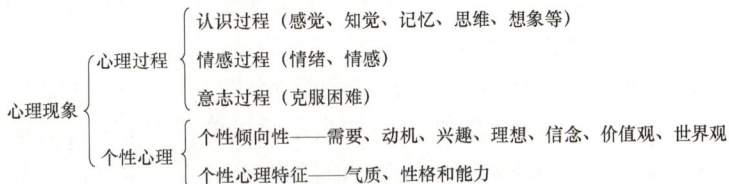

```
                    ┌ 认识过程（感觉、知觉、记忆、思维、想象等）
           ┌ 心理过程 ┤ 情感过程（情绪、情感）
           │        └ 意志过程（克服困难）
心理现象 ┤
           │        ┌ 个性倾向性——需要、动机、兴趣、理想、信念、价值观、世界观
           └ 个性心理 ┤
                    └ 个性心理特征——气质、性格和能力
```

图1-1　心理现象构成

二、心理学的发展历程

一般认为心理学最早起源于2 000多年前的古希腊，是从哲学的理论思想体系中转化出来的一门独立的学科，当时著名的哲学家柏拉图、亚里士多德就是站在哲学的角度和层面对人的心理变化活动进行了分析和研究。

柏拉图把人分为灵魂（心灵）和身体（肉体）两个层面进行研究。亚里士多德则认为，人之所以会产生各种心理变化，主要是因为人的心脏在不停地跳动，人的眼睛、耳朵等器官所获得的各种信息和知识等被引导到了心脏，从而形成了人的内在心理变化活动。亚里士多德著有一部《论灵魂》，在这部书中他对记忆、回想睡眠和清醒等与现代西方心理学相通的课题进行了系统的研究。但是后来由于宗教的兴起和其他因素的影响，人的心理变化活动和行为都被误认为是由神的旨意来安排和支配的，从而使得科学的心理学理论逐渐被宗教教义所取代，并在很长的一段时间内销声匿迹。直到17世纪工业革命和近代科学发展起来以后，心理学才从基督教的思维方式中脱离出来，从而确定了科学的心理学理论并得以不断发展。这一时期，在英国出现了"经验主义心理学"，后来发展成为洛克和休谟所提倡的"联想心理学"；与此同时在德国产生了"理性主义心理学"，笛卡尔与沃尔夫等又将其发展成为"能力主义心理学"。从18世纪到19世纪，西方医学和生理学的发展对心理学产生了极大的影响，有一种观点甚至认为心理学的源头不应是哲学，而应是生理学。19世纪中叶，随着冯特的出现，现代心理学终于诞生了。冯特出生在德国的一个牧师家庭，在修完医学与生理学课程后，他参加了一个测量神经脉冲速度的试验。在实验的过程中，他对神经系统与内心活动的关系产生了浓厚的兴趣。1879年，他在莱比锡大学创立了世界上第一个心理学实验室，这个实验室吸引了来自世界各地的思想活跃的心理学学者，在西方心理学的发展过程中起到了非常重大的推动作用。冯特的理论思想完全从以前哲学式的心理学研究方式中脱离了出来，即不再依靠冥想来探索人的内在心理变化活动，而是引入了当时自然科学的研究方式，通过实验来研究人的内心变化活动，并把人的意识分为感觉、视觉、听觉，以及人的感情（好恶）浮现在脑海中的意向、观念等。这些对内心的活动进行自我观察，从而对意识进行分析的研究方式被称为"内省法",后来冯特的构造主义心理学（着眼于对意识的分析），虽然受到了广泛的质疑和批评，但他的学生中却涌现出来许多优秀的心理学学者。

美国心理学家华生则提出了一套全新的心理学理论，即"行为主义心理学"。华生通过对老鼠的观察，认为人们虽然无法了解老鼠的意识，但可以把握它的行为。行为是意识的表现，是积极的机能，因此他主张心理学只需要分析人的外在行为就可以了，不必分析其内在的意识。也就是说不应该过于注重和考察客观上并不能把握的意识，而应依靠科学的测定对其表现出来的行为进行分析，华生的"行为主义心理学"对西方现代心理学产生了巨大的影响，并进一步演变发展成为对心理的活动过程（意识、期望）等进行考察的新行为主义思想理论。

心理学研究的根本目的不是研究心理活动而是行为，要将其定义为对人可观察行为的研究。心理学须研究和了解引起个体特有行为的周边环境状态。从根本上讲，人类与其他动物没有差别，研究手段和方法也应是相同的。美国人华生提倡行为主义心理学的同时，在大洋彼岸的欧洲，德国心理学家韦特海默等人所提倡的"格式塔心理学"也诞生了。

韦特海默生于布拉格，在布拉格大学学习心理学和哲学，他发表了关于拟动现象的论文，反对构造主义学说，他是格式塔心理学的创始人。在德语中格式塔是指集体的意思，因此他对反映在人眼中的物体并不是像冯特所想的那样，将其分为点和线来进行认识，而是倾向于将其作为一个整体来进行把握。故在格式塔心理学理论中，人的行为并不是单纯的要素集合体，而是一个整体综合的反映，如果仅仅分析行为的各个要素，就不能将其真正地解释清楚。也就是说，在冯特和华生对意识和行为进行分析的基础上，格式塔心理学又加入了新的重视整体性的观念，并认为人的感觉对外界各种各样的刺激并不是一个一个独立地进行认知的，而是将所有的刺激作为一个相互关联的整体进行认知的。不仅人的认知如此，人的记忆也有相同的特性。

弗洛伊德是奥地利的精神科医生，在维也纳修完医科课程后，先后在维也纳综合医院等处做医生，后来以精神病学家身份开业行医。1896 年，弗洛伊德首次使用"精神分裂"这个词，他在精神病治疗研究等领域做出了巨大的贡献，被世界医学界誉为"精神分析学"创始人。弗洛伊德经研究发现，在人的意识中存在着一个无意识领域，并认为人的意识存在着 3 个层面，即主动地进行思考和行动的意识，被遗忘的"前意识"，以及平时被压抑、没有表现出来的"无意识"，所以他的理论主张，只有这种被压抑的感情和需要，才是驱使人去做某种事情的原动力。比如当人们不愿再次去回想某种悲惨的经历，就会将这次经历压抑在"无意识"之中，平时这种经历好像在记忆中彻底消失了一样，但这种被压抑的记忆，在神经错乱、过失行为或在梦中都会表现出来。而且他还强调，梦是封锁在人的"无意识"中的，由另一个自我所传达出来的信息，与幼儿时期的性体验关系特别密切，这种把"无意识"中的东西意识化即精神分析，把压抑在"无意识"中的东西释放出来可以消除人的焦虑情绪，缓解神经衰弱。与弗洛伊德同一时期的学者大都认为"精神分析学"没有科学依据，但他的学说关注无意识及动机，对现代临床心理学等学科产生了巨大的影响。

荣格出生在瑞士凯斯维尔的一个牧师家庭，他在巴塞尔大学学习医学，对精神医学很感兴趣，后来成了苏里霍尔磁力精神病医院的一名工作人员，在这里他开始了在心理学方面的研究。他最早确立了"情结"概念，定义了心理学上的类型论，开创了"分析心理学"。荣格与弗洛伊德交往很深，并且在学术上相互影响。后来荣格提出了自己的学说——"分析心理学"，他将人的意识分为"意识"和"无意识"，并认为"无意识"非常重要，这一点与弗洛伊德的观点相同，但是在"无意识"的内容这个问题上，他超越了弗洛伊德，提出了自己的理论学说，他认为"无意识"有两种，分为"个人无意识"和"集体无意识"。

荣格所提倡的心理学，研究的并非通过经验而获得的"无意识"，而是完全依靠遗传延续下来的人类共同的"无意识"世界，这也是其心理学理论的本质所在。另外，荣格最早提出了"情结"这一概念，所谓的"情结"，是一个人对某种事物不同抑制的反应，通过这种反应，可以推测出这个人内心的某种症结，对本人来说也是一种"无意识"，但对这个人的观念、行为和感情则有着很大的影响。多数的"情结"都是由感情上的创伤所引起的，与憎恨、嫉妒、厌恶、恐惧、自卑、负罪等情感相伴而生。平时"情结"被压抑而封闭在"无意识"的领域，当失去自控力时，便会导致神经功能症等问题。荣格认为，不应该压抑"情结"而应该对抗它，克服它。

西方的心理学最早起源于古希腊的哲学，一直到 19 世纪中叶科学的心理学才得以诞生，到现在也就一百多年的历史，但其对西方社会的影响却是深远的。目前西方国家对心理学的研究和应用范围也几乎涵盖了生活的各个层面，主要包括精神学、生理学、社会心理学、犯罪心理学、幼儿心理学、教育心理学、婚姻家庭心理学、老年心理学、社交心理学等方面，同时心理咨询和心理治疗在西方国家中，成为人们日常生活中不可缺少的一个重要组成部分。

素质拓展

马克思主义心理学

心理学是对哲学社会科学具有支撑作用的学科之一。当前，心理学研究的应用价值受到了重视。比如，培育和践行社会主义核心价值观，要取得"春风化雨、润物无声"的效果，离不开心理学知识和心理学工作者的深度参与。心理学应当应用到包括铁路交通在内的国家发展的各个方面。

坚持马克思主义在我国心理学领域的指导地位，才能促进我国的心理学研究取得持续而快速的发展，并更好地服务于建设中国特色社会主义的伟大实践。

西方现代心理学是西方文化的产物，是建立在对西方人心理的研究基础上的。但是，世界各地不同民族、文化的人，其个体与社会心理都存在明显差异。目前在我国，心理学中国化研究十分热门，这也反证了西方主流心理学的偏颇。心理学中国化的要义有两点：一是心理学研究要坚持以马克思主义为指导，二是要更好地服务于中国特色社会主义建设。

心理学的运用，一定要注重增强广大人民群众对中国特色社会主义理论的认同，这样可以使我们的心理学运用更有价值。

在高速铁路客运服务工作中，通过对心理学知识的运用，让广大旅客了解"人民铁路为人民"的宗旨，坚持以人为本，最大限度地满足广大旅客的实际利益，通过有效的心理沟通让旅客感受到中国铁路的责任与担当，进而潜移默化地感受中国特色社会主义制度的优越性。

点拨要点、领会精髓：

（1）中国是社会主义国家，中国心理学的发展必然以马克思辩证唯物主义思想为指导。

（2）运用心理学服务中国特色社会主义建设是心理学研究的重要目的之一。

（3）在铁路运输领域应用心理学理论，为的是将"人民铁路为人民"的初心和使命落到实处。学习心理学是为了更好地为旅客服务，让旅客真切地感受社会主义制度的优越性。

三、心理学的研究对象

心理学研究的对象是心理现象或心理活动，包括心理过程和个性心理两大部分。

心理过程分为认识过程，情绪、情感过程和意志过程。认识过程是人脑对客观事物的现象和本质的反映过程；情绪、情感过程是人对所认识、所操作的事物的态度的主观体验过程；意志过程是指为达到预期目的并与克服困难相联系的心理活动过程。这三个过程既相互联系又相互制约。

个性心理包括个性倾向性和个性心理特征两个方面。个性倾向性是指一个人所具有的意识倾向和人对客观事物的稳定的态度，包括需要、动机、兴趣、理想、信念、世界观等因素；个性心理特征是一个人经常表现出来的本质的、稳定的心理特点，包括能力、气质、性格等因素，这种特点是个性倾向性稳固化和概括化的结果。

心理过程与个性心理相互区别又相互联系，构成一个人心理的统一体。综上所述，可以把心理学的研究对象概括为：心理学是研究人的心理活动发生、发展及其变化的规律性，研究个性心理形成和发展变化的过程，研究心理过程和个性心理相互作用的规律的科学。

四、心理学的研究意义

在企业经营中，研究心理学有两大意义：提高企业的工作效益、劳动生产率和对劳动者进行心理素质的培养、教育。其中主要的任务是掌握管理工作中个体、群体、组织的心理活动规律，从而制定出管理个体、群体、组织的科学管理方针、政策和方法，同时极大地促进领导者管理水平和领导艺术的提高，在此基础上提高企业的工作效益和劳动生产率。另外，吸收、运用心理学的理论、方法，探讨组织中个体、群体、组织、领导的心理活动规律，通过调整人际关系、激励动机、提高领导水平和领导艺术、增强组织凝聚力等手段，来协调人与人的关系，以提高社会生产效率、合理利用人才资源和解决在生产过程中的一些心理问题。

心理自助

"社恐"的心理学分析与自我调适

"社恐"即社交恐惧症，也称社交焦虑。

社交恐惧、焦虑的核心在于在意自己在他人心中的形象，害怕自己表现不好，被人轻视；害怕让自己在意的人失望；害怕被人拒绝，总之害怕自己的所作所为影响别人对自己的评价，会过分关注自己在别人眼里的样子。

社交恐惧、焦虑有心理学根源。

我们对社交的恐惧其实是对"达不到"的焦虑。达不到我们理想中的自己，达不到我们自己觉得理应成为的自己，或者达不到社会想让我们成为的样子。你认为自己不会让人满意，理由是你觉得自身有一些缺点、不足或者性格缺陷。这些问题让你不自信。与其让人失望，让自己痛苦，干脆不社交、宅在家里，出门也不和人打招呼，不结交新朋友。

社交恐惧、焦虑在一定程度上保护我们免受遭到拒绝的伤害，它通过让我们适应社交环境的细枝末节、规范标准、气氛动向，校准我们自己的行为，融入环境，从而避免遭到拒绝和轻视。从这个角度看，社交恐惧、焦虑是好事，人类是社会性动物，我们生活在集体中，不论是否喜欢，我们都得依赖他人，被人拒绝很痛苦，社交焦虑在保护我们尽量少地被拒绝。但是如果社交焦虑开始影响正常的生活了，出现不工作、自闭、躺平、摆烂，那它就有问题了。社交焦虑会影响一个人生活的方方面面，会影响他对兴趣爱好的选择，倾向于选择独自一人进行的活动，比如选择阅读、写作，而不是选择团体运动之类的活动；会影响人们选择的职业道路，倾向于选择更独立的工作岗位，比如选择计算机编程类的岗位，而不是销售或客服之类的岗位。社交焦虑还会影响人们的日常生活。

小妙招

围绕社交障碍进行自我对话，培养社交勇气。解决社交焦虑的方式并不是预防或者避免被拒绝。解决社交焦虑的方式是培养社交勇气。社交勇气意味着，即使你知道可能会被拒绝，也会勇敢地追求你想要的体验。其实，在人生中被拒绝的概率是很高的。更惨的是你可能会因为那些你无法改变的事情被拒绝，例如你的出身、你的外貌等。拥有社交勇气意味着，任何经历对你都很重要，而且你知道它们的成功与否，都与你作为一个人的价值无关，所以要勇敢地去追求。拥有社交勇气意味着你了解自己的价值，找到一群人、一个社会集体，愿意爱他/她，接受他/她。拥有社交勇气意味着邀请他/她去约会，申请一个岗位，在会议或者派对上大胆发言，或者在公共场合做一场大型演讲，就算你遭到拒绝仍跃跃欲试。你的目标不该是让世人不要注意你，而是让你感受最鲜活、最有存在感、最真实的自己。

任务二 / 高速铁路旅客服务心理学知识体系

知 识 点

● 高速铁路旅客服务心理学的关联学科（行为学、心理学、管理学、消费心理学、管理心理学）；
● 高速铁路旅客服务心理学的研究对象和研究任务；
● 学习高速铁路旅客服务心理学的意义。

技能目标

● 了解高速铁路旅客服务心理学的关联学科，并领会它们之间的关系；
● 掌握高速铁路旅客服务心理学的研究对象和研究任务；
● 理解学习高速铁路旅客服务心理学的意义。

素质目标

● 树立"人民铁路为人民"的初心与使命。

一、高速铁路旅客服务心理学的关联学科

高速铁路旅客服务心理学的研究对象是人。人的本质与行为规律是什么，这是行为学研究的对象；人的行为规律受人的心理活动规律支配，心理活动规律是心理学研究的对象；如何适应人的心理活动规律，有效地组织运输企业的工作，满足旅客的需要，这又是管理学所研究的对象；将心理学和管理有机结合在一起，实行科学的管理，充分调动高速铁路客运服务人员的工作积极性和创造性，这是管理心理学所研究的对象。旅客在旅客运输过程中作为消费者接受运输服务，研究旅客消费心理，对于旅客，可提高消费效益；对于运输企业，可提高经营效益。高速铁路旅客服务心理学的关联学科主要涉及行为学、心理学、管理学、消费心理学、管理心理学。

（一）行为学基础理论

行为学是研究人的哲学，即研究人的本质与行为规律的学问。行为学作为一门学科，主要研究 3 个方面的内容：一是人的本质，二是人的行为，三是行为学说探讨。心理学研究的对象是人，因此其与行为学说有密切的联系。

1. 人的本质

1）关于"人是什么"的问题

越是司空见惯的事物，人们对其内在意义的认识越容易被忽略。"人"的定义，看起来很简单，其实在"人"这个词中包含了许多深刻的含义。

关于"人是什么"的问题，既古老又新颖，既平常又深奥。许多哲学家、社会学家、科学家提出了种种见解，但都各执一词，没有从本质上给予回答。马克思和恩格斯揭开了"人是什么"之谜。

2）马克思主义关于人的本质的理论

马克思主义吸取了人类思想史上的文化成果，在唯物史观的基础上，提出了关于人的本质的科学论断。马克思主义反对抽象地理解人的本质，主张从现实的、具体的角度去理解人。他认为在考察人的本质、理解人时的出发点是处在现实中的、可以通过经验观察到的、在一定条件下进行的发展过程中的人。马克思主义得出了人的本质的科学论断："人的本质并不是单个人所固有的抽象物。在其现实性上，它是一切社会关系的总和。"这一马克思主义关于人的本质问题的经典表述既是对人的本质的科学论断，也为考察人的本质提供了科学的思维方法。

在人的本质问题上，马克思主义从历史的、社会关系的总和方面去考察人的本性。

（1）人是社会关系的总和。

马克思说："人的本质并不是单个人所固有的抽象物。在其现实性上，它是一切社会关系的总和。"这是对人的本质问题最科学、最深刻的说明。这个论断的根据表现在以下两个方面。

① 生产劳动、语言、思维，是人特有的属性，是人区别于动物的依据，是人的社会性的重要表现。在劳动过程中，人以意识为指导，有目的、有计划地改造自然界。在人活动的过程中，人必须结成一定的社会关系，即一定的经济关系，才能实现人类在自然界求生存和发展的目的。经济关系是其他一切社会关系存在、发展的基础。对于生产劳动，不论是它的形式（经济关系），还是它的内容（社会生产力），都是社会特有的。这种社会性是人的本质的一个方面，或一个层次。语言是人类交流的工具，是在生产劳动过程中产生和发展的。思维

11

是语言的内容，语言是思维存在、传播的具体形式。

② 生产劳动、语言、思维相结合，形成了人类特有的主观能动性。在劳动中，人类借助语言的思维形式反映事物的内在一般属性，尤其是事物存在和发展的规律性。人们正是在思想指导下，通过语言协调人们的行动，以改造自然和社会。

因此，人具有自然属性和社会属性两个方面的表现。这两种属性客观存在，但不是同等重要，不是平行发展的。人的自然属性受人的社会属性的限制。作为人的本质的社会属性是十分复杂的，除生产劳动、语言、思维外，还有民族国家关系、家庭婚姻关系、同事同乡关系、宗教信仰关系，等等。在阶级社会中，人的社会属性还存在着阶级关系。

（2）人的本质是一个历史过程。

人们所处的各种社会关系不是永恒不变的，而是一个历史过程。生产劳动是人类产生、存在的基础，生产劳动的发展是人的本质发展的基础。随生产劳动的发展，人所处的经济关系在不断地发展变化。随社会经济关系的变化，人们的其他社会关系也在改变。

（3）人的本质不是永恒的。

俗话说"江山易改，本性难移"，这句话的意思是说：人的本质是稳定的，但不是绝对不变的，只是难以改变而已。一个人呱呱坠地，就加入一定的家庭关系、民族关系、经济关系、阶级关系之中。当他背起书包进入学校，他又有了师生关系、同学关系。当他走出学校参加工作时，他又有了同事关系、上下级关系。各种关系的变化影响并导致人的本质的变化。

我们在日常生活中常听到这样一句话，某人一升职就和从前不一样了。产生不一样的原因主要有两个。一是自我感觉不一样。原来只是一名普通的社会个体、职工，按与绝大多数人相同的生活方式和工作方式生活和工作。当他升职后，便进入管理阶层，他的工作方式改变了，他要按他的职位要求去工作，使他的心态发生了变化。二是他人感觉不一样。人们会对领导提出与普通职工不同的要求，也会对领导有较高的社会期待。从这一问题中可以看出，人的本质是可以改变的。由此可以延伸出，随着人们生活水平的提高、精神素质的提高，人们对铁路客运服务的要求也会提高。

马克思主义主张，人的本质是历史的、发展着的各种社会关系的总和，这是有充分历史根据和现实根据的、科学的关于人的本质的理论。

2. 人的行为

1）关于人类行为

从心理学的角度看，人的行为起源于脑神经的交合作用，综合形成精神状态，即所谓的意识；意识表现于动作时，便形成了行为，而意识本身则成为一种内在行为。

人类行为是有共同的特征的。不管男女老少，不管属于何种社会阶层，以及任何时代、任何种族，人有不同于其他动物行为的共同点。综合各种研究的结果，人类行为特征至少有以下几个方面。

（1）人类行为是自发的。人的行为是自动自发的。外力能影响人的行为，但无法发动其行为。外在的权力、命令无法使一个人产生真正的效忠行为。

（2）人类行为是有原因的。任何一种行为的产生都是有一定原因的。行为同人的需求有关，还同该行为所导致的后果有关。就需求来说，人们的行为受他自己的需求所激励，而不受别人认为他应该有的需求所激励。对于旁观者来说，一个人的需求也许是离奇而不现实的，但对这个人来说，这些需求恰恰是处于支配地位的。

（3）人类行为是有目标的。人类行为不是盲目的，它不但有起因，而且有目标。有时，在旁人看来是毫不合理的行为，对其本身来说却是合乎目标的。

（4）人类行为是持久性的。任何行为在目标没有达成以前，是不会终止的，它也许会改变方式，例如由外显行为转为潜在行为，但总是不断地向着目标进行。

（5）人类行为是可改变的。人类为了达到目标，不仅常改变行为方式，而且能经过学习或训练而改变行为的内容。这与其他受本能支配的动物行为不同，人类的行为具有可塑性。

人类的行为具有这些特征，是因为人类的行为都是有动机性的行为。研究人的行为的共同特征，对探索动机的规律、心理活动的规律，是有很大帮助的。

人的行为的基本单元是动作，所有的行为都是由一连串的动作所组成的。管理工作的重要任务之一，就是要了解、预测与控制一个人在什么时候发生什么动作；同时要了解是什么需要和动机能在某一特定时间唤起某一动作。

2）行为种类

行为的种类很多，可以从不同方面对其分类。

（1）按行为主体的不同分类。

① 个人行为（包括个人的生长、发育、学习、意见等行为）；

② 团体行为（包括团结、互助、合作、友好、谅解、默契、分歧、对抗、破坏等行为）。

（2）按人类活动领域的不同分类。

① 管理行为（包括计划、组织、领导、激励、控制、决策、预测等行为）。

② 政治行为（包括选举、公务、行政、民族团结、国际关系等行为）。

③ 社会行为（包括社会控制、社会变迁、社会要求、社会文明、社会进步、社会发展等行为）。

④ 文化行为（包括文化艺术活动、教育活动、体育活动、学术研究等行为）。

⑤ 战争行为（包括思想战、心理战、谋略战、团体战、情报战、宣传战、军事战等行为）。

3）研究人的行为的目的

研究人的行为规律，主要是研究人的行为激励问题，提供激励的各种途径和技巧，其研究的主要内容和目的，可概括为以下几个方面。

（1）研究人类行为产生的原因，目的在于激发动机，推动行为。

（2）研究人类行为的控制与改造，目的在于保持正确的行为。

（3）研究人与物的配合，如人机工程，目的在于提高劳动生产率和经济效益。

（4）研究人与人的协调，如人际关系，目的在于创造一种良好的激励环境，使人们能够持久地在激励状态下工作，保持饱满的情绪、高涨的兴趣、十足的干劲、舒畅的心情，主观能动性得到充分的发挥。

总之，研究人的行为的目的在于调动人的积极性。

（二）心理学基础理论

心理学是高速铁路旅客服务心理学的主要理论依据。要想做好旅客服务工作，首先必须了解和掌握旅客的心理特征、心理活动及其规律性。心理学对一切社会实践均具有普遍的指导意义。

1. 关于心理学

心理学是一门研究人的心理现象及其规律的科学。在很长一段时间，心理学从属于哲学范畴。随近代哲学思想和生理学研究的进步，尤其是 19 世纪以来生物学等自然科学的迅速发展，为心理学的研究积累了大量有关人体的知识。医学在神经系统研究方面的巨大成就，为心理学的研究提供了科学依据。这些学科的研究成果促成了关于"心理是人脑的机能"的理论的产生，为心理学的创立奠定了基础。1879 年，德国生理学家、哲学家冯特，继承了相关心理学的研究成果，在莱比锡大学创办了第一所心理学实验室，对各种心理功能进行系统的研究，从而使从属于哲学范畴的心理学分离出来成为一门独立的科学。这是人类社会历史发展的必然结果。

20 世纪中期以来，心理学有了极大的发展，这是由其学科特点所决定的。心理学在其自身发展中的一个最突出的特点就是它最容易与邻近学科建立联系，并向一切与之相联系的学科渗透和结合，因此，心理学的发展之快，分支之多，服务领域之广，是其他任何一门学科都难以比拟的，其中有许多分支的研究成果为行为科学的发展提供了理论来源。

2. 心理现象

任何一门科学都有其特定的研究对象和探索的领域，心理学研究的对象是人的心理现象。人们在生活实践中与周围环境、事物相互作用，必然有这样或那样的主观活动和行为表现。这就是人的心理现象，简称为心理。

人的心理是由心理过程和个性心理两大部分组成的。心理过程和个性心理是人的心理活动的基本形式，也是人的心理表现的重要方面。

1）心理过程

心理过程即人的心理活动过程，它是在人脑中发生、发展和完成的。人的心理过程按其性质与功能的不同，分为认识过程，情绪、情感过程和意志过程 3 个既有区别又有联系的过程。

（1）认识过程。认识过程是人接受、储存、加工和理解各种信息的过程，即人脑对客观事物的现象和本质的反映过程。人的认识过程是从感觉开始的。

（2）情绪、情感过程。人们在认识客观事物的过程中，绝不会是无动于衷的，而总是持有一定的态度和倾向，产生某种主观的体验，如喜、怒、哀、乐、爱、憎、恶、惧等，这些均属人对各种不同事物的态度和体验，人对所认识或所操作的事物的态度的主观体验过程就是情绪、情感过程。

（3）意志过程。人不仅能对客观事物进行感受和认识并产生情绪和情感，还能根据对事物的认识和在情感的激励下，进行有意识的变革客观环境的活动。人类不仅能认识世界，还能改造世界，这是人与动物的根本不同之处。

人在认识和改造世界的活动中，总是带有一定的目的性。这种为改造客观事物而提出目标，制订计划，选择完成计划的方式、方法，坚持不懈地努力，克服各种困难，以达到预期目的的活动叫作意志行动。为达到预期目的并与克服困难相联系的心理活动过程即为意志过程。

认识过程，情绪、情感过程和意志过程都有各自发生、发展的历程，并且在它们之间还存在着一定的时间延续，故称为心理过程。

认识过程，情绪、情感过程和意志过程所构成的心理过程及其相互联系、相互制约的关系是心理学研究的重要内容之一。

2）个性心理

人的心理活动不仅有各种各样的心理过程，而且在具体人身上产生时，还表现出不同的特点。这些不同的特点构成了人与人之间在心理上的差异，称为个性差异。个性差异主要体现在两个方面：个性倾向性和个性心理特征。

（1）个性倾向性。个性倾向性又称个性心理倾向性，是指一个人所具有的意识倾向和对客观事物的稳定的态度。它是人从事各项活动的基本动力，决定着人的行为的方向，其主要包括需要、动机、态度、兴趣、理想、信念、世界观。世界观在个性倾向性各成分中居于最高层次，决定着人的总的心理倾向。心理倾向在个性倾向中，随一个人的成熟与发展的阶段的不同而不同。在儿童期，支配人心理活动与行动的主要心理倾向是兴趣；在青少年期，理想上升到了主导的地位；到青年晚期和成年期时，人生观和世界观支配着人的整个心理与行动，成为起主导作用的心理倾向。

（2）个性心理特征。个性心理特征是一个人身上经常表现出来的本质的、稳定的心理特点，这种稳定的心理特征是个性的心理倾向稳固化和概括化的结果。个性心理特征包括能力、气质和性格。

总之，心理学研究的对象包括两个方面：心理过程和个性心理两个方面。心理过程和个性心理是相互联系而密不可分的。一方面心理过程是个性形成的条件和表现，如果没有对客观事物的认识，没有对客观事物的情绪、情感，没有对客观事物的积极改造的意志行动，人的个性是难以形成的；另一方面，已形成的个性特征又可以影响和制约心理过程的进行，并在心理活动过程中得到表现。如具有不同兴趣和能力的人，对同一事物的认识及解决问题的水平常常是不同的。性格不同的人，在处理同样问题时，常常表现出不同的行为特点，有的人迅速果断，有的人犹豫不决。因此，人的心理过程和个性心理是一个既有区别又有联系的统一整体。要深入地了解人的心理现象，真正掌握人的心理全貌，必须考虑到人的心理活动的整体性，并从心理活动的整体性上加以考察和研究。

3）心理现象与行为

行为是指人的反应系统，它由一系列反应动作和活动构成。有的行为表现得很简单，而有的行为表现得很复杂。

行为总是在一定的情况下产生的。刺激是引起行为的内、外因素。在人类行为中，语言刺激具有重要的意义，通过语言发布命令，可支配别人的行为，也可进行自我调节，使行为服从预定的目的。

行为不同于心理，但又和心理有着紧密的联系，引起行为的刺激通常通过心理的中介而起作用。人的行为的复杂性是由心理活动的复杂性引起的。同一刺激可能引起不同的反应，不同刺激也可能引起相同的反应，其原因就在于人有丰富的主观世界。主观世界的情况不同，对同一刺激的反应是不一样的。

心理支配行为，又通过行为表现出来。一个人的视觉和听觉能力，是通过他对微弱光线和声音的反应表现出来的；一个人的记忆，是通过他运用知识和开展活动表现出来的；一个人的情绪和情感，是通过面部的表情表现出来的。心理现象是一种主观精神表现，看不见，摸不着，而行为具有明显的外在特点，它可以应用客观的方法进行测量。由于行为表现了人的心理活动，因此，可以通过观察和分析行为，来客观地研究人们的心理活动。通过对行为的客观记录、分析和测量来揭示人的心理现象的规律性。

3. 群体心理

1）群体的含义与分类

（1）群体的含义。

群体是指由于某些相同的心理、社会原因，以特定的方式组合在一起进行活动，且相互制约的人群或人的共同体。群体具有以下特点。

① 群体成员具有共同的社会需要或目标，不管他们是否意识到这一点。

② 群体具有某种结构形式，使成员处于一定的关系之中，从而能够经常地相互接触，以保证共同任务的完成。

③ 群体具有自己的规范与心理倾向，并对成员发挥影响或制约作用。

（2）群体心理与个体心理。

群体由个体组成，个体离开群体就会失去他的社会性，甚至难以生存。但是，群体不是个体简单的总和，它有自己的特征与质的规定性，因此，群体心理与个体心理表现为相互区别、相互联系、相互制约的关系。如果没有个体心理就不会有群体心理，离开群体心理，个体心理也会失去重要的来源。

（3）群体的分类。

群体可以根据不同的标准去划分。

① 按规模划分，群体可分为大型群体和小型群体。

大小是相对的，从社会心理学的角度对群体大小的划分提出了一个标准，这就是群体的成员之间是否有直接的、面对面的接触和联系。凡是群体成员之间有直接的、面对面的接触和联系的群体是小型群体；而大型群体的成员之间只是以间接的方式联结在一起。

由于小型群体中人与人之间有直接的接触，人们能建立起情绪和心理上的联系。相对来讲，在小型群体中的人的心理因素的相互作用大于大型群体中的作用。小型群体的特点表现为：人数不多；群体成员之间有直接的个人交往和接触；群体成员由共同的活动结合在一起；群体成员之间发生感情上的相互关系；成员的行为受群体中形成的规范所调节。

② 按社会的规定性划分，群体可分为正式群体和非正式群体。

正式群体是指由正式文件明文规定的群体，成员有固定的编制，有规定的权利和义务，有明确的职责分工。

非正式群体没有正式规定，成员之间的相互关系带有明显的情绪色彩，以个人之间的好感、喜爱为基础，群体成员之间也有一定的结构和规范。

在正式群体内存在非正式群体，非正式群体的成员可能分别隶属于不同的正式群体。因此，非正式群体会从不同侧面影响正式群体的活动。

③ 按群体发展水平和成员之间关系的密切程度划分，群体可分为松散群体、联合群体和集体。

松散群体是指人们只在空间和时间上结成群体，群体成员之间没有共同活动的内容、目的和意义。

联合群体是松散群体进一步发展的结果，参加这种群体的成员有共同的活动目的，但这种共同活动都只具有个人意义，活动的成败直接与个人利益有密切的关系。

集体是群体发展的最高形式，它是成员结合在一起，从事共同的、具有个人意义和社会意义的活动。真正的集体应兼顾个人、集体和整个社会的利益。

集体是为了实现有公益价值的社会目标、严密组织起来的有纪律、有心理凝聚力的群体。集体具有以下心理特征。

① 有达到目的的指向性。

② 与上述指向性结合在一起的团结性。

③ 在交往中的集体主义与同志关系。

④ 保卫集体利益的组织与纪律性。

集体是群体的最高形式，有些群体可能是集体，有些群体始终没有成为集体。

2）群体对个体的影响

（1）群体对个体影响的手段。

① 规范。群体规范是指群体所确立的行为标准，它规定了对其成员行为可以接受和不能容忍的范围。群体规范的形成受模仿、暗示、顺从等心理因素的制约。群体存在的重要条件之一是它的一致性，这表现为群体成员行为、情绪和态度的统一。群体成员在相互作用的条件下，会发生一种彼此接近、趋同的过程，这是由于相互模仿，受到暗示、表现出顺从所造成的。

② 舆论。舆论是群体中占优势的言论与意见，它与一定的群体规范相联系，是群体规范的表现形式。规范由舆论加以支持，并对群体成员行为具有约束力。舆论与规范共同对群体内的成员产生制约作用。

③ 压力。当一个人在群体中与多数人的意见有分歧时，会感到群体的压力，压力迫使群体成员改变自己的行为。

④ 凝聚力。凝聚力是指一个群体具有的使其成员愿意留在群体中的吸引力，使每个成员以群体为自豪，有共同的看法、共同的感情、统一的步调，表现出对群体的忠诚。凝聚力的大小与个体心理发展水平、个体的个性特征、群体舆论与规范及压力等方面有关。凝聚力有积极的一面，也存在消极的方面。

⑤ 心理气氛。心理气氛是群体中占优势的人们的某些态度与情绪的综合表现，它有积极的一面，如群体的和谐、欢乐、严肃、紧张而有秩序；也有消极的一面，如群体的敌意、喧嚣、苦恼、烦闷而杂乱无章。它的存在给群体生活染上一层特有的色彩，作为一种社会条件影响每一个群体成员的心理和行为。一般来讲，符合群体中比较一致的观点与共同需要的事物，大多能引起积极的、舒展的心理气氛；与群体的观点与需要相抵触的事物，则容易引起消极的、沉闷的心理气氛。

⑥ 士气。士气是当群体成员去完成共同任务时所显示出的积极的态度与高涨的情绪，由这种精神状态所构成的总气氛，对群体成员的行为具有很大的促进作用。例如，有光荣传统的乘务组，战斗力特别强；有一种说法，"姑娘在场，小伙子干劲儿高"。这些说明士气的高低与群体以往的经历和人员的构成有关。应注意对群体光荣传统的宣传及人员的搭配、组合，以便提高群体成员的工作士气。

（2）从众行为。

从众行为是指个人在群体中，因受到群体的影响和压力，在知觉、判断及行为上倾向于与群体中多数人保持一致的现象。

根据内外两个层次和是否从众，可把从众现象划分为 4 种情况：表面从众，内心接受；

表面从众，内心拒绝；表面不从众，内心接受；表面不从众，内心拒绝。个人是否易于从众主要取决于情境因素和人格因素。

① 情境因素从以下 6 个方面对从众行为产生影响。

● 事情的性质。问题复杂、情况不明、判断缺乏标准时，人容易从众，这与人对信息的掌握有关。多数情况下，人们对外部环境及自己本身的信息的获得均主要来自他人，并倾向于相信他人提供的知识和信息会对自己有帮助，这就容易使人产生遵从他人意见和效仿他人的行动，而不做出自己的判断。

● 群体的声誉。如果群体为人们所认同且大家乐于加入该群体，这一群体中的个人行为容易出现从众现象。

● 群体人员的成分。如果群体人员认为多数群体成员的地位与能力高于自己，则容易使自己放弃己见，出现从众行为。

● 群体的凝聚性与一致性。群体成员凝聚力高，个体在其中易从众，如果群体经常一致反对某一个人的意见，则此人容易屈从；群体内持不同意见的人若有同伴支持，就会降低他的从众性。

● 群体的情绪气氛。群体多数成员对有不同看法的人，持不能容纳的态度，甚至公开威胁，造成气氛紧张，而对顺从者赞扬、奖励，就容易使个体产生从众行为。

● 群体间的联络结构关系。任何群体都是更大群体的一环，中小群体内的大多数人的意见、行动若得到大群体的支持，个体一般难以抵抗，容易使他产生从众行为。

② 人格因素主要从以下 5 个方面对从众行为产生影响。

● 智力的高低。一般来说，智力低者易受群体压力的影响，容易产生从众行为。

● 情绪的稳定性。焦虑、情绪不稳定的人，对外力的抵御能力低，容易产生从众行为。

● 自我概念。对自己的看法不固定，缺乏自信的人容易产生从众行为。

● 人际关系概念。过分依赖他人与看重权威的人，易受别人暗示而产生从众行为。

● 社会态度与价值。重视社会秩序与权威，处处顾全大局、喜欢息事宁人或墨守成规的人，容易产生从众行为。一个人若有坚定的世界观，有不怕牺牲、不怕孤立的精神，一般不会盲目地从众。

从众现象有好坏之分，表现为两极性，因此，应具体分析，因势利导，发挥积极的"从众"，克服消极的"从众"。

（3） 社会助长和干扰作用。

有人在场或几个人一起工作时，可以促进个人活动效率的提高，这称为社会助长，与这种结果相反，则称为社会干扰。

产生社会助长还是社会干扰，受许多原因制约，主要与在场的旁观者的身份有关，与个体的心理品质有关，与活动的性质、复杂程度有关。一般来讲，从事比较简单、容易的工作，有他人在场会产生社会助长作用。从事复杂和困难的工作，有他人在场容易干扰人的思维，易产生社会干扰作用。

（4）社会标准化倾向。

每个人的能力水平和类型不同，兴趣和性格各异，因而在单独从事某种活动时，对事物的知觉、对问题的分析判断、动作的反应速度和工作效率等方面，都表现出个体差异。但是，个人在群体中活动，这些差异明显缩小，并趋于同一标准，这种现象被称为社会标准化倾向。

产生社会标准化倾向的原因来自群体的舆论、规范和压力，以及群体内成员的相互学习。因此，要想改变个人行为，应该首先改变个人所从属的群体规范，否则达不到改变行为的目的。

3）群体的沟通和冲突

（1）群体的沟通。

群体的沟通就是群体内信息的交流。

① 沟通主要有以下几种形式。

● 正式沟通与非正式沟通。正式沟通是通过正式渠道进行信息交流。非正式沟通是利用除正式渠道外的其他渠道传递和交流信息。

● 上行沟通、下行沟通和平行沟通。上行沟通是指下级的意见向上级反映。下行沟通是上级的指令向下级传达。平行沟通是同级之间信息的交流和传递。

● 单向沟通和双向沟通。单向沟通是信息发出后不需信息接收者进行意见反馈。双向沟通是信息的发送者和接收者之间进行反复交流。

● 口头沟通和书面沟通。口头沟通是用口语的形式进行信息的交流。书面沟通是用文字的形式进行交流。

② 产生沟通障碍的主要原因如下。

● 语言表达和理解的障碍。

● 缺乏实事求是的态度，人为造成干扰，产生沟通障碍。

● 人格特征方面的障碍。

旅客和高速铁路客运服务人员之间、高速铁路客运服务人员之间，以及高速铁路客运服务人员与客运管理人员之间，需要进行大量的信息交流。信息沟通得好，会提高管理水平和服务质量；信息沟通得不好，则造成很多的问题，影响管理水平、服务质量的提高。

（2）群体的冲突。

冲突是当人们面临两种互不相容或相互排斥的目标时产生的心理体验。

① 冲突的表现形式如下。

● 个人的心理冲突。一个人面临两种互不相容的目标，感到左右为难时所产生的心理冲突。

● 群体中个人之间的冲突。群体中人与人之间经常产生冲突，冲突的内容各不相同，有客观原因，也有主观原因。

● 群体和群体之间的冲突。两个群体在竞争的条件下会产生冲突的现象。

② 解决冲突的方法。总的来说，解决冲突应具体问题具体分析。常规的解决冲突的方法如下。

● 协商解决。冲突双方各派代表通过协商解决冲突。

● 仲裁解决。由第三者进行仲裁使冲突得到解决。

● 权威解决。由权威部门或人士用命令的形式使冲突得到解决。

在高速铁路客运管理过程中，旅客之间、旅客与高速铁路客运服务人员之间、高速铁路客运服务人员之间难免会发生冲突。从高速铁路客运服务的角度看，旅客运输中产生的冲突，应从提高高速铁路客运服务人员的素质入手，使冲突得到解决。

4. 个体心理与群体心理

心理过程和个性心理是存在于个体身上的心理现象，称为个体心理或个体意识，是心理学的主要研究对象。人是社会的个体，人作为社会成员，总是生活在各种社会团体中，并与其他人结成各种各样的关系。由于社会团体的客观存在，便产生了群体心理。群体与个体一样，存在着群体需要、群体利益、群体价值、群体规范、群体舆论、群体意志、群体目的等心理特征。一个群体由于具有某种特定的心理特征而区别于其他群体。

群体心理与个体心理的关系，是共性与个性的关系。群体心理是在群体的共同生活条件和环境中产生的，它是该群体内个体心理特征的典型表现，而不是个体心理特征的简单总和。

群体心理离不开个体心理，但它对个体来讲，又是一种重要的社会现实，直接影响个体心理的形成与发展。

5. 心理的实质

心理的实质主要表现在以下方面。

1）心理是脑的机能，脑是心理的器官

人的心理是怎样产生的，针对这一课题，几千年来哲学家、教育家、医学家提出了许多不同看法，但归结起来是唯物主义心理观与唯心主义心理观的争论。最终只有辩证唯物主义者对人的心理做出了科学的解释。辩证唯物主义者认为，心理是脑的机能，脑是心理的器官，心理是大脑对客观现实的主观反映。也就是说，人脑是心理活动的物质载体。这一结论今天看来似乎是自然而然的事，但它的得出却经历了漫长的历史。

心理并不是物质之外的独立实体，而是由高度完善的物质组成的人脑的属性。脑是神经系统的中枢部位，它的结构和机能最复杂，是人的心理活动的主要生理基础。人的大脑如果受到损害，心理活动就必然遭到严重的破坏。

心理学的研究证明，条件反射就是大脑皮层对信号的处理过程。以现实中的具体事物及其属性的刺激为信号而建立起来的条件反射系统，称为第一信号系统，它是人与动物所共有的。以代表具体事物的语词建立起来的条件反射系统，称为第二信号系统，它是人类所独有的，其使人的心理活动丰富而深刻，比动物的心理活动更为复杂。借助第二信号系统，人不仅能感知事物，还能进行抽象思维，不仅可以推知往事，还可以预测未来。

2）心理是客观现实的反映

脑是心理的器官，具有反映的机能，但人脑必须在客观现实的影响下才能实现其反映的机能，从而把客观存在转化为主观的心理。人脑好比是个"加工厂"，客观现实就是"原材料"，心理现象就是"产品"，没有"原材料"，大脑这个"加工厂"就不能生产出任何产品。如果一个人完全脱离了客观现实，心理就成了无源之水、无本之木，各种心理现象就不可能产生。因此，人的心理活动，不论简单还是复杂，其内容都来源于客观现实。对人来说，客观现实包括自然环境和社会环境。

（1）客观现实是人心理活动的源泉。

人的一切心理现象，不论是简单的感觉、知觉，还是复杂的思维、情感等，都可以从客观现实中找到源泉。

（2）社会实践对人的心理起制约作用。

人的心理基础是人的社会实践，社会实践活动影响人心理活动的内容、发展水平，人的心理在社会实践活动中得以不断地完善和发展。

（3）心理是客观现实的主观反映。

人的心理是客观现实在脑中的反映。所谓反映，就是事物在相互联系和相互作用的运动变化中，留下痕迹的过程。随着外界事物发展水平的不同，反映也随着从低级运动形式向高级运动形式发展，不断产生新的变化。但人对客观现实的反映，总是由一定的具体的人进行的，一定的具体的人在过去实践中已经形成的知识、经验、世界观和个性心理特征，总会影响他对客观现实的反映，并在反映的选择性、准确性、全面性和深刻性等方面表现出来。人对客观现实的反映是主观和客观的统一。具有不同的兴趣、经验、情感和世界观的人，对同样的客观现实的反映是不同的。同一个人在不同时期，对同样的客观现实的反映也可能是不相同的；同样的服务，对不同的旅客可能产生不同的效果。因此，了解心理是客观现实的主观反映这一点很重要，高速铁路客运服务人员掌握了这一条，就能在工作中自觉主动地从每位旅客的实际需要出发，做好旅客运输服务，提高服务质量。

（4）心理是客观现实的能动的反映。

由于人可以借助语言形成的条件反射，来代替和概括由具体形象所引起的条件反射，所以人的心理对客观现实的反映不是被动、消极的印象。人总是在实践中运用已掌握的知识和经验，并结合自己的个性特征，主动地把客观事物变为观念的东西，积极探索最好的解决问题的办法，有目的、有计划地选择可能的行动。同时，人的心理活动又受到实践活动的检验，在反映现实的活动中，依据实践的标准不断地调整自己的行动，使所反映的东西能够符合客观现实的规律。

综上所述，心理现象是人脑的机能，是客观现实的主观印象。从脑的反映机制来说，人是自然实体；从反映的现实内容来说，人又是社会实体。心理学是既有自然科学属性，又有社会科学属性的科学。人的自然属性在人们的心理形成上起制约作用，人的社会属性则起决定性作用，两者不能等量齐观。

（三）管理学基础理论

管理学是一门综合性的学科，这门学科的研究内容表现在对人的管理、对资源的管理、对组织职能的管理等方面。

1. 管理的实质与管理学体系

从经济意义角度分析，管理的实质就是指导人们如何有效地管理社会生产、交换、分配、消费等过程中的一切活动，对社会生产过程各环节的运动进行决策、计划、指挥、监督、核算和调节的过程。

管理学是在管理实践中形成和发展起来的，是由一系列的管理理论、原则、方法和制度等组成的科学体系。

管理学体系如图 1-2 所示。

2. 西方管理理论概述

西方管理科学的发展，大体经历了古典管理理论、行为科学理论、现代管理理论 3 个阶段。

1）古典管理理论

这是管理理论发展的第一阶段，这个阶段又分别由 3 种理论组成。

（1）早期管理理论。

这种理论产生于 18 世纪下半叶，资本主义发展的早期，主要代表人物有亚当·斯密、大卫·李嘉图和欧文。

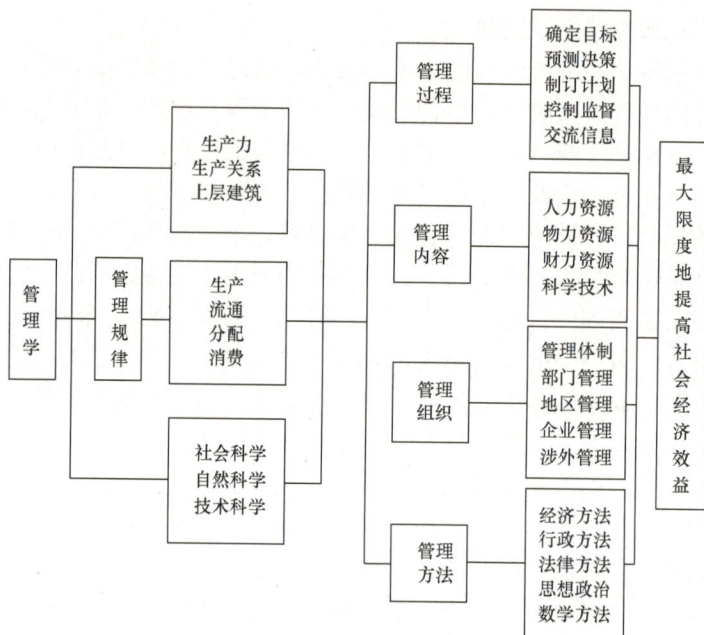

图 1-2 管理学体系

亚当·斯密是产业革命前夕，即从手工业作坊向机器生产过渡时期的经济学家，他的代表作是《国民财富的性质和原因研究》。亚当·斯密提出了劳动分工学说，分析了由于工业的分工而获得的经济收入，研究了技术进步、时间的节约及新的机器和工具的采用对生产的影响。这些对劳动生产率的提高和资本的增值都有巨大的作用。

大卫·李嘉图生活在新的工业制度已经确立的时期，他的代表作是《政治经济学和赋税原理》。他以劳动价值论为基础，研究资本、工资、利润和地租，认为工人劳动创造的价值是工资、利润和地租的来源，工资越低，利润也就越高。这一现象，揭示了资本主义经济管理的中心问题和剥削本质。

欧文是空想社会主义者和成功的企业家，他反对刻板僵化的劳动分工，认为资本主义制度是使社会贫穷的祸根，机器时代破坏了社会融洽和道德风尚。他的经济管理理论的特点：重视人的因素和人的作用；实行灵活稳健的人事政策和待人处事的方法；主张对人力进行投资；主张改善劳动条件和工资待遇；主张与工人和睦相处；强调对人的本性进行深入的了解和剖析。

（2）传统管理理论。

传统管理理论的特点是根据企业多年管理实践的经验积累而形成的一套管理理论和方法，是管理经验的总结，并没有形成完整的生产经济与生产管理的科学理论。传统管理理论的主要代表人物有巴贝奇、艾默生。

巴贝奇是英国数学家，代表作是《机器与制造业经济学》。他在劳动分工学说的基础上对专业化的有关问题进行了系统研究，得出劳动分工可以提高经济效益的结论。

艾默生在对管理经验进行总结的基础上，提出概括性的 12 条管理原则：管理人员要有明确的奋斗目标；管理人员要有丰富的常识；要有精明干练的咨询人员；要有严明的纪律；要大公无私，公平待人；要有及时、准确、可靠的信息和会计制度；要有工作计划；要规定出工作的标准方法，安排好工作的时间进度；要建立标准化的负载条件；要有标准化的操作方法和环境；要有明确成文的标准指导条例；要实行有效率的奖励制度。

经验管理为科学管理理论的发展奠定了基础。

（3）科学管理理论。

随着科学技术的发展和机器生产社会化程度的不断提高，管理理论发展到了一个新阶段，其特点是以科学技术作为建立经济管理理论的主要依据。这一时期，形成了不同的理论学派，主要代表人物有美国的泰勒、法国的法约尔和德国的韦伯。

泰勒的代表作《科学管理原理》集中反映了他的思想和理论。泰勒从解决如何提高劳动生产率的问题出发，分析了影响劳动生产率的 3 个主要因素：工人不愿干或不想多干，这里既有工人本性的原因，也有报酬分配方法上的原因；劳动使用不当，包括工作分配不合理和劳动方法不正确；企业生产组织与管理方面的原因。

在严格的科学试验的基础上，泰勒提出了提高劳动生产率的 8 项措施：改进操作方法，以提高工效，合理利用工时；作业环境与作业条件的标准化；根据工作要求，挑选"第一流的工人"，提出对工人培训的问题；改进分配方法，实行差别计件工资制；在企业中设置计划部门，使计划职能与执行职能分开，对作业方法进行系统的研究和分析；实行职能工长制；进行例外管理；工人和雇主两方面必须认识到提高劳动生产率对两者都有利，必须都来一次"精神革命"，相互协作。

法约尔的代表作是《工业管理与一般管理》。他提出管理不同于经营，只是经营的专属职能活动（即技术活动、商业活动、财务活动、安全活动、会计活动和管理活动）中的一种。对于管理活动，他提出了管理的 5 种作用：计划、组织、指挥、协调、控制。在 5 种作用的基础上，他提出一般管理的 14 条原则：劳动分工、权限和责任、纪律、命令的统一性、指挥的统一、个人利益服从整体利益、劳动报酬、集权、等级序列、秩序、公平、保持人员稳定、首创精神、集体精神。一般管理的 14 条原则与艾默生的 12 条管理原则相比较，一般管理的 14 条原则在本质上无显著差别，只是更加系统化和理论化。

韦伯的代表作《社会组织与经济组织理论》，提出了理想的行政组织体系理论。他认为，为了实现组织的目标，要把组织中的全部活动分解为各种基本的业务，以分配给组织中的每个成员，要求用权责合一的等级原则把各类成员组织起来，形成一个指挥体系，强调必须建立不受个人感情影响而在任何情况下都适用的规则和纪律，组织中人员之间的关系则完全以理性准则为指导。这种理想的行政组织体系能够提高工作效率，在精确性和稳定性、纪律性和可靠性方面都优于其他组织体系。

美国的厄威克和古利克对泰勒、法约尔和韦伯的管理理论进行了系统阐述和整理。厄威克提出适用于一切组织的 8 项原则：目标原则，即所有组织都应当表现一个目标；相符原则，即权力与组织必须相符；职责原则，即所有的组织都有明确的职责范围；组织分层原则，即从组织最高层到一般工作人员要形成明确的权力系统；控制广度原则，即每一个上级所管辖的相互之间有工作联系的下级人员不应超过 5～6 人；专业化原则，即每个人的工作应限制为一种单一的职能；协调原则，即各职能部门应协调一致；明确性原则，即对每项职务都要有明确的规定。

古利克把各种管理职能理论加以系统化，提出管理 7 职能：计划、组织、人事、指挥、协调、报告、预算。

2）行为科学理论

科学管理理论过分强调提高劳动生产率，侧重生产作业，以机器为中心，不重视人的主观能动作用，忽略了人的尊严，加深了劳资矛盾。企业管理理论开始转向对企业中的人的行为的研究，产生了行为科学。行为科学学派强调人的行为，认为从人的行为本质中激发动力，才能提高效率。所谓行为科学，就是对工人在生产中的行为及这些行为产生的原因进行分析研究，以便调节企业中的人际关系，提高生产率。行为科学主要研究人的本性、需要和行为动机，尤其是生产中的人际关系。从行为科学的形成和发展来看，大致分为3个时期。

（1）早期的人际关系理论。

作为行为科学的奠基者，美国的梅奥，在霍桑工厂实验的基础上，提出人际关系学说，其研究的主要结论如下。

① 工人是"社会人"，必须从社会和心理方面鼓励工人提高劳动生产率。

② 企业中存在"非正式组织"，它是在共同的劳动中，由共同的思想感情相联结而形成的，其对劳动生产率有很大的影响，企业管理者必须充分重视非正式组织的存在，并对其进行诱导。

③ 通过对工人满足需要程度的提高来激发工人的积极性，达到提高生产率的目的，这是衡量新型领导能力的一种标准。

（2）行为科学理论的形成时期。

行为科学的名称确定后，这门科学的理论有了较大的发展，出现了以下4种理论。

① 人类需要理论，其主要研究人的需要、动机和激励问题，代表理论有美国的马斯洛提出的"人类需求层次理论"，美国的赫茨伯格提出的"激励—保健双因素理论"，美国的弗罗姆提出的"期望理论"等。

② 人性管理理论，其主要研究与企业管理有关的人性问题，代表理论有美国的麦格雷戈提出的"X理论—Y理论"等。

③ 群体行为理论，其研究企业中的非正式组织及人与人之间的关系问题，代表理论有美国的勒温提出的"团体力学理论"（对非正式组织进行了系统的分析），美国的布雷德福提出的"敏感性训练"（主要研究企业中人与人的关系）。

④ 领导行为理论，其主要研究企业中领导方式的问题，代表理论有坦南鲍姆和施米特提出的"领导方式连续统一体理论"，利克特提出的"支持关系理论"，斯托格弟提出的"双因素模式"，布莱克和莫顿提出的"管理方格法"等。

（3）行为科学理论发展新时期。

行为科学的发展趋势是把行为科学理论和科学管理理论协调起来，来研究企业的管理问题。它对现代管理理论的形成产生了重要的影响。

3）现代管理理论

由于社会生产力的迅速提高，生产社会化程度的日益加强，管理理论也得到迅速的发展，形成了许多理论学派。

（1）社会系统学派。

社会系统学派的主要代表人物巴纳德认为，社会组织是由相互进行协作的人组成的系统。该系统由人与人之间协作的愿望、共同的目标、信息的联系3个要素组成，要求领导者成为系统中相互联系的中心，协调各种关系，以保持组织的活力。

（2）决策理论学派。

在行为科学、系统理论、运筹学和计算机辅助决策等科学内容的基础上，以西蒙为代表的一些学者，创立了决策理论学派。该学派认为管理就是决策，决策贯穿于管理的全过程，提出了有关决策的过程、决策的准则、程序化决策和非程序化决策、组织机构的建立与决策过程的联系等理论原则。

（3）系统管理学派。

系统管理学派是从社会系统学派中衍生出来的，侧重于从系统的观点来考察和管理企业，以提高生产率，强调各个系统内各部门之间的相互联系，其对现代管理中的自动化、控制论、信息管理、权变理论的发展有重要的影响。

（4）经验主义学派。

经验主义学派的代表人物杜拉克和戴尔等人认为，以往的科学管理理论和行为科学理论不能适应现代管理的需要，强调要注意现代企业管理的现状和实际需要，主张注重大企业的管理经验，以之作为经济管理理论的基点。

（5）权变理论学派。

权变理论学派认为，管理要根据企业所处的内外条件随机应变，不存在一成不变、普遍适用的"最好的"管理理论和方法。

3. 管理现代化的表现

管理理论源于管理实践，并应用于管理实践。纵观现代管理理论的发展演变，自始至终贯穿着科学、竞争、效率等思想内容，管理科学的各个理论学派也无一不渗透着科学、竞争、效率等现代化思想。管理现代化主要表现在以下方面。

1）管理科学化思想

（1）管理是一门科学，它是在管理实践的基础上发展起来的，是由一系列的管理理论、原则和方法等组成的科学体系。

（2）现代管理科学是建立在自然科学和社会科学的基础上，利用当代各学科的最新成果，由社会科学、自然科学、技术科学相互渗透而成的。

（3）现代管理要求明确企业管理的基本任务，主要体现在：营业额的增长、市场上所占份额的增加、利润额和利润率的增加及持续良好的经济效益等方面，由此决定了管理职能。

2）管理民主化思想

管理民主化思想是现代管理思想的主要特征。这里说的"民主化"，主要是从行为科学的要求出发，尊重人的感情、权利。企业职工有权了解企业管理情况，有权对企业管理提出批评、建议，任何一级管理人员都应该充分保证和尊重这一权利。

管理民主化思想通过一系列法律和制度来体现，没有法律和制度作保障，也就没有民主可言。经济越发达，社会越进步，管理民主化思想就越明确。

3）管理高效化思想

管理高效化思想包括经济效益高和经济效率高两方面的内容。

（1）高经济效益是指各行各业应向社会提供尽可能多的有用产品和有效服务。企业管理人员应该认识到提供更多的经济效益是企业的根本目标，这样国民经济的综合效益才能有保证。

（2）高经济效率是指管理人员应具有货币的时间价值观念，提高工作效率，使每一项管理设计都能够节约劳动时间，从而创造更多的经济效益。

4）管理系统化思想

现代化管理的重要指导思想是系统理论，系统理论的运用与否是现代化管理和小生产管理的本质区别。运用系统理论，对管理进行充分的系统分析，这就是现代管理的系统化思想的体现。

5）现代市场营销思想

（1）战略观念。现代管理的对象无论是企业还是整个国民经济，都应有自己的发展战略；发展战略中应包括战略思想、战略方针、战略管理、战略组织、战略计划等内容。

（2）市场观念。在现代经济中，无论管理范围有多大，面临的都是一个市场问题，因此必须树立市场观念。树立市场观念，包括掌握市场发展变化趋势、资源与价格变化、新技术的开发与应用等。

（3）变革观念。变革观念包括及时改变管理方法，保护和合理使用各种人才，使组织机构与生产发展相适应，注意采用新技术以提高劳动生产率等。

（4）竞争观念。竞争是商品经济的实质，没有竞争就谈不上商品经济，而不适应竞争则必定要失败，好的管理者善于在竞争中不断改善管理。

（5）开发观念。开发观念主要指两方面：一是人才开发，注重人才的选拔与培养；二是产品开发，重视科学研究，不断改造老产品，开发新产品，加速产品的更新换代，满足社会多方面的需要。

（6）质量观念。质量观念即以质量求生存，成功的管理者总是把研究、保证和提高产品质量的工作放在重要地位。

（7）服务观念。服务观念要求在产品销售前、中、后各阶段为用户提供全方位的服务，这是一种竞争手段，促使企业被用户接受，使企业不断得到发展。

（8）素质观念。素质观念即提高企业素质，企业素质是指构成企业生产经营能力的各种因素的总和，主要有领导素质、职工素质、设备工艺素质、产品开发素质及管理素质等。衡量企业素质的主要标准有：满足社会需要的能力，有效利用各种资源的能力，扩大再生产的能力，技术进步能力及竞争与协作能力等。

（9）信息观念。信息在现代社会已经成为一种能创造价值，并且可以用于交换的知识，信息已成为一种生产力；管理者要善于抓住和运用信息，使信息迅速转化为生产力。

（四）消费心理学

消费心理学是心理学的一个重要分支，它研究消费者在消费活动中的心理现象和行为规律。消费心理学是一门新兴学科，它的目的是研究人们在生活消费过程中，在日常购买行为中的心理活动规律及个性心理特征。消费心理学是消费经济学的组成部分。研究消费心理，对于消费者，可提高消费效益；对于经营者，可提高经营效益。

1. 消费心理学的研究对象

消费心理学以市场活动中消费者心理现象的产生、发展及其规律作为学科的研究对象，其重点研究市场营销活动中的消费心理现象、消费者购买行为中的心理现象和消费心理活动的一般规律 3 个方面。

2. 消费心理学的研究内容

1）影响消费者购买行为的内在条件

影响消费者购买行为的内在条件包括：消费者的心理活动过程、消费者的个性心理特征、消费者购买过程中的心理活动、影响消费者行为的心理因素。

2）影响消费者心理及行为的外部条件

影响消费者心理及行为的外部条件包括：社会环境对消费心理的影响、消费者群体对消费心理的影响、消费态势对消费心理的影响、商品因素对消费心理的影响、购物环境对消费心理的影响、营销沟通对消费心理的影响。

3. 消费者的心理活动分析

消费者在购买、使用及消耗各种消费品过程中的活动受消费心理的影响。

1）消费者的感觉

消费者对客观外界的认识过程是由感觉开始的，如视觉、嗅觉、听觉、触觉、味觉等，消费者在判断一件商品时也必然是由感觉开始的。同样一件商品，只因为颜色稍有差异或包装稍有不同，消费者可能一眼看中，进而购买，也可能一瞥过后，再不理会。对于服务行业，顾客感觉到的是服务。例如，旅客在购票途中，如果感觉到售票厅脏、乱、差，以及拥挤和无秩序，就很可能产生厌恶情绪，进而放弃购票，这是感觉在第一印象中发生心理作用。

2）消费者的性格

消费者因性格差异导致消费差异。性格内向的人注重商品的价廉物美及实用性，讲究商品结实耐用；性格外向的人则相对灵活，注重商品的外表，讲究个性化；浮夸性格的人追求高档次的商品，注重商品名牌。

3）消费者的动机

动机是人们从事某种行为活动的内部驱动力，消费者的购买活动都是由动机推动的。过去，由于经济收入和消费水平的关系，我国消费者比较注重求实、求廉动机。购买商品时特别注重商品的实际效用，讲究经济实惠，经久耐用，并不过分要求商品外观的美观、新颖。近年来，我国人民的生活水平逐步提高，物质需求得到了基本满足，追求商品的新颖的求新动机，追求商品的惊险、与众不同的求异动机，以及注重商品的造型美、艺术美的求美动机在当今消费者心理中已占有重要的地位。此外，还有注重省时、省力，使用及维修方便的求便动机；追求厂家品牌，商品档次的求名动机；与他人攀比争荣的好胜动机；为从属于某一群体而消费的从众动机；出于喜爱、崇拜而产生的模仿动机等。它们相互作用、相互影响，使消费者的消费行为复杂多样。

企业要正确分析和认识消费者的购买动机。消费者是市场的主体，对消费者购买动机的分析，是为了适应顾客的需求，是开发市场的基础。消费者购买动机是多种多样的，企业必须在市场调查的基础上，以心理学的观点对他们的购买动机进行分析研究。消费心理学认为：顾客的购买动机有感情动机、理智动机和惠顾动机之分。感情动机又分为情绪动机和情感动机，情绪动机具有冲动性，即不确定性和不稳定性；情感动机是消费者精神风貌的反映，具有稳定性。理智动机是对商品进行了解、分析、比较后产生的，具有客观性、周密性。惠顾动机是顾客对特定的商店、厂家或品牌特殊的信任和偏好。

（五）管理心理学

管理心理学是用行为学、管理学、心理学等学科的理论、方法和原则，以人的心理活动规律、人际关系、人的积极性为研究对象的一门综合性科学。它是从现代管理科学和行为科学发展过程中派生出来的一门独立的学科，主要研究人的行为激励问题，探索人的心理活动，发掘提高激励人的心理和行为的各种途径和技巧，以达到最大限度提高工效的目的。

管理心理学以企业内部职工为研究对象，重点研究内容是企业管理中具体的社会现象及心理现象，以及个体、群体、领导、组织中的具体心理活动的规律性。管理心理学的体系结构如图1-3所示。

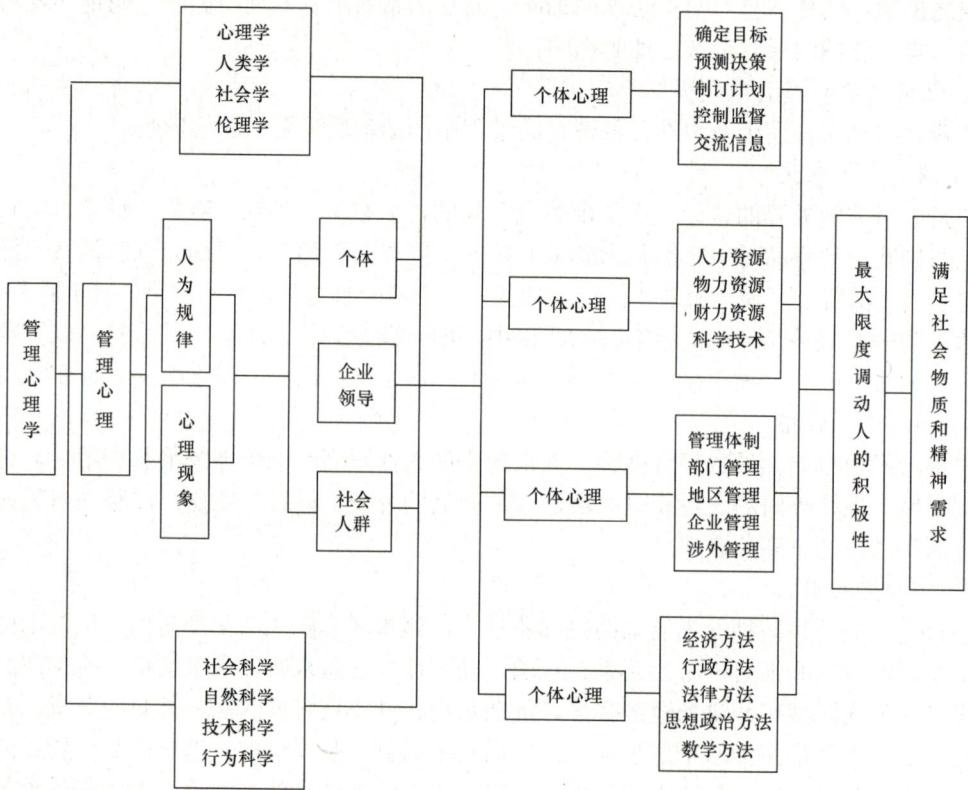

图1-3　管理心理学的体系结构

（六）心理学、管理心理学及高速铁路旅客服务心理学

高速铁路旅客服务心理学是在管理心理学的基础上提出的，是管理心理学在高速铁路旅客运输服务中的应用。

旅客作为消费者，在消费行为中必然涉及消费心理。准确把握旅客的消费心理活动，是准确理解消费行为的前提，因此，研究高速铁路旅客服务心理学，还要研究消费心理学的相关内容。

旅客运输企业的服务对象，也就是运输产品时间、空间位移的对象是社会的人。每一个人成为旅客后，他在旅行过程中的心理活动和心理需要，所表现出的各种行为，都是旅客运输企业提供服务的基础。研究作为社会个体的人的心理活动规律，需要利用普通心理学的知识。普通心理学是管理心理学、消费心理学及高速铁路旅客服务心理学的基础。

目前，对高速铁路旅客服务心理学的研究非常活跃。

高速铁路旅客服务心理学既要以旅客运输部门内部的职工为研究对象，又要以来自社会的旅客的心理活动为研究对象，因此，需要把行为学、心理学、管理学、管理心理学及消费心理学5种基础理论知识有机地结合在一起，灵活地进行运用。心理学、管理心理学、高速铁路旅客服务心理学之间的关系如图1-4所示。

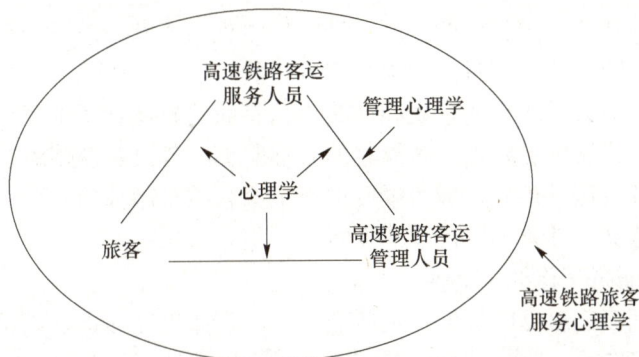

图1-4 心理学、管理心理学、高速铁路旅客服务心理学之间的关系

二、高速铁路旅客服务心理学的研究对象和研究任务

1. 研究对象

高速铁路旅客运输的对象是旅客，旅客的大部分时间是在列车上度过的，旅客需要高速铁路客运服务人员对他们的尊重与友好、文明与礼貌、热情与诚恳、亲切与关怀等良好的服务态度，这些会使旅客得到心理和精神上的满足。服务质量就是指通过服务的各项工作，满足旅客在旅行消费过程中的物质性需求和精神性需求，使被服务者满意。旅客列车的服务质量是高速铁路客运服务的重要环节。提高列车服务质量的途径：一方面要加强对高速铁路客运服务人员的技能培训，提高高速铁路客运服务人员的素质和服务水平，做到随时根据旅客的需要，提供满意的服务；另一方面要充分重视旅客的心理需求，满足旅客的心理需求是提高高速铁路列车服务质量的重要途径。对有不同旅行服务需求的旅客，旅客列车应提供差异化服务，从而提高旅客对高速铁路列车服务质量的满意度，进而提高高速铁路在运输市场中的竞争力。

2. 高速铁路旅客服务心理学的主要研究任务

1）研究旅客的心理需求

研究旅客的心理需求，要从旅客的共性心理需求和个体心理需求两个方面进行。旅客的共性心理需求即旅客的一般心理需要，前面已经进行过介绍。旅客的个体心理需求，是指不同的旅客，因个体气质、生活环境等差异而表现出的不同的个体心理需求。高速铁路客运服务人员必须要了解旅客的这些共性、个体的心理需求，才能在服务工作中找到旅客的关注点，并且有的放矢地采取相应的服务措施，满足旅客需求，从而提高服务质量。

2）正确把握旅客的心理需求

高速铁路客运服务工作，既是对旅客提供旅行服务的过程，也是满足旅客旅行心理需求的过程，因此要求高速铁路客运服务人员能够正确把握旅客的心理需求。把握旅客心理需求，要求高速铁路客运服务人员，首先要有明确的思想基础，即要具备全心全意为旅客服务的思想，有明确的服务观；其次要有正确的分析和判断能力；最后要有细心、耐心的工作态度及迅速、果断的应变能力。

三、学习高速铁路旅客服务心理学的必要性和意义

研究和掌握旅客在旅行过程中的心理活动，探索旅客在站、车各个环节和各种旅行环境中的旅行心理及其规律，其根本目的是提高服务质量，而服务质量的提高又在很大程度上取决于高速铁路客运服务人员的个人素质和铁路运输企业的整体管理水平。有效运用高速铁路旅客服务心理学知识，可以更好地了解旅客的心理需要，改进高速铁路客运服务人员的服务方式，科学地组织各种服务措施，最大限度地满足旅客乘车旅行的需要。加强高速铁路旅客服务心理学研究的意义，具体体现在以下方面。

（一）提高客运服务工作的主动性

一切客观事物都有它自身的发生、发展规律，人们如果能够正确认识和掌握客观事物的规律，按照客观规律办事，就会使自己的工作处于主动地位，旅客运输服务工作也是如此。例如，通勤职工的乘车习惯是掐点来上车；短途旅客总是要到接近开车时，才买车票；旅客上车后，急于找座位；下车后，旅客却又匆匆忙忙想先出站；农民旅客不常出门，对旅行信息了解得少，喜欢询问；青少年旅客喜欢在车站候车厅、车厢内走动，等等。这些是一般旅客的正常心理活动，对这些心理活动观察多了，可以总结出旅客旅行的心理规律。

旅客乘车旅行中表现的心理活动，是旅客在旅行过程中各种需要的综合反映。高速铁路客运服务人员如果不了解服务对象的旅行心理需要，不掌握旅客的心理活动规律，就难以按旅客需要去提供服务，甚至会发生违背旅客需要的情况。如旅客希望站、车有良好的秩序，而站、车却管理不善，环境不佳；旅客想购买直通客票，一票到家，但车站只出售到列车终点站车票；旅客希望到餐车就餐，而餐车只供应盒饭到车厢等。这样做，虽然也是服务，但效果却不好。反过来，高速铁路客运服务人员如果能了解旅客心理，认识并掌握服务规律，尽可能按规律提供服务，情况就会不一样，例如：对临时患病旅客主动送水、送药，帮助做好临时处置，解除旅客患病的痛苦；考虑炎热气温下旅客的心情，主动采取降温措施，调低空调温度，做好上水、送水工作等。这些工作都是从旅客的角度考虑的，体现了客运服务工作的主动性。

由于一切事物都在变化中，当旅行环境、旅行条件发生变化时，旅客的旅行心理也会随之发生变化。高速铁路客运服务人员对这些心理状态的变化，要做到及时掌握，确保服务工作更主动、更灵活，并做到有效防止旅行中意外事件的发生。如旅客不慎在车上丢失财物，又着急、又生气、又惊慌，这时如果高速铁路客运服务人员一面帮助旅客查找、报警，一面进行安慰、劝导，就能防止不测情况的发生。又如当列车晚点时，旅客常要询问晚点的时间和原因。晚点时间越长，对旅客心理冲击越大，这时高速铁路客运服务人员主动地做好安抚工作，可稳定旅客情绪，高速铁路客运服务人员还要注意到站时间以便及时打开车门，让旅客安全乘降。

（二）提高客运服务工作的针对性

高速铁路客运服务人员应掌握旅客心理，探索服务规律，主动地为旅客服务，但只做到这些还不够。由于高速铁路客运服务人员人数有限，不可能满足所有旅客表现出来的和潜在的所有的需要，因此客运服务要有重点、有针对性地对重点旅客提供满意的服务。重点旅客有时是一目了然的，如一位跛脚老人独自出门，高速铁路客运服务人员应该把他作为重点旅客，扶持其上、下车，帮助他找到座位等。大多数重点旅客需要高速铁路客运服务人员对他

们的行动进行细心的观察，才能了解他们的心理和旅行需要以提供有针对性的服务。

有些高速铁路客运服务人员，为旅客服务很勤快，也很主动，但提供的服务由于没有针对旅客的需要，结果事与愿违。例如希望在旅途中能够安静休息的重点旅客，其心理状态是不愿有人去打扰，如果高速铁路客运服务人员总去问长问短，就会引起他的反感。所以，服务工作不一定是"越主动越好，越勤快越好"，还要注重针对性，这样才能够达到事半功倍的效果。

提供有针对性的服务，比一般性服务的难度要大。例如患病旅客通常是希望高速铁路客运服务人员对其多加照顾，但有的旅客想在列车上找到医生抓紧治疗，有的旅客想在前方较大的车站下车去医院治疗，还有的希望到达目的地车站后再治疗。如果不掌握旅客心理，把不想中途下车去医院的送下车，或把想中途下车的留在车上，服务效果就会适得其反。

有针对性地提供服务，是主观努力和客观需要一致的服务，即把服务工作做到"点"上。实现有针对性的服务，必须了解、掌握旅客的心理需求。一些高速铁路客运服务人员通过细致的观察，了解到坐在靠窗座位的旅客进出不方便，所以专门给他们送一次开水。这种有针对性的服务，就是优质服务的标志。

在掌握旅客共性心理需要的同时，还要掌握旅客个性心理需要。例如，同样买卧铺，不是每个旅客都要下铺；不同地域的旅客用餐，也不一定南方人专爱吃甜食、米饭，北方人全要面食。所以，提供有针对性的服务，要求高速铁路客运服务人员细致地了解与掌握旅客心理，包括共性心理和个性心理。

（三）提高客运服务工作的周到性

服务周到与否是相对而言的，既受旅客旅行心理需要满足水平要求的影响，又受环境、条件、时间等因素的制约，很难有具体的衡量尺度，或者一个统一的标准。从服务效果上讲，能够实现客运工作标准的要求，能够最大限度地满足旅客旅行中的心理需要，也就可以称作是周到的服务。

高速铁路客运服务人员在丰富的服务实践中已经积累了一定的服务经验，这些经验都是从了解和掌握旅客在旅行中的心理需要出发，按照服务规律，周到地为旅客服务的方法的总结。

随着时代的发展，人民生活水平的日益提高，旅客旅行心理也会不断变化。如旅客希望铁路提供多功能、多层次的服务，改变原有的单一的服务方式。许多车站为适应新时期旅客旅行的要求，已经采取了在非高速铁路沿线的城市开办高速铁路乘车接驳服务等措施。有的中间站，居民住宅区在车站一端，或在车站站舍的背面，为方便旅客进出站，有的车站根据客观条件的可能，在车站靠居民住宅区的一端或车站站舍的背面一侧，设立出站口，有计划、有管理地组织旅客从车站两端走或从背面出口出站，这既能满足旅客的要求，又保证了旅客的旅行安全。

我国目前铁路运能与运量仍存在一些结构性矛盾，在旅客运输中还有许多问题满足不了旅客的要求，这是客观事实。如春运期间，一票难求等。实质上，这些都是服务不周到的反映。面对这种现实状况，客运部门要尽力去做改善服务质量，实在做不到的，也要做好耐心、热情的解释工作，以弥补服务不周到的缺憾。

（四）树立高速铁路客运服务人员正确的服务观

高速铁路客运服务人员要有正确的服务观，要对旅客有感情，才能在日常的服务工作中积极了解和掌握旅客的心理活动，了解旅客的困难，理解旅客"出门难"的心理状态，急旅客之所急，忧旅客之所忧，成为旅客的贴心人。有了正确的服务观和主动服务的思想，才能更好地为旅客服务。为使高速铁路客运服务人员建立正确的服务观，铁路运输企业要对高速铁路客运服务人员的心理有细致的了解，并实施有针对性的心理管理。

有些高速铁路客运服务人员主观上也想为旅客服务，但旅客问询多了嫌麻烦；遇到旅客无意识地违反了有关规章制度，就对旅客横加责难；车票售完后，旅客询问车票的情况，不予理睬等。所有这些，从反面说明高速铁路客运服务人员如果不注意了解旅客的心理活动，就不能体谅旅客在旅行中的困难。与旅客之间的感情若建立不起来，文明服务、礼貌待客就成了一句空话，所以，加强旅客运输心理活动的研究，掌握旅客心理，探索服务规律，能够加深高速铁路客运服务人员和旅客的感情，从而促进服务者与被服务者之间的相互理解与支持，把服务工作做得更好。

素质拓展

坚守"人民铁路为人民"的初心

"人民铁路为人民"是中国铁路对全社会的庄严承诺，也是铁路企业始终坚守的宗旨和初心。"人民铁路为人民"是高速铁路客运服务人员正确服务观的核心内容。

铁路作为国家重要基础设施、国民经济大动脉和大众化交通工具，是中国特色社会主义事业的重要组成部分，是联系民生最紧密、服务群众最直接的行业之一。

"人民铁路为人民"是铁路70多年来一直坚持的服务宗旨，也道出了铁路与人民鱼水般的紧密关系。

根据旅客心理变化、需求变化而不断提升、改进铁路服务水平就是铁路不断地高质量服务人民群众的体现。

我国社会主要矛盾已经转化为人民日益增长的美好生活需要和不平衡不充分的发展之间的矛盾。随着时代的发展、社会的进步，旅客的心理在变化、需求在提升。人民群众的新需要向铁路运输服务提出了更高的要求，铁路行业作为国家的重要基础性行业，理应成为推进社会主义初级阶段主要矛盾解决的骨干力量。

铁路根据旅客的心理变化、需求变化，不断创新服务，不断地解决"矛盾问题"，极大地满足了人民群众出行需求。党的十八大以来，铁路创新服务的脚步不断加快。电子客票在全国推广，方便了旅客出行。部分车站对自助售取票机进行升级改造，陆续增加了自助退票功能，旅客办理退票业务更加方便了。京沪高铁推出"静音车厢"系列服务新举措及计次季票等新型票制产品，同步实施灵活折扣、有升有降的市场化票价机制，为旅客出行提供更多选择，更好地适应人民群众对美好旅行生活的需求。

在全面建设社会主义现代化国家的新征程中，铁路将始终坚持以人民为中心的发展思想，一如既往地秉承"人民铁路为人民"的初心。

点拨要点、领会精髓：

（1）党的十九大报告对当前我国社会主要矛盾作出与时俱进的新表述，指出"我国社会主要矛盾是人民日益增长的美好生活需要和不平衡不充分的发展之间的矛盾"。

（2）党的二十大报告指出："必须坚持在发展中保障和改善民生，鼓励共同奋斗创造美好生活，不断实现人民对美好生活的向往。"我们要深刻理解铁路运输在"实现人民对美好生活的向往"中的作用。旅行需求、交通需求是"人民日益增长的美好生活需要"的重要内容之一。把握旅客心理，探究旅客需求，才能更好地为旅客提供旅行服务，才能满足人民群众日益增长的旅行生活需要，为当前我国社会主要矛盾的解决贡献铁路系统的力量。

（五）提高客运管理工作水平

客运管理工作是为旅客提供优质服务的基础。提高客运管理水平，必然会促进文明服务程度、礼貌待客程度的提高。

做好客运管理工作，提高服务质量，除了采取现代化的管理手段，更重要的是要体现全心全意为旅客服务的精神。一切客运管理方法、制度、措施、标准等的制定，应该依据国家的方针、政策、规章，同时应充分考虑站、车的实际条件和旅客的需求。因而了解与掌握旅客在旅行中的心理需要，探索服务规律，对照自己的服务工作，检查有待改进的部分，就会成为提高客运管理工作水平的重要依据。

根据旅客心理活动改进旅客运输各方面的管理工作，才能有效地提高客运服务质量。如车站售票窗口工作时间的安排，应考虑各站客流规律及不同类型旅客的心理要求而制定；餐茶供应应根据站、车所吸引的不同结构的旅客心理要求和站、车的实际条件，确定供应品种、方法。运输服务企业应根据站、车的客流规律、旅客心理需求去安排候车、检票、上车，以及问讯、签证等各方面服务的组织工作。

💡 心理自助

真实是人设的本质　实力是人设的根基　努力是人设的方向

人在生活里往往有"偶像包袱"，把自己包装成完美的样子，让自己看起来足够优秀、成功。"包装人设""立人设"成为一些人的规定动作，在朋友圈里晒美食、晒旅游、晒名牌服装和包包，营造精致生活的表象。

如果"人设"只是个人虚荣的需要或一种对他人的讨好，在生活中遇到一点儿困难和挫折就担心自己"人设崩塌"，需要花费大量的时间和精力去表演和维持，用一个谎言去圆另一个谎言，那么自己营造的"人设"最终将会崩塌，自己离真实的快乐也会越来越远。

小妙招

过上美好的生活是正当的需求，从这个角度看，把自己的"人设"立得完美一些无可厚非。"人设"要成为自己努力的方向，我们要朝着自己设立的优秀人设努力，加强自身内涵建设，努力工作获得更好的物质生活，通过学习、思考，建立正确的"三观"，进而拥有丰富的精神世界。

当一个人找到自己想成为的样子后，拥有对这种"人设"的热爱时，就要为打造这样的"人设"而努力。有了这样的努力，平常的生活变得不再无聊，因为让自己变得更加优秀、更有内涵会带给你源源不断的动力和热情。充实自己的内在资源，拓展自己的心胸和眼界，以有意义的方式影响自己的生活轨迹，即使体会到不确定性带来的焦虑，依然会有努力的动力，相信自己有机会通过努力逐步实现自己的目标，成为自己想成为的人。

项 目 实 训

分析生活中（高速铁路旅客运输过程中）的心理学现象

1. 实训要求

（1）若干人为一组，设组长一人。

（2）每位小组成员对生活中，特别是高速铁路旅客运输过程中的心理学现象进行思考，向组长提交实例并进行分析。

（3）开展小组讨论，形成本小组的实训结论。

2. 实训成果

提交小组实训报告，具体内容包括以下方面。

（1）生活中的心理学现象及分析（列表说明）。

（2）高速铁路旅客运输过程中的心理学现象及分析（列表说明）。

（3）生活中的心理学现象和高速铁路旅客运输过程中的心理学现象的联系。

项目二　高速铁路旅客服务心理学基础知识

    高速铁路旅客服务心理学是从高速铁路运输企业角度出发，研究旅客乘坐高速铁路列车旅行过程中的各种心理活动及其规律，以及高速铁路客运服务人员在高速铁路客运服务过程中的心理活动及其规律的学科。我们借助高速铁路旅客服务心理学，为旅客提供优质的服务，提高高速铁路运输企业的市场竞争力。本项目主要介绍高速铁路旅客服务心理学的基础知识。

引导案例

霸座者的心理分析

目前社会上出现了一些"霸座者"，被网友们戏称为"霸座男""霸座女""霸座大妈"。虽然这些人是极少数的，但对列车运行秩序带来的影响却是恶劣的。

"霸座者"理直气壮地破坏公共秩序的背后，可以反映出一些心理问题。

在此类事件中，"霸座者"属于伤害者，被霸座的乘客属于受害者。

伤害者分为3种类型：一是损人利己，二是损人不利己，三是被迫伤害。

（1）损人利己者是为利而伤害，因此利得而害止，它是人性自私一面的具体表现。伤害者在实施伤害后并无罪恶感，内心感觉很快乐，多见于生活中只顾自己、从不考虑他人的人。这种人又分两种，一种是没有被欺凌的经历而无知狂妄的人，另一种是有被欺凌的经历而产生变态的报复心理的人。前一种人表现为与生俱来的狂妄，后一种人的内心其实很虚弱，没有安全感，要通过"称霸"的行为来伪装自己脆弱的心理，让别人注意他的存在，认同他的"实力"。

（2）损人不利己者是因病而伤害，主要来自个人心理状态的扭曲。这种人在伤害他人的同时，自己亦会感受到痛苦和纠结，因此并不快乐。此类人是有心理问题或患有心理疾病的人。

（3）被迫伤害则是因情势而伤害，或者被他人胁迫，或者被环境胁迫，或者无意或不小心造成对他人的伤害。这种人在伤害他人后会深感愧疚。

"霸座者"一般属于前两种类型的伤害者。

案例点评：

学习心理学和高速铁路旅客服务心理学，了解服务、旅客运输服务的概念与特点；明确高速铁路旅客运输的服务意识；同时洞悉常规旅客及包括"霸座者"在内的非常规旅客的心理及其规律性，才能更加有效地开展高速铁路客运服务工作。

任务一 / 心理学基础知识

知识点

● 心理过程（感觉、知觉、思维、想象、情绪、意志等）；
● 个性心理（需要、动机、兴趣、期望、挫折、性格等）。

技能目标

● 运用心理过程知识解决工作、生活中的问题；
● 运用个性心理知识解决工作、生活中的问题。

素质目标

形成扎实的普通心理学基础知识体系，为学习高速铁路旅客服务心理学打下坚实的基础，也为今后的生活、工作提供心理学支持。

一、心理过程认知

心理过程是指心理活动发生、发展的过程，也就是人脑对现实的反映过程，它具有时间上的延续性。以知觉过程为例，我们看到一个物体，先要用眼睛接受来自物体的光刺激，然后经过神经系统的加工，把光刺激转化为神经冲动，从而感觉到物体；接着要将看到的物体，从它的环境或背景中区分开来；最后要确认这个物体，并叫出它的名称。

心理过程着重探讨人的心理的共同性，主要包括认识过程、情感过程和意志过程3个方面，这3个过程既互相区别又互相联系。

（一）认识过程

人们对事物的认识过程，是人们对客观事物个别属性的各种不同感觉加以联系和综合的反映过程，是人们获得知识的过程。这个过程主要是通过人的感觉、知觉、记忆、想象、思维和语言等心理活动完成的。

感觉是对事物个别属性的认识，是认识过程的开端。在感觉的基础上，人们对事物的个别属性加以综合分析，形成知觉，对事物有了比较完整的形象认知。感觉、知觉是认识的初级阶段，即感性认识阶段。

人们为了加强对事物的认识，还借助记忆把过去生活实践感知的东西、体验过的情感或知识经验，在头脑中重复反映出来。人们对事物的认识过程，不仅通过感觉、知觉去认识事物的外在联系，还要以表象的形式向思维过渡，进一步认识事物的一般特征和内在联系，全面地、本质地把握事物的本质。这个思维过程（包括记忆、想象、思维和言语等）是人们对客观事物在头脑中概括的、间接的反映，是认识的高级阶段，即理性认识阶段。

例如，人们对交通工具的选择过程，就是从感性认识到理性认识的过程。在选择交通工具时，旅客首先借助掌握的各种交通工具的信息，对交通工具有一个感性认识，再经过思维，对交通工具进行比较，获得理性认识，最后，决定乘坐哪一种交通工具。

1. 感觉

感觉是人脑对直接作用于感觉器官的客观事物的个别属性的反映，是意识对外部世界的直接反映，也是人脑与外部世界的直接联系。例如，看到某种颜色，听到某种声音，闻到某种气味等。感觉是一种最简单的心理现象。

1）感觉的特征

感觉反映的是当前直接作用于感觉器官的客观事物，而不是过去的或间接的事物。感觉反映的是客观事物的个别属性，而不是事物的整体。感觉是人认识客观世界的开端，也是人类一切知识的来源。感觉是客观内容和主观形式的统一。感觉是以客观事物为源泉，以主观解释为形式，是主观与客观联系的重要渠道。

2）感觉的种类

根据刺激物的性质及它所作用的感官的性质，可以将感觉区分为外部感觉和内部感觉。

（1）外部感觉。

外部感觉接受外部世界的刺激并反映它们的属性。如视觉、听觉、味觉、嗅觉、皮肤感觉等，其中视觉、听觉、嗅觉接受远距离的刺激，又叫距离感觉。皮肤感觉又可细分为温觉、冷觉、触觉和痛觉。为提高旅客运输服务质量，实现优质服务，高速铁路客运服务人员需要培养外部感觉能力。

（2）内部感觉。

内部感觉接受机体内部的刺激并反映它们的属性（机体自身的运动与状态），如运动感觉、平衡感觉等。

3）感觉的意义

感觉是人的认识过程的初级阶段，是人认识客观世界的开端，也是意识形成和发展的基本成分。通过感觉，人从外界获得信息，这些信息在感觉系统的不同水平上经过加工，并与已经存储的知识经验进行对照、补充，从而产生对外界事物基本属性的反映。因此，在认识世界的过程中，感觉担负着对复杂事物简单要素进行分析的任务。感觉是认识的入口，通过感觉，人才能认识和辨别事物的各种基本属性，才能知道自己身体的运动、姿势和内部器官的工作状况，只有在感觉所获得的信息基础上，其他高级的复杂的心理活动才会产生并得到发展。感觉是维持和调节一个人正常心理活动的重要心理因素。对于每一个正常人来说，没有感觉的生活是不可忍受的。

4）感受性与练习

对刺激物的感觉能力叫作感受性。有的人对刺激反应慢或没有反应，有的人则更敏感，这说明人的感受性是有差别的。感受性可通过练习而得到提高。专门从事某种职业的人由于长期使用某种感觉器官，相应的感觉就得到了发展。例如，法国一些著名的香水制造师，他们能够准确地分辨出 4 000 多种香味。因此，根据自己从事的工作，反复刺激相应的感觉器官，会使感受性得到提高。

2. 知觉

知觉是人脑对直接作用于感觉器官的客观事物的各个部分和属性的整体反映，是在感觉基础上产生的。知觉以感觉为基础，但知觉作为一种活动过程，包含了相互联系的几种作用：觉察、分辨、识别和确认，它不是感觉的简单总和，而是在事物个别属性的基础上形成的事物整体属性。

知觉是客观事物直接作用于人的感觉器官，人脑对客观事物整体的反映。例如，有一个事物，我们通过视觉器官感到它具有圆圆的形状、红红的颜色；通过嗅觉器官感到它特有的芳香气味；通过手的触摸感到它硬中带软；通过口腔品尝到它的酸甜味道，于是，我们把这个事物反映成苹果，这就是知觉。

知觉和感觉一样，都是当前的客观事物直接作用于我们的感觉器官，在头脑中形成的对客观事物的直观形象的反映。客观事物一旦离开我们感觉器官所及的范围，对这个客观事物的感觉和知觉也就停止了。知觉又和感觉不同，感觉反映的是客观事物的个别属性，而知觉反映的是客观事物的整体。知觉以感觉为基础，但不是感觉的简单相加，而是对大量感觉信息进行综合加工后形成的有机整体。

我们的知觉之所以能对客观事物做整体反映，是因为客观事物本身就是由许多个别属性组成的有机整体；我们的大脑皮层联合区具有对来自不同感觉通道的信息进行综合加工分析的机能。

1）知觉的种类

根据知觉中起主导作用的感官的特征，可以把知觉分成视知觉、听知觉、触知觉、嗅知觉、味知觉等。例如，对物体的形状、大小、距离和运动的知觉属于视知觉，对声音的方向、节奏、韵律的知觉属于听知觉。根据知觉反映的事物特征，可将知觉划分为物体知觉和社会知觉。

(1) 物体知觉。

物体知觉是对物的知觉。任何物体均具有空间特性、时间特性和运动特性,因此,物体知觉包括空间知觉、时间知觉和运动知觉。空间知觉是人脑反映客观物体的形状、大小、深度、方位等空间特征的知觉。时间知觉是反映客观现象的持续性、速度和顺序性的知觉。运动知觉是反映物体的空间位移和位移快慢的知觉。空间知觉、时间知觉、运动知觉都是人在生活实践的过程中,通过多种感觉器官的联合活动逐步形成和发展起来的。

(2) 社会知觉。

社会知觉是对人的知觉,包括个人知觉、人际知觉和自我知觉。个人知觉是指通过对一个人的外表和语言来认识这个人的心理特点和品质,也就是通常所说的"听其言,观其行,而知其人"。人际知觉是对人与人之间关系的知觉,这类知觉有明显的情感成分参与。例如,我几次得罪了不同的朋友,而我得罪朋友的原因一直也没有意识到,这说明我的人际知觉不好,也说明我得罪朋友的行为是我的一贯性行为。它反映出,我的行为没有符合社会的规定,这就需要我认真反思了。自我知觉是指通过观察自己的言行来认识自己,所谓"人贵有自知之明",指的就是正确地认识自己是一种可贵的品质。

有的知觉是符合客观实际的,有的是不符合客观实际的,不符合客观实际的知觉称为错觉。在社会实践中,"以貌取人"容易犯错误。纠正错觉的有效方法是实践,实践是知觉发展的基础,也是知觉正确性的检验标准。

2)知觉的活动过程

(1) 外界环境中作为知觉来源的客观事物的各种属性特征的位置及分布;

(2) 外界环境中物体的各种属性通过中介物传递到人的感觉器官;

(3) 刺激物与感觉器官之间的相互作用的过程;

(4) 神经冲动通过传入神经向大脑传递各种外界信息的过程;

(5) 大脑对传入皮层相应投射区的信息进行整合处理的过程。

3)知觉的基本特征

(1) 相对性。

世界上的任何事物都是相互联系、相互制约的。知觉是根据事物之间的相对关系进行反映的,这是知觉的相对性。一般情况下,物体不会孤立地引起知觉的刺激,必须同时有物体周围其他刺激作为对比。知觉具有相对性变化的主要原因:一是知觉对象与背景相对关系的改变;二是知觉主体选用的参照系不同。例如,赏月时,我们时而把云看成是运动的,时而又把月看成是运动的,这是因为选定的静止的参照系不同所致。当把月作为静止的参照系时,则云在月前运动;当把云作为静止的参照系时,则月在云后穿行。

(2) 整体性。

知觉在感觉的基础上形成,但它不是感觉的简单总和,人习惯于以自己过去的经验来补偿当时的感觉,使其形成具有一定结构的整体形象,这是知觉的整体性。在知觉活动中,整体与部分的关系是辩证的、互相依存的。知觉并非感觉信息的机械叠加,而是源于感觉又高于感觉的一种认识活动。人的知觉系统具有把个别属性、个别部分综合成整体的能力。当人感知一个熟悉的对象时,只要感觉了它的个别属性或主要特征,就可以根据经验而知道它的其他属性或特征,从而从整体角度知觉此事物。知觉的整体性提高了人知觉事物的能力,但有时会忽略部分或细节的特征。例如，阅读文章时，由于注意了整个文体的感知，有时会难以发现个别错字或漏字，这是由于整体知觉抑制了个别成分的错漏。当我们处于比较喧闹的地方，通过只言片语就能明白周围其他人谈话的内容，也是知觉整体性的反映。

（3）理解性和概括性。

人在知觉过程中，不是被动地把知觉对象的特点登记下来，而是以过去的知识经验为依据，力求对知觉对象做出某种解释。在知觉信息不足或复杂情况下，知觉的理解性需要语言的提示和思维的帮助，把知觉对象归入所熟悉的一类事物之中，用词来概括它，使它具有一定的意义，这是知觉的理解性和概括性。

例如，看到一张黑白斑点的图片，人总是力求对这些斑点的关系、表征和来历，提出种种假设，做出合理解释。再如，听一首歌，如果是自己会唱的，放一个片段就会知道是某首歌，并知道后面的旋律是什么。对歌曲的熟悉程度决定了推断这首歌的歌名所需的片段的长短。这个片段不能无限地小，应有一个合理限度。也就是说要有充分的判断依据。经验是最重要的，有经验的心理学家可以从一个人的眼神、动作、言语知道他心里想的是什么。知觉的理解性会受到情绪、意向、价值观和定势等的影响。

在知觉信息不足或情况复杂时，知觉的理解性需要语言的提示和思维的帮助。一块像小狗的石头，也许开始看不出来，但如果有人提醒，就会越看越像，很多旅游风景点就是如此。知觉的理解性使人的知觉更为深刻、精确和迅速。

（4）恒常性。

当距离、角度或光线的明暗在一定范围内发生变化时，所获得的知觉仍然保持相对的不变，这是知觉的恒常性。例如，无论从哪一个角度看，门总是长方形的。知觉的恒常性仅仅在一定范围内才起作用，是过去经验作用的结果。知觉的恒常性是因为客观事物具有相对稳定的结构和特征，而我们对这些事物有比较丰富的经验，无数次的经验校正了来自每个感受器的不完全的甚至歪曲的信息。

例如，一个人站在离我们不同的距离上，他在我们视网膜上的空间大小是不同的。但是我们总是把他知觉为一个同样大小的人。一个圆盘，无论如何倾斜旋转，看到的可能是椭圆（甚至线段），我们都会当它是圆盘。在强光下煤块反射的光量远远大于暗处粉笔所反射的光量，但这不妨碍我们感觉煤块的颜色比粉笔深。

知觉的恒常性还普遍存在于其他各类知觉中。例如，同一支乐曲，尽管演奏的人不同，使用的乐器也不一样，我们总是把它知觉成同一支乐曲。

知觉特性的四个方面，都与人过去的经验有关，要想提高知觉能力，可从增加个人的知识、阅历和经验等方面入手。在旅客和高速铁路客运服务人员的服务关系中，高速铁路客运服务人员对旅客的了解，首先开始于感知觉，感知觉是一切面对面服务的基础。我们认为，从增加个人的知识、阅历、经验入手，提高感知觉力，需要高速铁路客运服务人员在较长的实践过程中不断训练，实践过程越长，越有利于感知觉力的提高。在选拔高速铁路客运服务人员时，过分强调年轻、漂亮，而不重视一个人是否具有完善的心理因素、知识和经验，是不可取的。

4）影响知觉的心理因素

知觉不仅受感觉系统、生理因素影响，而且还极大地依赖一个人的知识和经验的积累，受到个人的兴趣、需要、动机、情绪等心理因素的影响。经常有这样的情况：人对事物的知觉并不是事物的本来面貌，而是他想要知觉到的那个样子，知觉不仅依赖于客观事物，也受知觉者知识经验和思维定势的影响。

（1）知识经验。

知觉中所包含的某种成分并非当时的感觉，而是在过去经验的基础上产生的。知识经验对知觉产生巨大的影响：一是知识经验影响着知觉的内容，我们经常说的"外行看热闹，内行看门道"，就是知识经验对知觉内容的影响。二是知识经验能提高知觉的速度，例如，读李白的《望庐山瀑布》："日照香炉生紫烟，遥望瀑布挂前川。飞流直下三千尺，疑是银河落九天。"如果对这首诗是熟悉的，记忆的痕迹马上会活跃起来，很快就把它读完。三是知识经验影响知觉的准确性。例如听一个内容不熟悉的报告，往往会感到很困难，甚至听不懂或听错，而内容熟悉的，则不会有这种现象。从知识经验对知觉的影响来看，知觉是后天学习的结果。所以，一个人经验越多，书读得越多，则对事物的知觉越敏锐。

（2）注意。

经常有许多刺激物作用于机体，但人总是对其中的一小部分有感觉，对该部分有清晰的知觉，而对其他刺激物不予理会，这是注意在知觉中的作用。例如，"感兴趣的事物会有深刻的记忆"，这是因为对之感兴趣便会高度注意，也就是说注意使人的感觉和知觉提高，从而产生深刻的记忆。知觉过程总是伴随着注意，注意使知觉具有选择性，使人获得清晰的知觉。

（3）定势。

定势是指对活动的特殊的心理准备状态。定势对知觉的影响表现为一个人以特殊的心理准备状态来反映刺激物。例如，一个人往往以他正在感知的某种准备状态或他的情绪的某种准备状态来反映知觉对象，把听的内容变成了他想要听到的东西，把看的对象变成了他想看的样子。知觉定势主要来自两类心理因素：一类来自刚刚发生过的经验；另一类来自需要、价值观、情绪和习惯等在较长时间内起作用的心理因素。定势对知觉的影响可以是积极的，也可以是消极的。定势的积极作用是能在相同的情境下对事物的知觉更迅速、更有效；其消极作用在于它容易使人在已变化的情境下对客观事物产生歪曲的知觉，而觉察不到已变化的实际情况。

5）知觉与感觉的区别和联系

知觉虽然达到了对事物整体的认识，比只能认识事物个别属性的感觉高级，但是知觉来源于感觉，而且二者反映的都是事物的外部现象，都属于对事物的感性认识，所以感觉和知觉又有不可分割的联系。知觉和感觉之间既有区别，又有联系。

（1）知觉和感觉的区别。

知觉和感觉的心理过程不同，感觉反映的是事物的个别属性，而知觉则是事物的整体，即事物的各种不同属性、各个部分及其相互关系。感觉仅依赖个别感觉器官的活动，知觉则要比感觉复杂，其要依靠多种器官的综合活动。

知觉是各种感觉的结合，知觉来源于感觉，但又不同于感觉。感觉只反映事物的个别属性，知觉则是认识事物的整体；感觉是单一感觉器官的活动的结果，知觉却是各种感觉协同活动的结果；感觉不依赖于个人的知识和经验，知觉却受个人知识经验的影响。同一事物，不同的人对它的感觉是相同的，但对它的知觉就会有所差别，知识经验越丰富对物体的知觉越完善、越全面。

（2）知觉和感觉的联系。

　　知觉和感觉都是针对直接作用于感觉器官的事物而言的，如果事物不再直接作用于我们的感觉器官，那么我们对该事物的感觉和知觉也就停止了。知觉和感觉都是人类认识世界的初级形式，反映的是事物的外部特征和外部联系。如果想了解事物的本质特征，单凭感觉和知觉是不够的，还需要更复杂的心理活动。知觉是在感觉的基础上产生的，如果我们感觉到的事物的个别属性越多、越丰富，那么对事物的知觉就会越准确和完整。但是知觉不是感觉的简单叠加，知觉过程中人们还需要借助已有的经验获得当前事物的感觉信息，并做出识别。

　　总之，知觉的产生是以头脑中的感觉信息为前提，并且和感觉同时进行的，知觉属于高于感觉的感性认识阶段。

3. 记忆

　　记忆是人脑对过去经验的保持和再现，从信息加工的观点看，其是人脑对外界输入的信息进行编码、储存和提取的过程，是人的心理过程在时间上得以保持的根本保证。记忆是一个人所经历过的事物在大脑中的反映，是大脑积累经验的功能表现。人在生活和活动中，对感知过的、思考过的事物的印象总是不同程度地保留在头脑中，即使当这些事物不在眼前时，也可以重新显现出来，这个过程就是记忆。记忆中所保留的印象就是人的经验。个体经验的积累和行为的逐步复杂化是靠记忆实现的，离开记忆就不能积累和形成经验。

1）记忆的分类

　　记忆可以从不同角度进行分类。

　　（1）根据内容，记忆划分为形象记忆、语言逻辑记忆、情绪记忆和运动记忆。

　　① 形象记忆是以感知过的事物在人脑中再现的具体形象为内容的记忆，它保存事物的感性特征，具有显著的直观性。例如，参观服装展览后，能够记住一件件新颖的服装样式和颜色，这就是形象记忆。根据感觉形成的形象特点，形象记忆可区分为视觉记忆、听觉记忆、触觉记忆、嗅觉记忆、味觉记忆等，人的形象记忆一般以视觉记忆和听觉记忆为主。

　　② 语言逻辑记忆是用词的形式，在大脑中以思维、概念或命题为内容的记忆，它具有概括性、理解性和逻辑性等特点，它是个体保存经验最简单、最经济的形式，它的内容无论在数量上还是在质量上都超过形象记忆。人对自然、社会和思维本身规律性知识的获得，都是通过语言逻辑记忆保存下来的。

　　③ 情绪记忆是以个体体验过的某种情绪或情感为内容的记忆。例如，我们对第一天上大学时的愉快心情的记忆，就是情绪记忆。它往往一次形成经久不忘，常常成为人们活动的动力，推动人们从事某些活动或者制止某些行为，回避某些对他们有害的事情。

　　④ 运动记忆是以操作过的动作为内容的记忆。例如，对书写、劳动操作和某种习惯动作的记忆。动作记忆在识别时比较困难，但是一经记住，则容易保持、恢复而不易遗忘，它是人们获得语言，掌握和改进各种生活和劳动技能的基础。

　　（2）根据线索，记忆划分为情景记忆和语义记忆。

　　① 情景记忆是指人们根据某个事件发生的时间和空间特性而对该事件产生的记忆，是与个人的亲身经历密不可分的。由于情景记忆受一定的时间和空间的限制，信息的储存容易受到各种因素干扰，这种记忆不够稳定也不够确定。

　　② 语义记忆是指人们对一般知识和规律的记忆，与特殊的地点、时间无关，表现在单词、符号、公式、规则、概念等形式的记忆。例如，对"哥伦布发现美洲"这个事件的记忆是语义记忆。语义记忆受一般规则、知识、概念等的制约，很少受外界因素的干扰，比较稳定。

（3）根据意识参与的程度，记忆划分为无意记忆和有意记忆。

① 无意记忆是指没有预定的目的、不用专门方法、自然而然发生的记忆。例如，对有趣的故事、产生过深刻印象的事件等的记忆。人们大量的生活、工作经验，某些行为方式都是通过它积累起来的。但通过无意记忆积累的经验，有时带有片面性和偶然性，不能满足特定任务的要求。

② 有意记忆是指有明确的记忆目的，采取了相应的记忆方法，在意志努力的积极参与下进行的记忆，它是获得系统的科学知识，完成特定任务和积累个体经验的主要记忆形式。

（4）根据时间长短，记忆划分为瞬时记忆、短时记忆和长时记忆。

三者之间的区分是相对的，它们是相互联系、相互影响的，任何信息都必须经过瞬时记忆后变为短时记忆，最终可能转为长时记忆。长时记忆中的信息是有组织的知识系统，这种有组织的知识系统对人的学习和行为决策有重要的意义。它使人能够有效地对新信息进行编码，以便更好地识别，使人迅速有效地从头脑中提取有用的信息，以解决当前的问题。

（5）根据信息加工处理与存储的方式，记忆划分为陈述性记忆和程序性记忆。

① 陈述性记忆是对有关事件和事实性信息的记忆。

② 程序性记忆是对具有先后顺序的活动的记忆。

2）记忆表象

记忆表象是过去感知过的事物在头脑中再现出来的形象。例如，收到朋友的信，在读的过程中，他的相貌、言谈举止和行为会呈现在眼前，这就是记忆的表象。记忆的表象具有以下两个重要特征。

（1）形象性。

记忆表象产生于知觉，同知觉一样，以形象性为其基本特征，属于客观事物的感性印象，是直接、具体的，但记忆表象毕竟反映的是过去的事物，不如知觉那样鲜明、完整和稳定。

（2）概括性。

记忆表象常常是综合了多次知觉的结果，同对象的多次印象的概括相联系。在我们生活中，多次知觉的同一物体或同类物体，在表象中留下的只是这类事物的一般形象，而事物的个别特点都消失了。例如，关于山的记忆形象，未必是具体的哪一座山，而是一般山的概括印象。

3）记忆过程分析

记忆过程可以相对地划分为识记、保持和遗忘、再认和重现 3 个基本环节。

（1）识记。

识记是获得事物的印象并成为经验的过程。根据人在识记时的自觉性、目的性和随意性，识记可分为无意识记和有意识记。人相当大的一部分知识经验是通过无意识记获得的，无意识记常常会有较好的记忆效果。有意识记能够使人系统地掌握知识。有意识记经过一定的训练可以转化为无意识记，一些人的职业性记忆，就是有意识记转化的结果，因此，培养职业性记忆的习惯，也是做好本职工作的一个基础。

（2）保持和遗忘。

保持是过去经历的事物的印象在头脑中得到巩固的过程。记忆的内容随时间的推移和后来的经验的影响等因素作用，在质量和数量上会发生某些变化，这些变化有的具有积极的意义，有的具有消极的作用。

遗忘是对识记过的事物不能再认或重现，或者错误地再认或重现，它与保持相反。遗忘有暂时性的遗忘和永久性的遗忘之分。遗忘的过程表现一定的规律性，掌握遗忘的规律性，可以提高记忆水平。

（3）再认和重现。

再认是对过去经历过的事物重新出现时能够识别出来。例如，人们能够认出曾经听过的歌曲、学过的各种知识等。

重现是使不在眼前的过去经历过的事物在脑中重现的过程，它不是先前经历过的事物的印象的简单重复，是随活动的任务、人的兴趣和情绪状态等有选择地再现或印象加工的过程，其常是一种积极的过程。将记忆中的事物经常地在头脑中重现，是不断提高记忆的有效方法。

四百年前，法国人诺查丹马斯写了本书，预言一些将来要发生的事，该书中的一些事被一些人津津乐道。这些人总是寻找已经发生的一些事，试图去解释诺查丹马斯预言中的事例，以证明预言的准确性。心理学的规律揭示：人的感觉、知觉、记忆、理解、思维、想象的内容、素材来自客观世界。因此，每一个想象的产生，都可以在过去经历的事物中找到它的原型。这样的想象，也会在将来发生的事物中找到它的影子。从人的心理活动规律来看诺查丹马斯，无非是他的想象力比较丰富而已。如果你也具有丰富的想象力，对历史发生的事情比较了解，对世界的现状及发展趋势有一定看法，你也能够成为一个大预言家。

4. 想象

想象是人脑对已有表象进行加工改造而创造新形象的过程，其具有形象性和新颖性的特点，有预见、补充、代替的功能。梦也是一种想象，梦中出现的形象有时显得十分新奇甚至荒唐，但组成梦境的素材仍然是感知过的事物。

1）想象的功能

想象的功能主要体现在以下 3 个方面。

（1）想象具有预见作用。

想象是人们一切劳动活动中的必要因素。在活动中，如果没有想象的参与，没有先想象出劳动的成果，就不可能着手进行某项工作。同时，想象的新颖性和形象性也是人们创造性活动中不可缺少的因素。例如，为旅客列车餐车供应餐饮，首先要想出有多少种类，什么样的色、香、味，然后采购材料，进行加工制作。

（2）想象在人们的生活中具有补充的作用。

在现实生活中，有许多事物是人们不可能直接感知的。例如，旅途中生病旅客的心理，要直接感知是很困难的，但通过想象可以补充这种不足，如想象生病的旅客是自己，自己会产生的心理和其他生病旅客的心理是相似的。

（3）想象具有替代作用。

当人们的某些需要不能得到满足时，可以利用想象的方式得到满足或实现。"阿Q精神"体现了想象的替代作用。

2）有意想象的种类

按照想象活动是否具有目的性，想象可以划分为无意想象和有意想象两类。无意想象是一种没有预定目的、不自觉的想象。有意想象是按一定目的、自觉进行的想象。根据想象内容的新颖程度和形成方式的不同，有意想象可划分为再造想象、创造想象和幻想。

客运服务工作需要高速铁路客运服务人员在工作中充分发挥有意想象，并使有意想象的结果在工作中有效地得以体现，以提高服务质量。

（1）再造想象。

再造想象是根据言语的描述或图样的示意，在人脑中形成相应的新形象的过程。进行再造想象时，人所想象的事物是他从来没有感知过的，所以产生的想象对他来说是"新"的。例如，看到严禁将"三品"带上列车的提示牌，可以想象一旦发生"三品"爆炸对人身所造成的伤害。

再造想象在人们的生活中具有重要的意义，它能帮助人们更加具体、生动、正确地理解和记忆所学习的知识，形成明确的观念和概念。为培养和发展再造想象的能力，首先应扩大人们头脑中记忆表象的数量，充分储备有关的形象，表象越丰富，再造想象的内容也就越丰富。其次，要掌握好语言和各种标记的意义，只有这样，才能从语言描述和符号标记中激发想象。

（2）创造想象。

创造想象是在创造活动中，根据一定目的、任务，在人脑中独立地创造出新形象的心理过程。创造想象具有首创性、独立性和新颖性等特点，它比再造想象更复杂、困难，它需要对已有的感性材料进行深入的分析、综合、加工、改造，在头脑中进行创造性构思。

（3）幻想。

幻想是指向未来并与个人愿望相联系的想象，它是创造想象的特殊形式。幻想不立即体现在人们的实际活动中，而是带有向往的性质，幻想的形象是人们希望所寄托的东西，如童话中的形象。积极的幻想是创造力实现的必要条件，是科学预见的一部分，对人类生活和社会发展都有积极意义，幻想是激励人们创造的重要精神力量。我们的祖先曾经幻想去九天揽月，今天，这样的幻想已经变成了现实。

3）想象与创造

创造是提供新颖的、首创的、具有社会意义的产物的活动。创造是一种探索活动，没有现成的解决问题的方案和步骤。因此，需要借助自己的知识、经验，充分利用想象，设计初步方案，再经过实践验证它。

创造性地解决问题常常是突发式的。在创造活动过程中，人们有时在一个问题上花费了大量的时间和精力，一无所获，但解决问题的新方案有时会突然出现在头脑中，使问题迅速得到解决，这种现象称为灵感。灵感是艰苦的创造性活动的结晶。灵感的产生需要具备一定的条件：一是必须进行长期的准备性劳动；二是要集中精力，避免习惯性思维的约束；三是充分利用原型的启发作用；四是情绪稳定、乐观有助于灵感的产生。机遇对创造性地解决问题也有一定的作用，机遇能够触发灵感，但机遇是在解决问题的脑力与体力劳动的过程中产生的。

5. 思维

思维是人脑对客观事物间接和概括的反映，是借助言语实现的、能揭示事物本质特征及内部规律的理性认识过程。

1）思维的特征

（1）间接性。

间接性指人凭借已有的知识经验或其他事物的媒介，理解或把握那些没有直接感知过的，或根本不能感知到的事物，以推测事物过去的进程，认识事物现实的本质，推知事物未来的发展。

（2）概括性。

概括性有两层含义。

① 对事物的共同特征和本质特征抽取出来加以概括。

② 将多次感知到的事物之间的联系和关系加以概括，得出有关事物之间的内在联系的结论。

思维的间接性以人对事物概括性的认识为前提。

2）思维的种类

思维根据不同的标准划分为不同的类型。

（1）直观动作思维、具体形象思维和语言逻辑思维。

直观动作思维又称实践思维，是通过实际操作解决直观而具体的问题的思维过程。它面临的思维任务具有直观的形式，解决问题的方式依赖实际的动作。如儿童将玩具拆开，又重新组合起来。

具体形象思维是指人们利用头脑中的具体形象来解决问题。例如，去某个地方，事先在头脑中出现各种可能的道路，然后运用头脑中的形象进行分析和比较，最后选择一条最短、最方便的路线。

语言逻辑思维是人们面对理论性质的任务时，运用抽象的概念、理论知识来解决问题。它是思维的典型形式。

上述 3 种思维形式是相互联系，共同发挥作用的。在个体发展中，由于语言的发生和发展较晚，所以直观动作思维和具体形象思维出现得早些，语言逻辑思维出现得晚些。

（2）经验思维和理论思维。

经验思维是人们凭借日常生活经验进行的思维活动。例如，根据经验，鸟是会飞的动物，可能会让人认为带翅膀的动物都能飞。由于知识经验的不足，这种思维具有片面性。

理论思维是根据科学的概念和论断，判断某一事物或解决某个问题。这种思维活动能够抓住事物的本质、关键，使问题得到正确的解决。

（3）直觉思维和分析思维。

直觉思维是人们在面临新的问题、新的事物和现象时，能迅速理解并做出判断的思维活动。如科学家对某些突然出现的现象，提出猜想和假说。

分析思维是遵循严密的逻辑规律，逐步推导，最后得出合乎逻辑的正确答案或做出合理的结论。

（4）辐合思维和发散思维。

辐合思维是指人们根据已知的信息，利用熟悉的规则解决问题，也就是从给定的信息中，产生逻辑的结论。它是一种有方向、有范围、有条理的思维方式。例如，从甲＞乙，乙＞丙，可以推断出甲＞丙。

发散思维是从给定的信息中，产生众多的信息，沿不同的方向思考，重新组织眼前信息和记忆系统中存储的信息，产生大量、独特的新思想。

（5）常规思维和创造思维。

常规思维是指人们运用已获得的知识经验，按现有的方案和程序直接解决问题。它对原有的知识不需要进行明显的改组，也没有创造出新的思维成果。

创造思维是重新组织已有的知识经验，提出新的方案或程序，并创造出新的思维成果。

创造思维是多种思维的综合表现。

3）思维过程

思维活动有一定的过程，其主要由以下几个环节交错而有机地构成。

（1）分析与综合。

分析与综合是思维过程的基本环节。分析是把事物的整体分解为部分，或从整体中区分出个别特性、个别方面。综合是把事物的各个部分或不同特性、不同方面联合起来。

对整体的分析是为了更深入、更正确地认识整体。对于一种新事物，起初只有模糊的认识，通过从各个方面对它进行分析、逐步清楚各个部分、特性及其关系，最后将分析的各个部分全部联系起来，这时对事物的整体就有了深刻的认识。分析与综合是相互依存的，在分析的过程中也在进行综合，综合的过程中也在进行分析。

（2）比较、概括和系统化。

比较就是确定被比较的事物的共同点和不同点。同类的或某些相似的事物才能进行比较，完全不同的事物无法进行比较。比较总是和分析与综合相互联系，比较的过程就是分析的过程，将比较的各种因素结合起来考虑，也就是综合。

概括是一种特殊的综合形式，是关于事物共同点的综合。为了把事物的共同特性、因素等综合起来，首先要把特性、因素等从个别事物中划分出来，因此概括活动也是和分析活动密切联系的。

当把事物的共同本质特性抽取出来，并把具有这种本质特性的事物联合起来，以区别于具有另一种本质特性的事物时，也就是在进行分类，这是一个系统化的过程。

（3）抽象和具体化。

人在对客观事物进行概括，从中分析出本质特征时，也在思想上舍弃非本质的特性。这种提取本质特性而舍弃非本质特性的过程就是抽象。抽象与概括密切联系，概括的程度越高，舍弃的次要、非本质的特性就越多，思维就更加脱离具体事物，就越抽象。

和抽象过程相反的是具体化。具体化是把概括的知识用于具体的、个别的场合。具体化使一般的、抽象的东西和直观的、感性的、熟悉的东西联系起来，从而变得容易理解。

各种思维活动经常结合着进行，不同的思维任务要求思维过程的不同组合，合理地组织和运用各种思维过程是顺利完成思维任务的保证。

4）思维形式

思维过程的内容就是思想，而思想的存在总是表现为一定的形式。思维的基本形式是概念、判断和推理。

（1）概念。

概念是人脑反映客观事物的本质特性的思维形式。概念是在抽象概括的基础上形成的，通过抽象、概括，舍弃了事物的次要、非本质的特性，把握了事物的本质特性，并据此把同类事物联合起来，形成该类事物的概念。

每个概念都有它的内涵和外延，随着人类对客观世界认识的日益深入，概念的内涵和外延在不断地变化。

（2）判断。

判断是肯定或否定某种事物具有某种属性的一种思维形式。任何判断都是对事物的认识，是对客观事物之间联系的反映，是断定事物情况的思维。思维的过程要借助判断去进行，思维的结果也是以判断的形式表现出来的。

（3）推理。

推理是从已知的判断推出新判断的思维过程。一个推理由两个部分组成：前提和结论。进行推理时所根据的已知判断，叫作前提；从前提推出的新判断，叫结论。

推理最主要的形式有两类：归纳推理和演绎推理。归纳推理是从特殊事例到一般原理的推理；演绎推理是从一般原理到特殊事例的推理。

6. 注意

注意是心理活动对一定对象的指向和集中。例如，侧耳倾听某人的说话，而忽略房间内其他人的交谈。注意是伴随着感知、记忆、思维、想象等心理过程的一种共同的心理特征。

1）注意的功能

注意具有选择、维持、整合、调节等功能，其最基本的功能是对信息进行选择。

（1）选择功能。

注意的选择功能也就是使心理活动具有一定的方向性，选择有意义的、符合需要的和与当前活动相一致的有关刺激，避开与之无关的其他刺激并抑制对它的反应。

（2）维持功能。

维持功能使注意对象的印象或内容维持在意识中，得到清晰、准确反映，直到达到目的为止，其表现为注意在时间上的延续。在一定时间内，注意维持着活动的顺利进行。在注意的维持功能中，人的活动目的、兴趣、爱好等，有特别重要的意义。

（3）整合功能。

注意是信息加工的一个重要阶段，在注意的状态下，人将个别特征的信息进行分析、加工、综合处理，最终整合为一个完整的物体。

（4）调节功能。

调节功能控制心理活动朝着一定方向或目标进行。当人从一种活动转向另一种活动时，只有在注意的状态下，才能完成活动的转变，并顺利地执行各种新的任务。

（5）监督功能。

在有针对性地注意一些事物的时候，会对与之相关的事物有较大的关注度，并进而对这些事物起到一个监督、管理的作用。日常工作和学习中发生的失误和事故一般都是在注意分散和注意没有及时转移的情况下发生的。

2）注意的种类

根据产生和保持注意有无目的性和意志努力程度的不同，可把注意划分为无意注意和有意注意。

（1）无意注意。

无意注意也叫不随意注意，是事先没有预定的目的，也不需要做意志努力的注意。引起无意注意的原因有两个方面：一是刺激物的特点，包括刺激物的强度、刺激物之间的对比关系、刺激物的活动和变化、刺激物的差异性；二是人的内部状态，包括人的需要和兴趣、情绪状态、知识经验等方面。

（2）有意注意。

有意注意也叫随意注意，是有预定目的、需要做一定努力的注意。有意注意可在人的实践活动中形成和发展起来。实践活动离不开有意注意，假如一个人缺乏有意注意的能力，要想在学习、工作中做出成绩，是很难的。保持有意注意的方法有以下 3 种。

① 消除与完成任务无关的干扰，坚定意志力，如保持环境的安静，降低干扰声音的强度，坚定自己的意志力。

② 加深对任务的理解，不断优化活动组织。经常按照任务的要求提醒自己去注意正在进行的活动，在活动进行的过程中经常提出问题，以加强对活动的注意。在进行智力活动时，把内部智力活动与外部实际活动结合起来等。

③ 利用间接兴趣，特别是稳定的间接兴趣的作用。

3）注意的特征

（1）注意的范围。

注意的范围指在同一时间内意识能清楚把握对象的数量，这是注意在数量上的特征。在同一时间内，人能清楚地看到或听到的事物，其数量是很有限的。注意的范围本质上也是知觉的范围，其影响因素：一是知觉对象的特点，一般的规律性表现是注意的对象越集中，排列得越有规律，越能成为相互联系的整体，注意的范围就越大；二是知觉者的活动任务和知识经验，任务繁重、知识经验少，注意范围小；三是把握对象的方法，对象多时，宜进行分组和逐个把握，而对象少时，则可进行直接把握。

（2）注意的紧张度。

注意的紧张度指心理活动对某个事物的高度集中，而同时离开其余的一切事物，这是注意在强度上的特征。在紧张的情况下，一个人会沉浸于他所注意的对象，而注意不到周围新发生的事情。高度的责任感、浓厚的兴趣和爱好，都会引起一个人高度紧张的注意。厌倦、疲劳则会大大削弱注意的紧张度。

注意的紧张度与注意的范围是有联系的，注意的紧张度越高，注意的范围越小。长时间高度紧张的注意会引起疲劳，从而导致注意的紧张度减弱，注意逐渐趋于分散。注意的紧张度使人能排除各种无关刺激的干扰，这表明注意具有抗干扰的性能。在工作中，应善于调节注意的紧张度。

（3）注意的稳定性。

注意的稳定性指人的心理活动长时间地保持在感受某种事物或从事某种活动上，这是注意在时间上的特征。能够长时间地把注意集中在一定的对象上，是学习、工作高效率的保证，是具有良好注意稳定性品质的表现。与注意稳定相反的特征是注意的分散，是指注意离开当前应当完成的活动而被无关的事物所吸引。注意的稳定性并不意味着注意总是指向同一对象，而是说行动所接触的对象和行动本身可以变化，但是活动的总方向始终不变，注意的起伏不会影响对复杂而有趣的活动的完成。

注意的稳定性与注意对象的特点有关，如果注意的对象是单调的、静止的，注意就难以稳定；如果注意的对象是复杂的、变化的、活动的，注意就容易稳定。注意的稳定性与人的积极性关系更密切，如果人对所从事活动的意义理解深刻，态度积极、兴趣浓厚、思维活动积极，注意就容易稳定、持久；如果人对所从事活动的意义缺乏理解、缺乏兴趣，或处于疲劳、疾病的时候，注意就容易分散。

（4）注意的分配。

注意的分配指一个人把自己的注意指向于不同的对象或活动。注意的分配是有条件的，如活动本身的性质和特点、分配注意的技巧及对活动的熟练程度等，其中最重要的条件是在同时进行的不同种活动中有一种活动必须是非常熟练或相当熟练的。因为，熟练的活动，人不需给予更多的注意就能自动地实现，而可以把大部分注意力集中到比较生疏的活动上。由于某种熟练的活动使注意分配成为可能，因此注意分配的能力可以通过练习而逐步形成。

（5）注意的转移。

注意的转移指一个人根据新的任务，主动地把注意从一个对象转到另一个对象上。注意的转移有一个过渡阶段，"万事开头难"指的就是注意转移过程中的表现。注意转移的速度取决于两方面：一是原来注意的紧张度，原来注意的紧张度越大，注意的转移就越困难、越缓慢；二是新的注意对象的特点，新的注意对象越符合于人的需要和兴趣，注意的转移越迅速。

注意的转移与注意的分散是不同的，转移是根据任务的需要主动地、有目的地把注意转向另一个对象；分散是在需要注意稳定的时候，不随意地改变注意的对象。

上述 5 个方面的注意特征，既有好的作用，也有不好的作用。例如人们往往不喜欢看悲剧，是因为悲剧会将人们的注意完全地吸引去，人们会好几天快乐不起来，但给人们留下最深刻记忆的往往却是悲剧，这是注意力提高使记忆增强的结果。人对生活中快乐的事记忆得很少，而不快乐的事会记得很多。高速铁路客运服务人员在工作中，应使注意的特征得到灵活的运用，才能取得好的效果。

7. 语言

语言是一种社会现象，是人类通过高度结构化的声音组合，或通过书写符号、手势等构成的一种符号系统来交流思想的一种行为。狭义的语言是指通过词汇以书面或口头表达的内容，广义的语言包括狭义的语言和肢体动作。

1）语言的特征

（1）目的性。

语言活动是一种有目的的活动，人是为了满足某种交际的需要，达到某种目的才使用语言的。例如，简单的话语"喂"，它的目的是跟别人打招呼，引起别人的注意。

（2）离散性。

人在说话的时候，他的语流好像是由一连串的声音组成的，但实际上是由一系列离散的单元构成的，这既反映在音节、声音片段上，又反映在所表达的内容上。

（3）开放性。

人们可以利用大量的句子来表达一定的意义，而表达的内容随人与人之间交流的场景随时进行变化。

（4）规则性。

人的语言活动是受规则制约的，只有在一定的词汇和语法规则的范围内，人才能正确地表达和理解某种语言。

（5）社会性和个体性。

语言是个体之间进行交际活动的载体。由于作为交流方式的语言是一种社会现象，它随社会的产生而产生，发展而发展，因此，运用语言进行的交际活动，也具有社会性，离开了社会生活和社会上已经形成的语言，人类个体就只能发出非语言的声音，不可能进行语言的交际。

2）语言的结构

语言是按层次结构组织起来的。语言表达的基本形式是句子。在句子的下面可分为短语、单词、语素和音位等不同层次。每个层次又都包含一定的语言成分和将这些成分组织起来的语言规则。如语音规则、缀词法规则、句法规则等。人们按照这些规则可以将音位组成语素，然后由语素组成单词，再由单词组成短语和句子。

（1）音位。

音位是能够区别意义的最小的语音单位。一般来讲，音位和字母相对应，但是也有这种情况存在，即一个字母在不同的单词中，可代表不同的音位。另外，几个字母合并也可代表一个音位。

（2）语素。

语素是语言中最小的音义结合单位，是词的组成要素。语素的种类较多。例如，既可以独立成词，也可以同别的语素组合成词的语素称为自由语素。

（3）词。

词是语言中可以独立运用的最小单位。在口语中，词是语音和语义的结合体，同时它还传递构词法与句法的信息。在书面语中，词还具有图形信息。因此，词是图形、语音、语义、构词法与句法5种信息的复合体。

（4）句子。

句子是独立表达比较完整语义的语言结构单位。根据乔姆斯基的转换生成语法理论，任何一个语句都包含两个层次的结构：表层结构和深层结构。

3）语言的种类

语言活动分两类：外部语言和内部语言。外部语言又包括口头语言（对话语言和独白语言）、书面语言和身体动作语言。

（1）对话语言。

对话语言是指两个或几个人直接交际时的语言活动，如聊天、座谈等。对话语言的特点如下。

① 对话语言是一种情境性语言。

② 对话语言是一种简略的语言。

③ 对话语言是对话双方的直接交际。

④ 对话语言常常是一种反应性语言。

（2）独白语言。

独白语言是个人独自进行的，与叙述思想、情感相联系的，较长而连贯的语言。它表现为报告、讲演、讲课等形式。独白语言的特点如下。

① 独白语言是说话者独自进行的语言活动。

② 独白语言是有准备、有计划进行的语言活动。

（3）书面语言。

书面语言指一个人借助文字来表达自己的思想或借助阅读来接受别人语言的影响。书面语言的特点如下。

① 随意性。书面语言在用文字表达自己的思想时，允许字斟句酌、反复推敲；在阅读别人写出的东西时，允许反复阅读难懂的地方。

② 开展性。书面语言要求用精确的词句、正确的语法和严密的逻辑进行陈述，既要避免词不达意，又要力戒"言过其实"和"空话连篇"。

③ 计划性。书面的计划性常常以腹稿、提纲等形式表现出来。

（4）身体动作语言。

身体动作语言是利用身体动作来表达自己的思想和接受别人的影响，如舞蹈、手势等。利用身体动作语言表达自己的思想或接受别人的思想，往往需要接受专门的训练。

（5）内部语言。

内部语言是自问自答的语言活动或不出声的语言活动。它的特点如下。

① 隐蔽性。内部语言是一种不出声的语言，它以隐蔽性为特点。

② 简略性。内部语言不是一种直接用于交际的语言，它不存在别人是否理解的问题，因而常常以十分简略、概括的形式出现。在内部语言中，句子的大量成分常常被省略，如只保留主语和谓语。它可以用一个词或词组来代表一系列完整的陈述。

4）语言的表征与加工过程

（1）语言的表征。

表征是信息在头脑中存在的方式。根据信息加工的观点，当人们对外界信息进行加工时，这些信息是以表征的形式在头脑中存储的。

语言的表征就是语言材料所负载的信息在头脑中存在的方式。

表征既可以是词语的表征，也可以是句子的表征、段落的表征。

（2）语言的加工过程。

语言的加工过程就是对输入的语言信息进行编码、转换、储存、提取的过程。

根据语言加工过程中需要资源参与的程度，语言的加工可分为自动化加工和受控制的加工两种形式。自动化加工是无须参与，不受人的意识控制的加工；受控制的加工是一种受人的意识控制的加工。

根据语言加工时，各种成分间是否存在相互作用，语言的加工又可分为模块化的加工和交互作用式的加工。模块化的加工是指语言各成分间的加工是单独进行的，各成分间不存在相互的作用。交互作用式的加工是指语言各成分间的加工不是单独进行的，它们存在着相互作用。

（二）情感过程

人在认识客观事物时，总是表现出一定的态度和体验，如满意、喜欢、厌恶、愤怒等，这些主观的心理体验，属于情感过程。

事业的成功，朋友的支持，家庭的团聚，使人感到愉快、兴奋和喜悦；工作的失利，朋友的讥讽，亲人的争吵，使人感到沮丧、痛苦和愤怒，这些都伴随着情感过程体验。情感在认识的基础上产生。"知之深，爱之切；爱之深，责之苛。"深厚、真挚的情感来源于对人、对事的真切、深刻的了解，而情感又对认识产生巨大的影响。积极的情感能引起人们认识的积极性，使人进取；消极的情感会使人消沉、沮丧，消减人们认识与创造的热情。

1. 情绪和情感的含义

情绪和情感是人对客观事物的态度的体验，是人对客观事物与人的需要的关系的反映。认知过程是人对客观事物本身的反映，而情绪和情感反映的则是客观事物与人的主观需要之间的关系。情绪和情感有积极与消极之分，这是有别于认知过程的另一特征。人对客观事物采取不同的态度是以该事物是否满足人的需要为中介的。一般来说，需要得到满足就会引起积极的情绪和情感，需要得不到满足就会引起消极的情绪和情感。例如，在旅客运输过程中，如果旅客的需要得到了满足，就会有积极的情绪和情感，而需要未得到满足时就会引起消极的情绪和情感，进而产生矛盾，甚至投诉现象。

2. 情绪与情感产生的基础

情绪和情感是由客观事物引起的，但客观事物本身并不直接决定情绪和情感，它对情绪和情感的决定作用是以需要为中介的。凡是符合人需要的客观事物，就会引起肯定的情绪和情感。例如，渴望学习知识的人得到一本好书会感到满意。高兴、满意、欣慰、敬慕、幸福等都是肯定的情绪和情感。凡不符合需要或妨碍需要满足的客观事物就会引起否定的情绪和情感。例如，失去亲人引起悲痛，无端遭到攻击产生愤怒，工作失误出现不满和苦恼，看到社会上某些不道德的行为感到气愤，等等。悲痛、愤怒、不满、苦恼、气愤等都是否定的情绪和情感。

同样的客体，在不同人身上引起的情绪反应可能会不同，甚至在同一个人身上，也会因主体当时不同的心理状况而不同。情绪的产生以需要为基础、以期望为中介，通过认知评价决定。

3. 情绪与情感的区别与联系

情绪与情感是既有区别又有联系的两个概念。

1）情绪与情感的区别

（1）情绪具有较大的情景性、激动性和暂时性，它往往随着情境的改变和需要的满足而减弱或消失。情感则具有较大的稳定性、深刻性和持久性，是对人、对事稳定态度的反映，因而情感是个性结构或道德品质中的重要成分之一。

（2）情绪是情感的表现形式，通常具有明显的冲动性和外部表现，如高兴时手舞足蹈，愤怒时暴跳如雷等，情绪一般由生理、安全等较低级的需要所引起，人和动物都具有，情绪一旦产生，往往难以控制。情感则一般由自尊、认知等较高级的社会需要引起，常以内心体验的形式存在，比较内隐，如深沉的爱、殷切的期望、痛苦的思虑等，往往深深地埋在心底，不轻易外露。

2）情绪与情感的联系

情绪与情感总是彼此依存，情感离不开情绪，稳定的情感是在情绪的基础上形成的，同时又通过情绪反映出来得以表达，离开情绪的情感是不存在的。情绪也离不开情感，情绪的变化往往反映情感的深度，在情绪发生的过程中，常常深含着情感，情绪与情感是不可分的。

4. 情绪与情感的两极性

一个人的情绪和情感往往表现为两极性的特点，在一定的条件下它们之间是可以相互转化的，下面的 4 个维度之间不同程度的组合构成复杂多样的情绪状态。

（1）在性质上，情感与情绪往往表现为肯定或否定相对立的两极性，如满意和不满意，喜悦和悲哀，爱与憎等。一般来说，人们的需要得到满足时产生肯定的情绪与情感，如高兴、满意、爱慕、欢喜等。人们的需要不能得到满足时则产生否定的情绪与情感，如烦恼、不满意、憎恨、忧愁等。肯定的情绪与情感是积极的，可以提高人们的积极性。否定的情绪与情感是消极的，会降低人们的积极性。

（2）在强度上，各类情绪与情感的强度是不一样的，在强弱之间又有各种不同的程度。例如，从微怒到狂怒的发展过程是：微怒—愤怒—大怒—暴怒—狂怒。从好感到酷爱的发展过程是：好感—喜欢—爱慕—热爱—酷爱。情绪与情感的强度由引起情绪与情感的事件对人的意义的大小来决定。意义越大，引起的情绪与情感就越强烈。情绪与情感的强度也和个人的既定目的和动机能否实现有关。

（3）在紧张度上，情绪有紧张和轻松之别。紧张和轻松往往发生在人的活动最关键的时刻，紧张的程度既取决于当时情景的急迫性，也取决于人的应变能力和心理准备状态，通常紧张状态能导致人们的积极行动，但过度紧张也会使人不知所措，甚至使人的精神瓦解、行动停止。

（4）在激动性上，情绪与情感具有激动和平静的两极。激动是由生活中的重要事件引起的，它是一种强烈的、为时短暂的情绪状态，如激怒、狂喜、极度恐惧等。平静与激动对立，是一种平稳、安静的情绪状态，在正常生活的情况下，情绪是平静的。平静的情绪是人们正常生活、学习与工作的基本条件。

同一件事对同一个人有时会出现两极的对立情感与情绪。例如，学习中遇到困难时，可能引起愁闷，也可能引起激奋。对立的两极在一定的条件下可以相互转化。转化的条件是人能否认识这种情绪的消极作用，并有意识地加以调节。高速铁路客运服务人员应培养良好的对待工作、对待旅客的情绪与情感，学会控制和调节自己的情绪，这是做好本职工作的基础。例如，想对旅客发火，如果想到与旅客吵架，可能会受到批评、扣发工资、奖金，这时，火可能就不会发出来了。

5. 情绪的种类

人的情绪表现多种多样，千姿百态。按基本表现形态，可将情绪分为以下 3 类。

1）心境

心境是一种微弱、平静而持续时间较长的情绪状态，如心情愉快、舒畅或心情烦闷、抑郁不快。心境在一个相当长的时间内有持续性。这种情绪状态倾向于扩散和蔓延，在心境发生的全部时间内，它影响着人的整个行为表现，好像自己周围一切都染上当时的这种情绪色彩。

心境在人的现实生活中有重要的意义，积极的、良好的心境能使人精神振奋，乐观地对待困难和挫折。消极的不良心境使人精神萎靡，意志消沉。培养良好的心境、克服消极的心境，是与意志、性格的锻炼分不开的。

2）激情

激情是一种爆发式的、猛烈而时间短暂的情绪状态，如狂喜、暴怒、痛哭等，通常是由突然发生的对人具有重大意义的事件引起的。人能够意识到自己的激情状态，也能够有意识地调节和控制它。人要善于控制自己的激情，做自己情绪的主人，培养坚强的意志品质，提高自我控制能力可以达到这个目的。只要具有正确的思想意识，遇事善于分析判断，在面临激动的情境时，命令自己"冷静"，以坚强的意志力克制自己，就可以使这种情绪减弱或得到控制。必要时采取转移注意力的方式，去做与激动情绪无关的事情，也可以暂时避免激情的爆发。激情具有积极性和消极性之分，必须学会控制消极的激情。

3）应激

应激是出乎意料的紧迫情况所引起的急速而高度紧张的情绪状态。人在工作和生活中，往往会遇到突然发生的事件或偶然发生的危险，它要求人迅速地集中自己的智慧和经验，动员自己全部机体的力量，即时做出决定，以应付紧急情况，这时产生的特殊体验即是应激。例如，汽车司机、机械操作工人，不可避免要遇到一些紧急情况，使情绪处于应激状态。但是，长时间持续的应激则能引起精神创伤，危及身体健康。

因此，保持适度的应激状态，能更好地发挥积极性，使思维的判断力明确，增强人的反应能力。一个人要使自己能经常保持适度的应激状态，在相当大的程度上取决于人对出现的意外情况能迅速地做出判断和决策的能力，以及具有果断、坚强的意志力等品质，而这些方面都是可以通过实践锻炼而获得或增强的。

6. 情感的种类

情感是同人的社会属性需要相联系的主观体验，是人类所特有的心理现象之一。随着年龄的增长和社会生活的拓展，人的社会需要会越来越丰富，进而会促进情感的发展。人类高级的社会性情感主要有道德感、理智感和美感。

1）道德感

道德感是根据一定的道德标准在评价人的思想、意图和行为时所产生的主观体验。道德感属于社会历史范畴，不同时代、不同民族、不同阶级有不同的道德评价标准。当人的言行符合道德标准的要求时，人们会对他产生爱慕、崇敬、尊重、钦佩等情感，他自己也会产生幸福、自豪等肯定性情感；当人的思想和行为违背了道德标准的要求时，人们会产生厌恶、反感、鄙视、憎恨等体验。个体尽到了责任会感到心情舒畅，未尽到责任会感到内疚。道德感在工作中，表现为爱国主义情感、集体主义情感、责任感、义务感、事业心、荣誉感等，每个高速铁路客运服务人员都应努力培养这些方面的情感。

2）理智感

理智感是人在智力活动过程中认识、探求、评价事物时产生的情感体验，同人的认识活动的成就获得、需要的满足、对真理的探索及思维任务的解决相联系。例如，人们在探索未知的事件时所表现的求知欲望，认识的兴趣和好奇心，在解决问题过程中出现的迟疑、惊讶、焦躁及问题解决后的喜悦，在评价事物时坚持自己见解的热情，为真理献身时感到的幸福与自豪，由于违背和歪曲事实真相而感到羞愧，等等，都属于理智感。

理智感对于人们学习科学知识、认识和掌握事物发展的客观规律具有动力作用，这种作用的大小同个人已有的知识水平、学习的愿望有关。因此，培养理智感，应从学习知识，树立正确的人生观和价值观入手。

3）美感

美感是根据一定的审美标准评价事物时所产生的情感体验。美感能够增加人们的生活情趣，帮助人们以美丑的评价去赞扬美好的事物与心灵，蔑视、鞭挞丑陋与粗野的行为，从而促进人类文明的发展。人的审美标准既反映了事物的客观属性，又受人的思想观念和价值观念的影响。

美感作为情感的一种形式，是由客观情境引起的，即是对客观现实美的反映，这包括以下2方面的内容。

（1）自然景象和人类创造的美的特征。自然景象和人类创造的美的特征，能引起人们愉快的、肯定的情感体验，但也存在丑的特征，如不成比例的造型，不协调的色彩等，能引起人们不愉快的、否定的情感体验。

（2）人类的社会道德品质和行为特征，能够引起美的体验。那些为人善良、诚实、坚强、公正、坦率、不徇私情、有自我牺牲精神的品质和行为都是美的。那些丑恶的品质和行为，如损人利己、虚伪、胆小怕事、两面三刀、狡猾奸诈等，都会引起人们的厌恶、憎恨的情感体验。可见美感是按一定的标准，评价自然特征和社会行为特征时所产生的内心体验。我们应根据时代对美的评价标准，培养美感，将美在工作中体现出来，努力塑造环境美、仪表美、语言美。

7. 情绪和情感的功能

1）适应功能

人类的情绪具有适应功能，表情的发展是情绪和情感适应功能发展的标志。婴儿的情绪和情感是随他们的适应功能逐渐适应社会环境而发展起来的，笑对初生的婴儿而言只是一种生理上适应的反应，情绪的社会性参照作用是儿童以情绪为信号进行社会交往的典型例子。

2）动机功能

人的各种需要是行为动机产生的基础和主要来源。积极的情绪状态会成为行为的积极诱因，起正向推动作用；消极的情绪状态则起消极作用，会起反向推动作用。

3）组织功能

积极的情绪和情感具有调节和组织作用；消极的情绪和情感则有干扰破坏作用，影响工作记忆、思维活动，以及人的行为表现。

4）信号功能

面部表情、身段表情和言语表情都能显示主体的情绪状态。言语尚未发展起来的婴儿能通过观察周围成人的表情来调节自己的行为。情绪和情感的适应功能也是通过信号作用得以实现的。

（三）意志过程

人在与周围客观环境相互作用时，为处理和改造客观事物想办法、制订计划、采取措施和克服困难，这种努力实现某种目标的心理活动过程，称为意志过程。在高速铁路客运服务人员为旅客提供服务的过程中，尤其是直接的面对面的服务的过程中，面对各种问题和困难，需要坚强意志。

1. 意志的含义

意志是指人为了达到一定的目的，自觉地组织自己的行为，克服种种困难以实现预定目的的心理过程，其是意识的能动表现。人在反映客观现实的时候，不仅产生对客观对象及其现象的认识，对它们形成这样或那样的情绪体验，而且还有意识地对客观世界进行有目的的改造。这种最终表现为行动的、积极要求改变现实的心理过程，就是意志过程。意志过程和认识过程、情感过程一样，也是人脑的机能。

意志包括感性意志和理性意志两个方面。意志是人类特有的心理现象，是在人类认识世界和改造世界的需要中产生的，也在人类不断深入地认识世界和更有效地改造世界的过程中发展。

在旅客运输过程中，高速铁路客运服务人员既然明确了让旅客满意的目标，就要克服服务过程中的各种困难，需要做出意志努力，而不是让"全心全意为旅客服务"成为一句空话。

2. 意志行为

1）意志行为的特点

（1）意志行为是自觉的、有目的的行动。

意志行为以行动的明确目的性为特征，正是由于有了这种目的，人才能发动有机体做出符合目的的行动，并且制止某些不符合目的的行动。意志行为的水平及效应的大小，是以人的目的水平的高低和社会价值的大小为转移的。一个人的行动越有目的，他的目的的社会价值越大，那么他的意志水平就越高，行动的盲目性与冲动性也就越小。中外许多著名的科学家、艺术家，他们之所以能在自己的领域中取得优异的成绩，一个重要的原因是具有明确的工作、生活目的。

（2）意志行为和克服困难相联系。

并不是所有的随意行为都叫意志行为，意志行为总是和克服困难相联系，人的意志行为总是与调动人的积极性去克服困难，排除行动中的各种障碍分不开。例如，一个人偶尔参加一两次晨间锻炼，这不是意志行为，但一个人坚持天天锻炼，风雨无阻，就需要坚强的意志努力。一个人能克服的困难越大，表明这个人的意志越坚强，反之则表明其意志薄弱。

困难有两种：一是内部困难，指思想上的困难，如存在相反的目的与愿望；二是外部困难，指客观条件的阻碍，如缺乏工作设备、工作和生活环境比较艰苦、存在外在的干扰和破坏等。人的意志既表现在对内部困难的斗争中，也表现在战胜外部困难的努力中。

2）意志行为过程

研究意志行为，主要是分析行为的心理方面，即心理对行为的调节过程。意志行为的心理过程分为确定决定和执行决定两个阶段。

（1）确定决定阶段。

确定决定阶段是意志行为的开始阶段，它决定意志行为的方向，规定未来意志行为的轨道。决定的采取并不是瞬时完成的，它是一个过程，有着丰富的心理内容，体现出人的意志品质。

确定决定，包括行为目的的确定、行为手段的选择和行为动机的取舍等环节。行为目的是指人的行为所达到的目的是什么，行为手段是指借助怎样的具体行动去达到目的，行为动机则反映着人为什么要达到这一目的。

确定决定，是在面临复杂的情境时做出抉择的过程。从动力方面看，要求这个过程进行得迅速而有效，才有利于下一步执行决定的顺利实现。对人的意志过程而言，这就是意志的果断性。果断表现在迅速而合理地做出决策并采取行动的能力上；反之，如果在各种动机之间，在不同的目的、手段之间摇摆不定，迟迟做不出取舍，那是优柔寡断的表现；如果确定决定缺乏合理性，不经深思熟虑就贸然抉择，那是草率的表现。

（2）执行决定阶段。

该阶段是意志行为的完成阶段。在这个阶段里，人的主观目的转化为客观结果，观念的东西转化为实际行为，实现对客观世界的改造。决定一经确定之后，决定的执行便是意志行为实现的关键阶段。再好的决定，如果不付诸实施，就失去意义，也不再能构成意志行为。执行决定，常要求付诸更大的意志努力。

① 执行决定的行为要求巨大的智力或体力，并要忍受由行为或环境带来的种种不愉快的体验。

② 积极而有效的行为，要求克服人的个性中原有的消极品质。

③ 执行决定过程中，与既有目的不符的各种动机还可能在思想上重新出现，引诱人的行为脱离预定的轨道。

④ 行为过程中总会出现意料之外的新问题、新情况，而主体又可能缺乏应付新情况、解决新问题的现成手段，从而造成人的行为的踌躇或徘徊。

⑤ 在行为尚未完成之时，还可能产生新的动机、新的目的和手段，它们会在心理上同既定目的发生竞争，从而干扰行为的进程。

上述各项因素，都是妨碍意志行为贯彻到底的困难，要求人做出意志努力。执行决定是使行为按照预定方向和轨道坚持到底的过程。从动力方面看，这一过程要求不能半途而废，要求行为不偏离基本方向，反映在意志品质上，就是意志的坚韧性。意志力强的人，不论前进道路上有何艰难险阻，决不会放弃对目标的追求；不论行动中遇到何种困难，总是坚持既定的方向，百折不挠。

3. 意志与认识、情绪、情感的关系

认识、情绪、情感和意志是人的主观心理活动，分别反映了事实关系、价值关系和行为关系。人为了生存和发展就必须首先感知和了解各种事物的事实关系，其次要掌握这些事物对于人的价值关系，最后要掌握每个行为的价值关系并且判断、选择、组织和实施一个最佳的行动方案。

1）意志与认识的关系

离开认识过程，就不会有意志行为。人们在实现每一个具体的意志行为的时候，为了确立目的和选择手段，通常要观察客观的形势、分析现实的条件、回顾以往的经验、设想未来的后果、拟定种种方案、编制行动计划，并对这一切进行反复的权衡和斟酌，这些都依赖感知、记忆、现象、思维的过程。这些过程是意志活动的理智部分。

意志在认识的基础上产生，又对认识活动产生巨大的影响。首先，人对外部世界的认识，是有目的、有计划并需要克服各种困难的过程，如解决问题的思维活动，离不开人的意志努力，即离不开意志过程。其次，人对世界的认识，是在变革事物的过程中完成的，而一切变革现实的实践活动都是有意志的行动，都必须受意志过程的支配和调节。因此，没有意志，也不会有深入的、完全的认识活动。

2）意志和情绪、情感的关系

人的情绪和情感是人活动的内部动力之一。当某种情绪或情感对人的一定行为起推动或支持作用时，情绪或情感可以成为意志的动力。如一个非常热爱他所从事的事业的人，会克服各种困难做好自己的工作；而一个对所要达到的目标抱着无所谓或冷漠态度的人，不可能以坚强的意志去做好工作。

当人们在从事他所不愿做的事情时，情绪或情感也可能成为意志的阻力。"不乐意"的情感，对于这项活动而言，是一种消极的体验，它妨碍着意志行为的贯彻，造成意志行为的内部困难。由外部困难所引起的消极的情感体验，如困惑、焦虑、彷徨、痛苦等，也能动摇人的意志。

意志受情绪和情感的鼓励，而且在对情绪和情感的调节和控制方面发挥着巨大的作用。所谓理智战胜情感，就是意志对情感的调节作用。人们需要抑制过分的喜悦、愤怒或悲痛，而使情感服从于理智所确定的目的。一个意志坚强的人，常常是一个善于调节和控制自己情绪体验的人。

认识是情感、情绪的源泉，情感、情绪是意志的源泉。情感、情绪最初是从认识中逐渐分离出来的，又反过来促进认识的发展，意志最初是从情感、情绪中逐渐分离出来的，又反过来促进情感、情绪的发展，认识、情感、情绪和意志是相互渗透、相互作用、互为前提、共同发展的。

4. 意志的品质

人的意志品质，存在着巨大的个别差异。人的主要意志品质有自觉性、坚定性、果断性、自制性。

1）自觉性

自觉性是指能否深刻地认识行为目的的正确性和重要性，并主动地支配自己的行动使之符合该目的的意志品质。有高度自觉性的人能够按照自然界和社会发展规律，提出自己的行动目的，不轻易受外界的干扰和影响，但能接受有益的意见，经常主动地使自己的行动服从于该目的。既不会鲁莽行动，也不会盲目附和。

与自觉性相反的意志品质是盲从和独断。盲从就是盲目地受他人的暗示或影响，高度盲从的人没有主见，不了解自己行为的意义，因而极易受他人的影响和怂恿，极易轻信他人。独断就是盲目地拒绝他人的意见或劝告，独断专行的人，对于他人的意见或劝告不论正确与否，一概顽固地拒绝；对于自己的决定总是自信不疑，一意孤行，而不顾主客观条件的变化。盲从和独断虽然表现上不同，但实质上都是缺乏自觉性的表现。

2）坚定性

坚定性是指在完成艰巨任务时坚持不懈地克服困难的意志品质。有高度坚定性的人，有顽强的毅力，能充满信心地为正确的目标而奋斗，不怕困难和挫折，善于总结经验和教训，既不为无效的愿望所驱使，也不被预想的方法所束缚。

与坚定性相反的意志品质是动摇性和刚愎自用。动摇性是遇到困难便怀疑预定目标，不加分析就放弃对预定目标的追求。这种人不善于迫使自己去达到预定目标，偶遇挫折便望而却步，做事见异思迁。刚愎自用是对自己的行为不做理智的评价，这种人不能客观地认识形势。尽管事实证明他的行为是错误的，但仍然不思悔改，自以为是。动摇性和刚愎自用实质上都是对待困难的错误态度，属于消极的意志品质。

3）果断性

果断性是善于迅速地明辨是非，迅速地确定决定和坚决地执行决定的意志品质。果断不同于轻率，它是以周密考虑和足够勇气为前提的。果断的人对自己的行为目的、行动方向和行为后果，都有深刻的认识和清醒的估计。所以，当事态发展到最紧急关头时，能当机立断，及时行动，毫不动摇。

与果断性相反的意志品质是优柔寡断。优柔寡断者的显著特点是无休止的动机冲突，在确定决定时，迟疑不决，三心二意；紧急关头不认真思考，仓促决定；做出决定后又反悔，甚至开始行动之后，还怀疑自己决定的正确性。优柔寡断是缺乏勇气，缺乏主见，意志薄弱的表现。

4）自制性

自制性是善于控制自我、约束自我的意志品质。在意志行动中，欲望的诱惑，消极的情绪等都会干扰人做出决定和执行决定。有自制力的人能够驾驭自我，克服自己的欲望和情绪干扰，迫使自己执行已经采取的、具有充分根据的决定，或者奋力地进取，或者坚决制止某些行为。自制力是意志的抑制功能，易冲动、意气用事、不能律己，知过不改等都是缺乏自制力的表现。

与自制性相反的意志品质是任性和怯懦。任性的人不能够约束自我，常常言语伤人、行为放纵。怯懦的人则胆小怕事，一遇到困难就慌乱失措，畏缩不前。

如果一个人的某些意志品质是稳定的，这些意志品质就反映了他的意志发展水平。每个人的意志发展水平是不一致的。有些人的某些意志品质（如自觉性、自制性）发展水平高些，有些人的某些意志品质（如坚定性、果断性）发展水平却较低。人们意志品质存在差异，是普遍的客观实际。

二、个性心理认知

现实的心理活动总是在一定的个体身上发生的，个体的心理活动既体现着一般规律，又具有个别特点。在个体身上经常地、稳定地表现出来的特点，称为个体心理特征。个体带有倾向性的、本质的、比较稳定的心理特征的总和，称为个性。个性包括两个方面：一是个性意识倾向；二是个性心理特征。本节主要从这两个方面对个性做简要的介绍。

（一）个性意识倾向

个性意识倾向是指人进行活动的基本动力，是个性结构中最活跃的因素，其表现在对认识对象和活动对象的趋向和选择上。下面主要从人的需要、动机、兴趣、期望、挫折、人性几个方面进行介绍。

1. 人的需要

1）需要的含义

需要是个体在生活中感到某种欠缺而力求获得满足的一种内心状态，它是个体自身或外部生活条件的要求在脑中的反映。

（1）需要是对现实要求的反映。

需要的形式和内容主要取决于所需对象的存在。当给予、改变或剥夺对象时，需要会发生相应变化，或因满足而消失，或因缺少而增强。从需要是对现实要求的反映来看，需要的特性表现在以下方面。

① 多样性。由于人的社会实践活动范围极其广泛，在此基础上形成的需要也是多样的，有衣、食、住、行等物质方面的需要，也有知识、交往、尊重、成就等精神方面的需要。

② 结构性。多种需要之间相互关联、相互制约，形成复杂的结构体系，具有结构性和层次性。

③ 社会制约性。需要是主观感受和客观环境共同作用的结果，受所处社会条件的制约，由特定社会历史条件下的生产力水平、社会关系性质及个人的社会角色地位决定。

④ 发展性。社会历史条件的发展变化，会引起需要的内容范围及满足方式的相应变化，人类需要不会停留在同一个水平上。随社会经济的发展，人的需要不断被满足后又产生新的需要，从而推动了人们不断寻求新的满足的方式和手段。

马克思认为，劳动力价值包括生存资料、发展资料和享受资料3部分。这3种资料是需要的3种表现。劳动力价值的构成，可以反映出需要的多样性和结构性。劳动力价值的3个方面，在不同时期，每一需要的强度是不同的，它受社会经济发展水平的制约。在社会经济发展落后时，生存资料的需要占主导地位；当社会经济发展相对发达时，发展和享受资料占主导地位，因此，劳动力价值也体现了社会制约性和发展性的特征。

（2）需要是个人的一种主观状态。

需要是在内外条件的作用下产生并为自己所感受和体验到的一种内心状态。从主观状态上看，需要的特征表现为以下方面。

① 对象性。需要总是表现在对具体事物的需求或追求。

② 紧张性。需要使人感到某种欠缺，在希望需要得到满足而又未得到满足的过程中，常会体验到一种特有的紧张、不适感或无法实现的苦恼感等。

③ 驱动性。需要一旦出现，会成为一种支配行为去寻求满足的力量，推动人去从事某种活动，并使人保持这种行为，直到需要得到满足。

④ 起伏性。已经形成的需要一般不会消失，它作为一种实际上起作用的力量总是断断续续的，时而呈现活跃的动态，时而转入潜伏的静态。

例如，人对爱的需要，这是人最根本的需要表现之一。当一位小伙子到了一定的年龄，便会产生对姑娘的爱的需要。这种需要作用在具体的某个人身上，便形成对具体人的爱慕。这时，他心里就会产生想和她在一起的愿望。可见到她或真和她在一起时，又心慌、脸红。想对她表达自己爱意，又怕对方拒绝。这些心理活动达到一定的程度，他最终受爱的需要的驱动，鼓足勇气向她表达了对她的爱。如果他努力地使自己的心理平静下来，暂时没有表达，但随时间的发展，可能对她的爱还会活跃起来。

2）需要的运动过程

人的需要是一个周而复始、循环往复的运动过程，这是人的动机和行为的一个客观规律。需要的运动过程如图 2-1 所示。

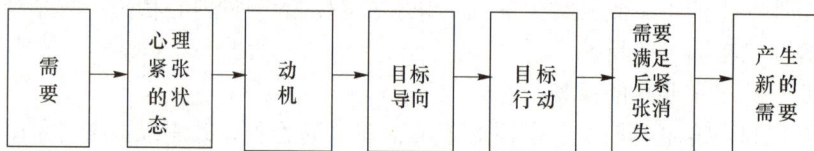

需要 → 心理紧张的状态 → 动机 → 目标导向 → 目标行动 → 需要满足后紧张消失 → 产生新的需要

图 2-1　需要的运动过程

3）需要的分类

人的需要是多方面的，一般有以下 3 类划分方式。

（1）从需要的性质划分。

从需要的性质划分，需要可以分为生理需要和心理需要。

① 生理需要，也称为物质需要，包括衣、食、住、行、安全等方面。这是人类生活的基本需要，是推动行为的强有力动力。

② 心理需要，也称为精神需要，是除生理需要之外的其他需要，包括文化、成就、地位、归属等方面。

需要构成激发人行为的动机，是支配人行为的最有普遍意义的原因。

（2）从对需要的迫切程度划分。

从对需要的迫切程度划分，需要可以分为远期的间接需要和近期的直接需要。

① 远期的间接需要是指那些比较概括的、抽象的、总体方面的需要，它常以理想、志向等形式表现出来。这种需要是促使行为持久的、稳定的动力，其使人有明确的方向和目标。

② 近期的直接需要是随远期的间接需要而产生的一系列具体的需要，这种需要是促使人行动的直接动力。

（3）从需要的范围划分。

从需要的范围划分需要可以分为社会成员个体需要和社会成员共同需要。

社会成员的个体需要和共同需要之间表现为一致性和矛盾性，这种关系可划分为以下 4 种情况。

① 社会需要和个体需要是一致的。这种一致的结果，使社会和个人融为一体。

② 社会需要和个体需要之间部分一致，部分不一致。例如，遵守交通规则，它与个人安全的需要是一致的，但又与个人绝对自由的需要对立。这就要求通过各种外部控制，使一致部分处于需要结构中的主要地位，不一致部分处于次要地位，这样也能够使人自觉地接受。

③ 个体需要与社会需要没有直接的联系，但事物是普遍联系的，通过分析，可将间接的联系转变为直接的影响，使人接受。

④ 个体需要与社会需要相冲突。冲突的核心是把个人的需要放在了突出的位置。由于人是生活在人群之中的，个体的需要应服从社会需要的总要求，否则，他就不能被与他共同生活的人群接受。

4）需要层次理论

美国心理学家马斯洛在 1943 年提出"需要层次理论"。

（1）需要层次理论的基本内容。

如图 2-2 所示，需要层次理论把人的需要归纳为 5 个等级。

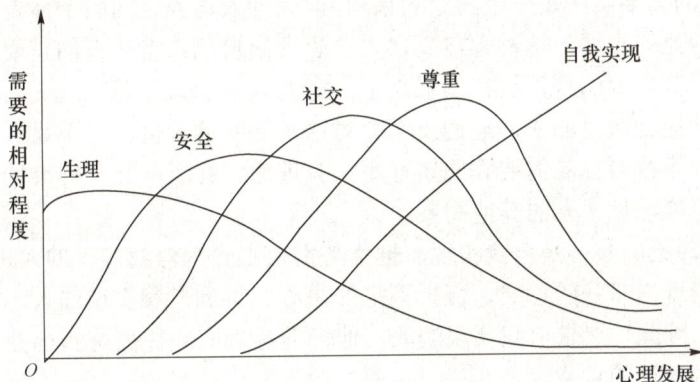

图 2-2　需要层次相关图

① 生理需要。生理需要是人类最原始、最基本的需要，包括饥、渴、冷、热等生理机能的需要，这些需要如不能得到满足，人类的生存就成了问题。

② 安全需要。安全可划分为两个方面：一是生活中的安全，如生病、事故等；二是工作中的安全，如失业、职业疾病等。

③ 社交需要。社交需要分为两个方面：一是爱的需要，人们总是希望伙伴之间、同事之间的关系融洽，希望爱别人，也渴望得到别人的爱；二是归属的需要，人会有归属感，这是一种要求归属于一个群体的感情，希望成为群体中的一员从而可以相互关心和照顾。社交需要与个人的生理特征、经历、教育、宗教信仰有关系。

④ 尊重需要。人总是希望自己有稳定的地位，有对名利的欲望，要求个人能力、成就得到社会的承认。尊重需要分为两个方面：一是内部尊重，即希望在各种情境中，自己有实力，充满信心，能胜任工作，能独立自主，有自尊心；二是外部尊重，即人希望有地位，有威望，受别人的尊重、信赖及高度评价。尊重需要得到满足，能使人充满信心，对社会满腔热情，

体会到自己生活在世界上的用处和价值；尊重需要一旦受到挫折，就会使人产生自卑感、软弱感、无力感，使人失去生活的基本信心。

⑤自我实现的需要。自我实现的需要是指实现个人理想、抱负，将个人能力充分发挥的需要。为满足自我实现需要采取的途径是因人而异的，有人想成为科学家，有人想当好教师，有人希望成为一位称职的母亲。

（2）马斯洛的观点。

① 上述 5 种需要是按次序逐级上升的，当下一级的需要获得满足后，追求上一级需要就成了驱动行为的动力。在这种需要层次逐级上升的过程中，并不是遵照"全有"或"全无"的规律，而是某种需要部分地得到满足。

② 5 种基本需要又分为高、低两种，生理需要、安全需要、社交需要属于低级需要，这些需要通过外部条件得到满足。尊重需要、自我实现的需要是高级需要，通过内部因素使人得到满足，而且是永远不会得到完全满足的。

③ 5 种需要既不一定是有意识的，也不一定是无意识的，一般情况下，是无意识的。对个体来讲，无意识的动机比有意识的动机更重要，但对于具有丰富经验的人而言，通过适当的技巧，可以把无意识的需要转化为有意识的需要。

④ 大多数人的需要层次是一个固定的系列，但因为人与人之间的个体差异，也存在例外。有些人把自尊看得比爱重要，这种人自高自大，想突出自己；有些人的需要水平可能永远被压抑或天生低下，其需要始终停留在低层次上；病态人格的人可能永远失去"爱"的需要；有些某种需要长期得到满足的人，他们反而会对这种需要的价值估计不足；有些人受到许多其他因素的影响，不按自己的需要和愿望行事；有理想、有崇高社会标准的人，为了追求真理、实现理想，可能牺牲个人的其他需要。

⑤ 需要层次理论的核心是自我实现，把优势需要上升为自我实现的人称为有理想的人。有理想的人往往表现出坚强的意志、百折不挠的决心。得到自我实现的人，他们的行为必须获得社会的承认，因此，追求自我实现的人，他们的行为取向往往是和社会发展相一致的。

（3）需要层次理论的意义。

① 需要是一个从低级向高级发展的过程，这一过程的一般趋势在某种程度上是符合人类需要发展的一般规律的。例如，一个人从出生到成年，其需要的发展基本上是按马斯洛提出的需要层次理论来进行的。

② 需要层次理论指出了在每一时期都有一种需要占主导地位，而其他需要处于从属地位，这对人的管理具有启发作用。在管理的过程中，有重点地满足人心理处于主导地位的需要，会调动人工作的积极性，提高管理工作的效率。

③ 马斯洛的需要层次理论对于需要的分类比较全面、细致，基本包含了其他各种分类方法所划分的类型，因此受到普遍的重视。

5）人的欲望

欲望是尚未得到满足而又强烈要求获得满足的一种需要。形成欲望的基本条件有两个：一是缺乏，有不足之感；二是期待，有求足之感。

（1）欲望的种类。

欲望的种类有很多，与需要的种类基本相似，只是在表现程度上存在差异。欲望大体上有以下几种划分方式。

① 以属性划分：有形的欲望（用物质可以满足）和无形的欲望（用精神可以满足）。

② 以时效划分：现在的欲望和将来的欲望。

③ 以弹性划分：弹性小的欲望（如生存必需的食欲）和弹性大的欲望（如奢侈欲，其不影响生存）。

④ 以个体需要分：生存欲望、发展欲望、荣誉欲望、舒服欲望等。

（2）欲望的特性。

在欲望的形成和发展中，存在以下特征表现。

① 欲望的无限性。随着生产的发展和科学的进步，人们的物质生活和精神生活的不断提高，人的欲望也没有止境。从某种程度上说，欲望是推动科学发展和人类进步的一个重要动力。

② 欲望的关联性。各种欲望不是独立的，而是相互关联的，欲望之间存在密切的联系。

③ 欲望的反复性。欲望的反复性就是某种欲望满足后还会再产生。

④ 欲望的竞争性。两种或两种以上的欲望可能同时或先后产生，在竞争过程中，较有力的欲望会代替其他欲望，或迫使其他欲望趋于减弱。

2. 人的动机

1）动机的含义

动机是指引起个人行为，维持该行为，并将此行为导向某一目标，使个人需要得到满足的过程。例如，人在饥饿时便会开始寻找食物，直到寻找到食物，吃饱，行为才停止。

动机是促使人产生行为的原因，而动机的主要来源有两个方面：一是内在条件，即需要；二是外在条件，即刺激。行为是内在和外在条件相互影响的结果，会因时、因地、因情景及其个人内部的身心状况不同而有不同的表现。

如图 2-3 所示，需要引发动机，动机产生行为，行为的结果实现目标，有时刺激也会引发需要。有的心理学家认为，从人的行为的产生来看，需要与动机，欲望与驱动力在某种程度上是同义词，可以替换使用。

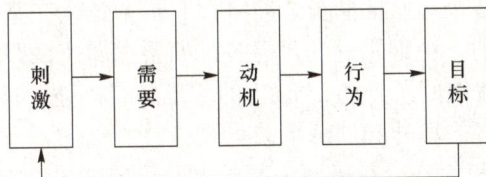

图 2-3　需要的运动过程

2）动机的分类

动机是在需要的基础上产生的，需要的性质不同，引起的动机也不同。

根据动机的性质，动机可分为生理性动机和社会性动机。生理性动机以人机体自身的生理需要为基础；社会性动机以人的社会文化生活的需要为基础。

根据学习在动机形成和发展中所起的作用，动机可划分为原始的动机与习得的动机。原始的动机是与生俱来的，以人的本能需要为基础；习得的动机是后天获得的各种动机，是经过学习产生和发展起来的。

根据动机的意识水平，动机可划分为有意识的动机与无意识的动机。人的动机有一部分处在意识的水平上，人能意识到自己的行为动机是什么，也能意识到自己的行为在追求什么样的目标。

由于高速铁路旅客服务心理学研究的对象是旅客和高速铁路客运服务人员的心理活动和行为规律，根据动机的性质而划分的生理性动机和社会性动机成为高速铁路旅客服务心理学对动机研究的重点。

（1）生理性动机。

生理性动机的主要表现形式如下。

① 饥饿。这是由于体内缺乏食物或营养引起的一种生理不平衡状态，具体表现为一定程度的紧张不安，甚至是饥饿的折磨和苦楚，从而形成个体内在的紧张压力，并使个体产生求食的渴望和展开觅食的活动。

② 渴。这是由于体内水分不足而引起的一种生理不平衡状态，它能推动个体产生找水的活动。与饥饿相比，渴具有更强的驱动力，一个人可以几天不吃食物，但不能几天不饮水。

③ 睡眠。这是由于机体疲劳产生休息的需要而引起的动机，它使个体由活动状态趋于休息状态，这和其他动机总是推动机体趋向活动是不同的。实践证明，如果一个人的睡眠被剥夺几天，他就不能忍受，甚至出现精神错乱现象。睡眠与疲劳有关，越是疲劳越需要睡眠休息。

（2）社会性动机。

社会性动机的主要表现形式如下。

① 兴趣。兴趣是人们探究某种事物或从事某种活动的心理倾向，以认识或探索外界事物的需要为基础，其是推动人们认识事物、探求真理的重要动机。人对有兴趣的事物表现出极大的积极性，会有力地推动行为。

兴趣的最高境界是达到"迷"的程度。目前社会上有很多的"迷"，如歌迷、影迷、球迷、集邮迷、网迷、旅游迷，等等，不胜枚举。"迷"有两个主要的特征表现，一是"累"，而他又不怕累。如球迷可以忍受累、渴、饿等，但不能错过一场球赛；二是"精"，是"迷"就有所精通，如球迷能够说出各个球队的队员、教练，某两个球队在某时、某地的对阵人员，比分的多少，球是何时踢进的，由谁踢进的，等等。如果在高速铁路客运服务中能达到"迷"的程度，那么他的工作也就做好了一半。"迷"的基础是有兴趣，喜欢。因此，应加强对高速铁路客运服务人员职业爱好的培养和训练至关重要。

② 交往动机。交往动机是在交往需要的基础上发展起来的。当这种动机促使人们满足交往需要时，人们会感到安全，有依靠，增强了生活和工作的勇气；相反，人们会感到孤独、寂寞而产生焦虑和痛苦。

交往动机反映了劳动和人类社会生活的要求，人要劳动，要参加社会生活，就必须与别人交往。如果没有交往，人类的社会生活就要解体，与自然的斗争也就会软弱无力。

③ 成就动机。人们希望从事对自己有意义的活动，并在活动中取得满意的结果。成就动机的强弱影响成绩的大小，成就动机强的人往往会取得较大的成绩。成就动机的强弱影响人们对职业的选择，成就动机弱的人，愿意选择风险小、独立决策少的职业，而成就动机强的人，喜欢担任富于开创性的工作，并在工作中敢于自己决策。

人的成就动机是在生活环境的影响下产生的，其中家庭的特征与生活方式对个体成就动机的发展有重要意义。

人的成就动机推动人们去争取一定的社会地位、政治地位等，因而它和交往动机有着密切的联系。

④ 劳动动机。劳动需要引起劳动的动机，它推动人们去使用与制造工具，从事创造物质财富和精神财富的活动。劳动是一种基本的社会实践，人们通过劳动与其他人相互交往，结成一定的关系，并实现自己所设立、所追求的目标。因此，在一定意义上，离开劳动动机，人的成就动机和交往动机都不可能获得完善、和谐的发展。

3）动机的影响因素

对个人动机模式具有决定影响作用的因素有以下 3 种。

（1）嗜好和兴趣。

如果同时有几种不同的目标，同样可以满足个人的某种需要，则个人在生活过程中养成的兴趣，会明显影响和导向他选择某一个目标。例如，同样为了解决渴的问题，有人喜欢喝茶，有人喜欢喝白开水。

（2）价值观。

价值观的表现之一是理想，它与兴趣有关，但价值观强调生活的方式和目标，牵涉到更广泛、更长期的行为。例如，有人以追求真理为目标，将自己的行为融合在社会发展的大趋势中，努力通过自己的行为影响社会的发展；有人则重视物质享受，对其他方面不管不问。

（3）抱负水平。

抱负水平是指一种想将自己的工作做到某种质量标准的心理需求，一个人的兴趣和价值观决定行为的方向，抱负水平则决定行为达到的程度。个人抱负水平的高低，基于以下 3 个因素。

① 个人的成就动机，即遇事想做、想做好、想胜过他人。

② 过去的成败经验，这与个人的能力及判断力有关，过去从事某事经常成功，自然就提高了抱负水平。

③ 第三者的影响，如父母、教师、朋友、领导的希望或整个社会气氛指向较高目标，则个人的抱负水平自然也随之提高。

3. 人的兴趣

1）兴趣的概念

兴趣是人们探究某种事物或从事某种活动的心理倾向，它以认识或探究外界的需要为基础，是推动人们认识事物、探究真理的重要动机。

兴趣是人认识需要的心理表现，它使人对某些事物优先给予注意，并带有积极的情绪色彩。例如，对足球感兴趣的人，总是对足球赛事及足球明星的刊物、消息等优先加以注意；对音乐感兴趣的人，总是对乐器及有关音乐的书籍、刊物等优先加以注意，甚至报纸上有关音乐的报道，别人议论有关音乐的事，对他都有很大的吸引力，并总是以积极情绪去探究和掌握它。

当兴趣不指向认识的对象，而是指向某种活动时，这种动机叫爱好，如对体育活动、书法活动的爱好等。兴趣与爱好是和人的积极情绪体验联系在一起的。当人们兴趣盎然地进行某种活动、获得某种认识时，他们常常体验到快慰和满意等积极情绪。

人的兴趣在个体发育中出现得很早，它最初表现为个体对环境的探究活动。婴儿出生后，对环境中出现的新事物，就会有惊奇和兴奋的反应。年龄稍大的儿童对新玩具，一般表现为注视、抚摩、摇晃、敲打甚至毁坏等。人们正是在个体生命早期具有的定向探究活动的基础上，才逐渐形成了对事物和活动的兴趣和爱好。

2）兴趣的品质

兴趣的品质主要包括以下几个方面。

（1）兴趣的倾向性。

兴趣的倾向性指人的兴趣总是指向一定的事物。有的人对自然科学感兴趣，有的人对社会科学感兴趣，这就是人与人之间兴趣的倾向性不同。兴趣的倾向性不是天生的，其差异性主要是由于人后天的生活实践不同造成的。

（2）兴趣的广阔性。

兴趣的广阔性指的是兴趣的广泛程度。如果一个人拥有广泛的兴趣，那么他的生活一定会丰富多彩，并且他本人也会拥有渊博的知识。例如，我国汉代杰出的科学家张衡，正是由于他本人有着广泛的兴趣，才使他不仅在天文学、地理学、数学、机械学方面有所成就，而且在文学和绘画方面也很有造诣。他的文学作品在文学史上占有重要地位，同时他又是东汉六大画家之一。如果一个人兴趣狭窄，就难免会知识贫乏、目光短浅、生活单调，但如果一个人的兴趣仅仅是广泛而无中心的话，则可能一无所长。

（3）兴趣的稳定性。

兴趣的稳定性是指兴趣保持在某一或某些对象上的时间持久性。有的人对事物的兴趣能够长时间保持稳定，可以做到数年乃至数十年如一日，不懈地努力和追求，最终取得成就。例如，居里夫人曾经说过："我的生活是不能离开实验室的。"达尔文也说过："我一生的主要乐趣就是科学工作。"与此相反，有的人则缺乏稳定的兴趣，做起事来半途而废、见异思迁，这种人很难在工作和学习中做出成绩。

（4）兴趣的效能性。

兴趣的效能性是指兴趣在推动认识深化过程中所起的作用。有的人的兴趣只停留在消极的感知水平上，没有进一步表现出认识的积极性，比如喜欢听听音乐、看看绘画便感到满足，却不愿意去理解它，掌握它；有的人的兴趣积极主动，表现出力求认识它、掌握它，因此，后者的兴趣效能高于前者。

3）兴趣的分类

人类的兴趣是多种多样的，可以用不同标准对它们进行分类。

（1）兴趣根据内容划分为物质兴趣和精神兴趣。

物质兴趣表现为对食物、衣服和舒适的生活等的兴趣。个人的物质兴趣必须加以正确引导和适当控制，否则会发展成畸形的、带有贪婪的欲望。

精神兴趣主要指认识的兴趣，如对学习和科学研究的兴趣等。

（2）兴趣根据所指向的目标划分为直接兴趣和间接兴趣。

直接兴趣是指对活动本身的兴趣。例如，对学习过程本身的兴趣，对劳动过程本身的兴趣。

间接兴趣是指对活动过程结果的兴趣。例如，对通过学习取得职业的兴趣，对工作后的报酬的兴趣。

直接兴趣和间接兴趣在生活中都是不可缺少的。如果没有直接兴趣的支持，活动将变得枯燥无味，而没有间接兴趣的支持，活动便不可能长久地持续下去，只有将直接兴趣和间接兴趣有机地结合，才能充分调动积极性。

4. 人的期望

1）期望的含义

期望是指一个人根据以往的经验，在一定时间内希望达到的目标或满足的需要的一种心理活动。这种心理活动的产生和形成是有条件的，它的变化有一定规律。

2）期望心理的产生

人的需要是多种多样的，由于主、客观条件的限制，人的某种需要并不能立刻获得满足。但是，人的需要也不会因一时得不到满足就消失。在社会生活中，当人以为可以满足自己的目标时，就会受需要的驱动在心中产生一种期望。这时的期望处于萌芽状态，当根据自己以往的经验对达到目标的可能性进行一番分析判断后，期望才能正式形成（或取消）。期望的心理形成过程如图 2-4 所示。

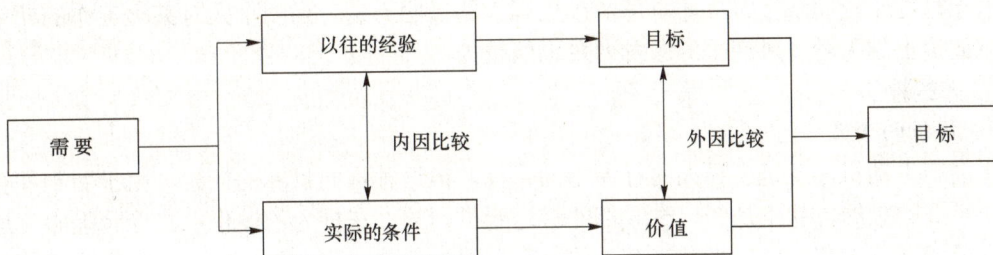

图 2-4　期望的心理形成过程

在人的期望的产生和形成过程中，一般都与目标、目标价值及可行性比较相联系。目标及目标价值是促使人们产生期望心理的外在因素；可行性比较，即个人能力及经验与达到目标所需的条件比较，是形成期望心理的内在因素。当外因通过内因起作用，出现能力及经验接近或大于客观要求时，人的期望心理便会产生和形成。

3）期望的心理特征

期望心理一旦形成，不仅带有普通心理特征，还有着区别于其他心理现象的特征。

（1）表现出一定的期望概率。

这个概率值是人的经验与能力的总和，但期望概率的大小并不与经验的多少成正比，一般来说，经验丰富或比较成熟的人的期望概率主要表现在准确上。例如，新领导上任，人们对他有不同程度的期望。首先是根据自己以往的经验和印象，对他进行一番分析；其次把他的能力与解决现实问题所需要的能力加以比较、判断；最后人们根据各自不同的结论表现出对新领导不同的期望值。有的人期望值高，有的人期望值低。

（2）表现出一定的行为动力。

期望心理是人的行为的内在动力之一，当期望成功的概率较高，成功后满足需要的价值大时，驱使行为的动力就越大；反之，则越小。

（3）期望心理随客观环境及目标的变化而变化。

客观环境的变化会影响到人对期望概率的确定，目标价值的认证，进而改变人的行为动力。如出现了新的目标，该目标比原有的目标更具有价值和高的期望概率，人的行为则表现为对新目标的追求上。

4）期望理论

期望理论是美国心理学家弗鲁姆提出的。他认为，人们采取某种行为的动力或激励力量取决于他对行动结果的价值评价和实现目标可能性的估计。当人们有需要，又有达到目标的可能性时，积极性才能高。激励水平取决于期望值和效价的乘积：

$$激励水平=期望值×效价$$

期望值是个人对某一行为导致特定结果的可能性或概率的估计与判断，这种主观概率受个人的个性、情感、动机的影响，因而人们对这种可能性的估计不一样，有人趋于保守，有人趋于冒险。

效价是指个人对某一行为结果的价值评价，它反映着个人对某一结果的重视与渴望程度。重视与渴望程度越大，效价也就越大。

激励水平是直接推动或驱使人们采取某一行动的内驱力。当人对某一行为成果的效价和期望值同时处于较高水平时，才有可能产生强大的激励力量。当一个人对某项工作的期望值越大，效价也越大时，所产生的激发力量也就越大。

5. 人的挫折

1）挫折的含义

需要产生动机，动机引导人的行为指向目标，但这种指向目标的行为，由于受到社会、政治、经济的制约，并不是任何时候都能够达到目标的。在行为的过程中，受到阻碍而达不到目标的情况是常有的。挫折是当个人从事有目的的活动时，在环境中出现阻碍或干扰，使其动机不能获得满足时的情绪状态。

一般动机产生后，可能遇到的结果如下。

（1）动机能够轻易获得满足，无须特别的努力即可达到目标。

（2）动机可能受到阻碍或延迟，但此过程给予个人许多解决问题的机会，人们通过对问题的解决而最终达到目标。

（3）当一种动机行为正在进行时，突然有一个较大的动机出现，个人可能先满足后一个动机而暂时放弃前一个动机。

（4）实施动机的行为受到严重干扰或阻碍，个人无法达到目标而受到挫折，这时的心理表现为沮丧、失意，进而产生了挫折感。

挫折有利也有弊。从利的方面看，它引导个人的认识产生创造性的变迁，助人增长解决问题的能力，引导人们以更好的方法去满足欲望；从弊的方面看，如果挫折太大，可能使人们心理痛苦、情绪低落、行为偏差，甚至引起某些疾病。

如图2-5所示，一个人遇到阻碍时，会产生对抗行为倾向，企图通过各种尝试行为，努力克服这种阻碍。

2）挫折的产生

（1）产生挫折的一般原因。

① 外在因素。外在因素包括个人无法克服的自然因素的限制，以及在社会生活中所遭遇到的政治、经济、道德、宗教、风俗习惯等人为因素的限制。

② 内在因素。内在因素包括个人具有的智力、能力、容貌、身材及生理上的缺陷所带来的限制，以及个人在日常生活中，经常同时产生两个或两个以上相互排斥或对立的动机而无法同时满足所产生的限制。

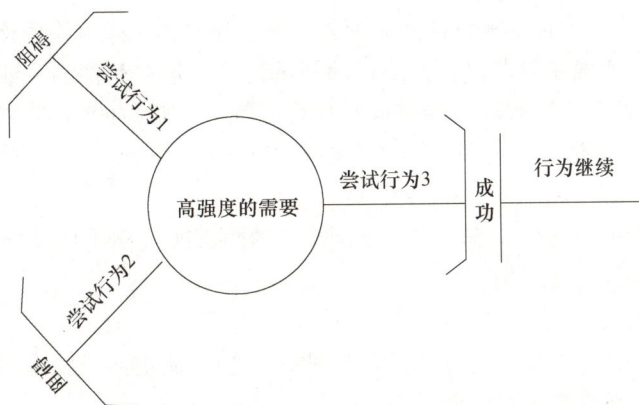

图 2-5　尝试行为成功或受阻碍

内在因素对人的影响受外在因素的制约，通过外在因素的改变，可以消除因内在因素而产生的挫折。同时，各种内在因素间能够相互调和、转化，有利于挫折的消除。

（2）产生挫折的组织原因。

① 组织管理方式。组织与管理环境不良，阻碍了个人需求与人格的发展，如组织内的不正之风，低下的办事效率和拖沓的办事作风。

② 组织内的人际关系。在不好的或过分强调竞争的人群内，会造成紧张的气氛，使人缺乏信赖，产生不满情绪。

③ 工作性质。工作对人的心理有两种重要的意义：一是能表现出个人的才能与价值，获得自我实现的满足；二是能使个人在群体中表现自己，以提高个人的社会地位。如果工作的性质不适合个人的兴趣及能力，则工作会成为心理上的负担，分权的不当，大材小用或小材大用，都将构成工作人员的挫折。

④ 工作环境。工作场地的通风、照明、噪声、安全设施及卫生设备等工作环境如不理想，将直接影响职工的身体健康，也会引起职工情绪上的不满，容易引起挫折感。

⑤ 其他。如工作与休息时间安排不适当，偏低的工资，不公平的晋升制度等，都会影响职工的情绪。

（3）对挫折的容忍力。

对挫折的容忍力是受到挫折时避免行为失常的能力。对挫折容忍力的高低，受下列因素的影响。

① 生理条件。一个身体健康、发育正常的人，对生理需要的容忍力比一个有疾病、生理存在缺陷的人高。

② 过去的经验和学习。挫折的容忍力与个人的习惯或态度一样，可以通过学习而获得，因此，增加实践经验和阅历，可以提高对挫折的容忍力。

③ 对挫折的知觉判断。由于个人对世界认识的不同，即使客观的挫折情况相同，个人对此感到的威胁也不同，因此同一挫折对每个人所构成的打击或压力也不同。

3）挫折行为

人们受到挫折时会产生各种行为。

（1）情绪上的反应。

① 愤怒的攻击。愤怒的攻击包括两方面：一是直接攻击，即对构成挫折的人或物直接攻击；二是间接攻击，表现在责备自己，或把愤怒的情绪发泄在其他的人或物上。

② 不安。不安表现在情绪上，如出现不稳定、忧虑、焦急的情绪。

③ 冷淡。将愤怒的情绪压抑下去，在表面上表现一种冷淡，无动于衷的态度，失去了喜怒哀乐的表情。

④ 退化。当人受到挫折时，其行为表现比其年龄应有的表现幼稚。如一个人在遇到挫折时，失去控制，像小孩一样哭闹。

（2）防卫的方式。

个人为了减轻或避免挫折可能带来的不愉快与苦恼，从生活经验中学会某些适应挫折情况的方式，这些方式在性质上是防卫性的。

① 合理化作用。当人遇到挫折时，给自己找出适当理由来解释，以此说服自己，进而感到心安理得。

② 逃避作用。个人不敢面对挫折情境，而逃避到较安全的地方，包括逃向另一个现实、逃向幻想世界等。

③ 压抑作用。将可能引起挫折的欲望及与此有关的感情、思想等进行抑制而不承认其存在，将其排除于意识之外。

④ 代替作用。个人对某一对象所抱持的动机、感情与态度，若不为社会所接受，则会将此种感情与态度转向其他对象。

⑤ 表同作用。个人为了迎合能够使其需要得到满足的人的要求，在思想及行为上模仿他们，将自己与他们视为一体，照着他们的希望行动，借此以减轻挫折。

⑥ 投射作用。对一些自己不愿承认的，或者因为承认之后会引起内心的不安及厌恶感的动机，无意识中把它及与此有关的态度、习性等排除于本身之外，加到别人或物体上。例如，一个对别人抱有成见的人，却常常说别人对他有成见。

⑦ 反向作用。个人为了防止某些自认为不好的动机呈现于外表行为，常采取与动机相反方向的行动，抑制内心的某些动机。例如，过分的亲热和屈从，背后可能隐藏憎恶与反抗的动机。

（3）环境的不良适应。

个人的思想、性格、行为习惯与其生活环境中所要求的社会规范、道德标准、价值观念等相符合时即为良好的适应，不相符合时为不良好的适应。不良好的适应使人产生挫折，具体表现在以下方面。

① 攻击。如对领导进行恶意的批评和制造谣言、发牢骚、出怨言，对同事采取不友善的态度等。发生这种问题，应追究原因，采取建设性对策。

② 退化。对某一人物及组织的盲目性效忠，情绪缺乏控制，易受谣言影响，不能明辨是非，此时，须进行判断力和自信心的培养和训练。

③ 固执。盲目排斥革新，不接受别人的建议，明知方法无效，还一再地重复，对这种表现的人，需要让他认清形势和社会的发展趋势，开阔视野。

④ 冷漠。冷漠是因需要长期得不到满足而表现出因循苟且，得过且过，对任何事皆消极不感兴趣，自暴自弃的现象。

4）避免挫折的措施

（1）对于因一般原因而产生的挫折，可采取转移注意力的方法。

（2）因组织环境因素引起的挫折，需要改善组织环境，使其健康发展。

（3）提高对挫折的容忍力。增长知识、经验和生活阅历等，都可以提高对挫折的容忍力。

在历史的长河中，人不过是沧海一粟。内外环境的一切因素，在其不能满足自己的需要而又无法使其改变时，人便容易产生挫折。面对挫折，人应该学会应对挫折的方法，以减轻生活的负担，使自己生活得愉快、轻松。人毕竟要走很长的路，又何必为自己徒增烦恼呢？人生活在期望中，对未来的事物怀有期望，因有期望往往容易产生挫折，但人是在期望和挫折中不断进步的。

6. 人性

1）管理心理学的人性观

人性具有阶级属性和自然属性两方面的表现。哲学上所讲的人性主要是指人的一般本性和各个时代发生了变化的本性，是人类本性的最高概括。管理心理学讲的人性是指管理者对职工需要和劳动态度的看法，主要是从人的自然属性方面展开的。管理心理学认为人性的特点主要表现在以下几个方面。

（1）人有高度自我、自尊及求得生存的欲望。

（2）人是有智慧、有感情的动物。

（3）人受先天的遗传与后天环境的影响。

（4）人的欲望并不完全相同，同一欲望也有强弱的差别。

（5）人可能受到某种激励而要求上进，努力去实现某一目标或理想，甚至不惜牺牲自己的生命；也可能因为受到某种刺激而感到内心空虚，甚至感到人生毫无意义。

人都有尊严与"自我"，这种自我的主要特征是渴望得到别人的尊敬。任何一种外界不良影响，都可能或多或少伤害一个人的自尊心。人一旦自尊心受到伤害，就有可能进行反抗。这种反抗的行为即使不表现出来，也可能埋藏在心底，其结果可能形成情绪不安、工作消极、感到自卑或不合群，甚至导致有害的行为。

2）人性的假设

从传统管理到现代管理，西方管理心理学家对人性做了 4 种假设：经济人、社会人、自我实现人、复杂人。

（1）经济人。

传统管理思想认为，在企业内，人活动的主要目的是追求自身的利益，工作动机是为了获得经济报酬，这便是泰勒提出的"经济人"理论。美国心理学家麦格雷戈用"X 理论"归纳了"经济人"的假设，其要点如下。

① 大多数人生来懒惰，总想少干一点工作。

② 大多数人没有什么雄心，不喜欢负责任，宁可被别人指挥。

③ 大多数人以自我为中心，对组织的目标不关心。

④ 大多数人缺乏自制能力，容易受他人影响。

基于此，相应的管理观念认为，为了达到企业经营目标，追求生产的高效率，应将管理与作业分开，并运用严格的管理制度，也就是强制性的管理对人进行控制。

X 理论的特点是"胡萝卜"加"大棒"。"胡萝卜"的作用在于满足人的物质追求，使其保持行为动力；"大棒"的作用在于迫使人的行为与组织目标保持一致。

（2）社会人。

美国哈佛大学教授梅奥提出"社会人"的理论，其要点如下。

① 人的行为动机不只是追求金钱，也包括人的全部社会需要。

② 技术的发展及工作合理化的结果，使工作本身失去了乐趣和意义，人们便从社会关系中去寻求乐趣和意义。

③ 与组织所给予的经济报酬相比，人们更加重视同事之间的社会影响力。

④ 工作效率随着上级满足职工社会需求的程度而改变。

"社会人"的观点与"经济人"的观点相比，无疑是一个进步，它强调了人的社会性需求，突出了人际关系对个人行为的影响。与"社会人"假设相对应的管理观念如下。

① 管理者除了应注意工作目标的完成外，更应该注意职工在各项工作过程中产生的各种需要，并设法给予满足。

② 在激励职工工作积极性之前，应先了解他们对团体的归属感及对社会需求的满足程度。

③ 重视团体对个人的影响，建立团体的奖励制度，实行职工参与管理的民主管理机制，以满足职工的社会性需要与成就的需要，使其为达到企业目标而努力工作。

（3）自我实现人。

美国心理学家麦格雷戈提出"X理论"的同时也提出了"Y理论"。"Y理论"提出了"自我实现人"的概念，这是对"社会人"理论的发展，其要点如下。

① 人的需要从低级向高级发展，低级需要满足后，将会追求高级的需要，自我实现是人的最高级需要。

② 人们因工作而变得成熟，有独立、自主的倾向。

③ 人有自动、自发的能力，又能自制，外界的控制可能构成威胁，而不利于行为。

④ 个人目标与组织目标没有根本的冲突，在有机会的情况下，它会自动地把个人目标与组织目标统一起来。

"Y理论"的管理要点是尽量把工作安排得富有意义，具有挑战性，使职工工作之后能引以为豪，满足自尊。组织不用对职工进行激励，而是提供机会，由职工自我激励，而自然地达到组织目标。

（4）复杂人。

持"复杂人"人性假设观点的人认为，前三种对人性的假设都没有考虑人的个性，以及需求的差异性和客观环境对人的影响。"复杂人"的观点是：人不只是单纯的"经济人"，也不是完全的"社会人"，更不可能是纯粹的"自我实现人"，而应是因时、因地、因各种情况采取适当反应的"复杂人"，这被称为"超Y理论"，其要点如下。

① 人不但复杂，而且变动很大。

② 人的需要与他所处的组织环境有关系，在不同的组织环境与时间、地点情况下，人会有不同的需求。

③ 人是否愿意为组织目标做出贡献，取决于他自身需求状况，以及他与组织之间的相互关系。

④ 人可以根据自己的需求、能力，而对不同的管理方式做出不同的反应，没有一套适合于任何人、任何时代的万能的管理方法。

与"复杂人"观点相对应的管理理论即"权变理论"。权变理论认为，管理者在应用理论或方法时应考虑现实情况，管理者要具有洞察人们个性差异的能力，能够随机应变地采取适当的管理方法。

（二）个性心理特征

个性心理特征是指人们在生活过程中形成的某些稳固而经常出现的心理特征，包括气质、性格、能力等。

1. 个性的形成

1）个性的特点

根据个性的定义，个性具有以下特点。

（1）独特性。

每个人都有与别人不同的气质和能力，都有独特的性格与爱好。人与人之间存在个别差异。正如没有两片完全相同的树叶一样，世界上没有两个完全相同的人。

（2）综合性。

个性是一个人所有特点的综合反映，它包括一个人的能力、兴趣、气质、爱好及性格方面的所有特点。

（3）稳定性。

个性是在一个人身上经常表现出来的比较稳定的特点，其在一定的时间内保持相对不变。但个性的稳定性是相对的，一个人的个性，随社会环境的变化和个人的发展，以及人与人之间关系的改变，也会有所改变，特别是年轻人的个性，具有很强的可塑性。

2）影响个性形成的因素

一个人个性的形成，取决于两个因素：一是先天决定因素，即遗传因素；二是后天决定因素，即环境因素。遗传是个性形成和发展的前提和可能性，环境决定个性的发展方向和水平，特别是社会生活环境对个性形成的影响更为显著。一个人个性的形成与发展，是一个复杂的过程，个性主要是在社会实践中，经过长期的塑造而逐渐形成和发展的。

3）环境对个性的影响

个性是在个体生理素质的基础上，在一定的历史条件下，通过社会实践活动形成和发展起来的。每个人生活在社会关系中，都要受到一定的社会生活环境的教育和影响，受到社会的制约。在社会关系中，主要的关系是生产关系，以及由此决定的政治、法律、道德、艺术、科学、宗教关系等。人的个性是在社会关系的交往中逐步磨炼而形成的。

人对环境是能动的，在接受外界影响时表现出积极性和主动性。人在改造客观世界的同时改造自己的主观世界，改变自己的认识能力、气质、性格。

个性的形成和发展大致经历以下3个阶段。

（1）儿童时期。

儿童时期受父母、亲友的影响，大人是孩子的一面镜子，大人在孩子个性发展上打下的烙印，往往会影响他的一生。

（2）学生时期。

学生时期受师长和同学的影响较深，每个人的社会知识和自然知识主要是从学校开始一步步积累的。师长和同学对一个人个性的影响是与父母等同的，有时甚至比父母的影响还要明显。因此，加强学生时期个性的培养非常重要。

（3）走向社会时期。

走向社会时期是人个性发展最复杂的阶段，一个人面对所有的社会关系，在处理各种关系时，个性也在不断地得到完善。社会制度、政治形势、文化教育等，这些方面对个人个性的发展也有着重要的影响。

2. 人的气质

1）关于气质

气质是人的个性心理特征之一，是指个人在心理过程的强度、速度和稳定性，以及心理活动的指向性等方面的特征。

（1）心理过程的强度是指情绪的强弱、意志努力的程度等。

（2）心理过程的速度和稳定性是指知觉的速度、思维的灵活程度、注意力集中时间的长短等。

（3）心理活动的指向性是指有的人倾向于外部事物，从外界获得新印象，有的人倾向于内部心理，经常体验自己的情绪，分析自己的思想状态。

每一个人生来就具有一种气质。同一种气质类型的人，常常在内容很不相同的活动中显示出相同性质的特点。一个人的气质特点不以活动的内容为转移，它使一个人的全部心理活动染上个人独特的色彩，表现出一个人生来就具有的自然属性。气质具有极大的稳定性，但在环境和教育的影响下，也会发生某些变化。

2）气质的类型和特征

气质可根据高级神经活动的强度、平衡性和灵活性等基本特征进行划分。

气质类型及其表现和高级神经活动及其特征对照表见表2-1。

表2-1　气质类型及其表现和高级神经活动及其特征对照表

神经系统的特性及类型					气质	
强度	平衡性	灵活性	特性组合的类型	气质类型	主要心理特征	
强	不平衡（兴奋占优势）		不可抑制型（兴奋型）	胆汁质	精力充沛，情绪产生快而强，语言动作急速而难以自制，内心外露，率直，热情，易怒，急躁，果敢	
	平衡	灵活	活泼型	多血质	活泼爱动，富于生气，情绪发生快而多变，表情丰富，思维语言动作敏捷，乐观，亲切，浮躁，轻率	
		不灵活	安静型	黏液质	沉着冷静，情绪发生慢而弱，思维语言动作迟缓，内心少外露，坚毅，执拗，淡泊	
弱	不平衡（抑制占优势）		弱型（抑制型）	抑郁型	柔弱易倦，情绪发生慢而弱，富于自我体验，语言动作细小无力，胆小，忸怩，孤僻	

3）气质对管理实践活动的意义

气质对人的实践活动有一定的影响。认识自己或别人的气质的特点，学会掌握和培养气质，在生活和学习中有很重要的意义。

（1）气质类型无好坏之分。

作为人心理活动和行为方面的特征的综合，气质本身无好坏之分。任何一种气质类型都有积极的一面，也有消极的一面。例如，胆汁质的人精力充沛、生机勃勃，但又表现为暴躁、任性、感情用事；多血质的人灵活、亲切、机敏，但又表现为轻浮、情绪多变；黏液质的人沉着、冷静、坚毅，但又表现为缺乏活力；抑郁质的人情感深刻稳定，但又孤僻、冷淡等。要注意气质的培养，认清气质积极的一面和消极的一面，发挥积极的方面，克服消极的方面。

（2）气质不能决定一个人的社会价值和成就的高低。

任何一种气质的人都有可能取得大的社会价值和成就。

（3）气质影响人的活动效率。

要求迅速做出灵活反应的工作，对于多血质和胆汁质的人较为合适；要求持久、细致的工作，对黏液质和抑郁质的人较为合适。

（4）气质影响人的情感和行为。

气质对形成和改造人的某种情感和行为特点具有很大的影响。例如，严厉的批评对多血质和胆汁质的人会促使他们遵守纪律，对黏液质和抑郁质的人可能使他们产生怯弱的后果。

气质影响人心理活动和行为，是人稳定的心理特征之一。了解一个人具有的气质类型，从个人角度，可以为自己选择最适合的职业及生活环境；从管理的角度，可以将具有某一种气质的人安排在他最适合的工作岗位上去，最大限度地发挥他的作用。虽然人的心理和行为不是由气质决定的，而是由社会生活环境和个人具体生活状态决定的，但气质是构成人各种个性品质的一个基础，必须充分重视。

3. 人的性格

1）关于性格

性格是指一个人表现在态度和行为方面的较稳定的心理特征。性格具有两方面的表现，一方面反映人的动机和态度，如一个小气的人和一个勤俭的人，在行为方式上可能很相近，但动机和态度不一样；另一方面表现在人的行为取向上，如从一个人的发笑行为中可以看出他的性格是豪爽还是拘谨。

人的性格受一定的思想、意识、信仰、世界观的影响和制约。具体的生活环境不同，人的性格会有不同的特征。性格是在生理素质的基础上，在社会实践活动中逐渐形成、发展和变化的，并具有一定的复杂性、独特性、整体性和持续性。

性格与行为有着密切的关系，要提高人的行为的预见性和控制力，掌握行为的规律性，对人性格的深入研究是必要的。

2）性格的特征

性格是一个十分复杂的心理特征，包含多个侧面、多种多样的内容，这些特征在每一个人身上以独特的形式结合在一起，成为一个有机整体。以下从 4 个方面介绍性格的特征。

（1）对现实态度的性格特征。

对现实态度的性格特征主要表现在处理各种社会关系方面的性格特征。

① 对待社会、集体、他人的态度所构成的性格特征，主要有善于交际、富于同情心、为人正直、诚实、坦率等，或与此相反。

② 对待劳动、工作、学习的态度所构成的性格特征，主要有勤劳、认真、细致、节俭、创造精神等，或与此相反。

③ 对待自己的态度所构或的性格特征，主要有谦虚、自信、自尊、严于律己等，或与此相反。

（2）性格的意志特征。

性格的意志特征主要表现在行为活动的习惯方式，以及对自己行为的调节和控制上。按照调节行为的依据、水平和客观表现，性格的意志特征可进行如下划分。

① 一个人是否具有明确的行为目标并使行为受社会规范约束的意志特征，如独立性、目的性、组织性、冲动性、纪律性、盲目性、散漫性等。

② 一个人对行为自觉控制的水平方面表现出的意志特征，如主动性和自制力等。

③ 在紧急或困难情况下表现出来的意志特征，如镇定、果断、勇敢、顽强等。

④ 对待长期工作表现出的意志特征，如恒心、坚韧性等。

（3）性格的情绪特征。

当情绪对人的活动的影响，或人对情绪的控制具有某种稳定的、经常表现的特点时，这些特点构成性格的情绪特征。性格的情绪特征按活动的情况可划分为以下 4 种。

① 强度特征：表现为人受情绪的感染和支配的程度，以及情绪受意志控制的程度。

② 稳定性特征：表现为人情绪的起伏和波动的程度。

③ 持久性特征：表现为情绪在人身上和生活活动中停留的持久程度。

④ 主导心境特征：指不同的主导心境在一个人身上表现出的稳定程度。

（4）性格的理智特征。

性格的理智特征是指人们表现在感知、记忆、想象和思维等认知方面的个体差异。

① 在感知方面表现为主动观察型、被动观察型的区别。

② 在想象方面表现为幻想家和冷静的现实主义者、具有现实感的幻想家和脱离实际的幻想家、主动想象型和被动想象型、大胆想象的人和想象被阻碍或受到限制的人、狭隘想象型和广阔想象型之间的差异。

3）性格的类型

性格的复杂性给性格类型的研究带来很大的困难，这里只介绍 2 种性格类型的划分。

（1）德国心理学家斯普兰格根据人类文化生活形式对人的性格进行了划分。

① 经济型：以经济的观点看待一切事物，从实际效果来判断事物的价值。具有这种性格类型的人以获得财产、追求利润为生活目的。

② 理论型：冷静客观地观察事物，根据自己的知识体系判断事物的价值，决定行为的取向。理论型的人以追求真理为生活目的。

③ 审美型：不太关心实际生活，而从美的角度判断事物的价值，强调内心的感受。

④ 权力型：重视权力，并努力去获得权力，总想指挥别人或命令别人。

⑤ 社会型：重视爱，以爱他人为其最高价值，有志于增长他人和社会的福利。

⑥ 宗教型：信仰宗教，有感于圣人的言行，坚信永存的绝对生命。

斯普兰格认为纯粹属于某种类型的人是没有的，多数人是多种类型的混合。斯普兰格按人们的生活方式划分人的性格类型，强调社会生活条件在性格形成中的作用。

（2）美国心理学家霍兰德根据性格特征与职业选择的关系对性格进行了划分。

霍兰德认为，不同性格的人在职业选择上具有明显的差异。

① 实际型：这种人不重视社交，而重视物质的、实际的利益，他们遵守规则，喜欢安定，感情不丰富，缺乏洞察力。在职业选择上，他们希望从事有明确要求，能按一定操作程序进行的工作。

② 研究型：这种人有强烈的好奇心，重分析，好内省，比较慎重。他们喜欢从事有观察、有科学分析的创造性活动。

③ 艺术型：这种人想象力丰富，有理想，易冲动，好独创，他们不喜欢受程序化工作的约束，喜欢从事非系统的、自由的活动。

④ 社交型：这种人乐于助人，善交际，易合作，重视友谊，责任心强，他们愿意选择教育、医疗工作。

⑤ 魅力型：这种人喜欢支配别人，有冒险精神，自信而精力旺盛，好发表自己的见解。他们愿意从事组织、领导工作。

⑥ 传统型：这种人易顺从，能自我抑制，想象力较强，喜欢稳定、有秩序的环境。在职业选择上，愿意从事重复性、习惯性的工作。

根据霍兰德的分类可以预测一个人的职业爱好和职业适应程度，因而对正确指导职业选择有较大实践意义。

4）性格的本质

每个人的性格，是一个独特的世界，自成一个有机、复杂的系统，形成这个系统的各种元素有自己的排列组合方式。任何一个人，不管性格多么复杂，都是由相反的两极构成的。

（1）从生物进化的角度，有保留动物原始需求的动物性的一极，有超越动物性特征的社会性的一极。

（2）从个人与人类社会总体的关系角度，有适于社会前进要求的肯定性的一极，有不适于社会前进要求的否定性的一极。

（3）从人的伦理角度，有善的一极，有恶的一极。

（4）从人的社会实践角度，有真的一极，有假的一极。

（5）从人的审美角度，有美与丑，喜与悲，刚与柔，崇高与滑稽等的性格两极的矛盾运动。

性格表现出的两极特性，其内容不是抽象的，是由具体的、活生生的各种性格元素构成的。这些元素形成各种不同比重、不同形式的多重结构。

5）影响性格的因素

影响性格的因素有很多，从性格的形成和发展来说，主要有生理性因素和环境因素。

（1）生理性因素。

生理性因素对性格发展的影响是多方面的，下面重点分析 3 个因素。

① 遗传。由于基因组成的千差万别和基因表现型的多态性，导致了外显性格的不一致性，构成了人与人之间行为的差异性。遗传在人的生理构造中起重要的作用。性格是人心理的重要特征，受心理活动的基础——人脑的遗传影响。

② 体格与体型。外表形象、个人体质的不同，产生不同的性格。如体格健壮者，性格多外向，比较活跃，富于进取精神；体格瘦弱多病者，性格多内向，沉静，胆小。

③ 性别。男人和女人除生理上有各种差异外，性格方面也多有不同。如男性比较有好胜

心、进取心、创造力，对政治活动及团体活动较感兴趣；对艺术及美的欣赏则不如女性。男性对抽象理论及空间关系的领悟，对推理及逻辑的运用比女性有优势；女性则在语言及文字记忆方面比男性有优势。

（2）环境因素。

影响人性格发展的主要环境因素有以下4个方面。

① 家庭。家庭是个人最早接触的学习环境，一个人的语言、知识、行动和生活习惯，多从父母学起。

② 学校。学校教育对个体的身体、智力、知识与性格的发展具有十分重要的影响。

③ 职业。从事一种职业，除需要具备该职业的知识和技能外，还要具备该种职业所应有的兴趣、道德、志向、工作习惯、纪律等，因而，长期从事某种职业的人，就会逐渐养成从事该种职业的性格特征。

④ 社会文化。社会文化的内容十分广泛，如历史渊源、政治经济制度、宗教信仰、民族风俗等，这些因素潜移默化地影响人的性格的形成和发展。例如，中国人性格中的家庭观念是经过两千多年的社会教育的结果。

6）性格发展的过程

美国哈佛大学教授阿吉里斯长期从事工业组织的研究，其研究结果表明，一个人在由不成熟向成熟的转变过程中，性格会发生7种变化，表2-2所示的性格的发展过程是连续的，健全的性格由不成熟趋于成熟。一个人的文化水平和性格可能使这些改变受到限制，但随着年龄的增长，人的性格总是日趋成熟。

表2-2　性格的发展过程

不成熟→成熟
被动→主动
依赖→独立
少量的行为→能产生多种行为
错误而浅薄的兴趣→较深与较强的兴趣
附属的地位→同等或优越的地位
不明白自我→明白自我，控制自我

4. 人的能力

1）关于能力

能力是掌握和运用知识技能的条件，并决定活动效率的一种个性心理特征，是一个人顺利地完成某种活动所必需的条件在心理特征方面的总和。

人的能力总是与人的活动联系起来，能力实际上是个体从事活动的能力。能力表现在相应的活动中，如学习能力、认识能力、组织能力等，这些都是指从事相应活动的能力。能力与活动不是一一对应的关系，一种能力往往在多种活动中发挥作用。

一个人如果个性中具有完成某种活动所需的各种能力，并且能够把这些能力很好地结合起来出色地完成这种活动，那就是说这个人具有从事这种活动的"才能"。"才能"就是各种能力的独特的结合，是知识灵活运用的过程。

如果完成某种活动所必备的各种能力在活动中能够得到最充分的发展和最完善的结合，并能创造性地完成相应的活动，通常把具备这种能力表现的人叫作"天才"。天才离不开社会历史、时代的要求，离不开个人的勤奋和努力。

2）能力的类型

能力与活动密切联系，不同的活动领域或不同性质的活动，对人会提出不同的要求，从而相应地使人形成各种不同的能力。能力可以根据不同的标准进行分类，具体包括以下几种主要类型。

（1）一般能力和特殊能力。

① 一般能力是人从事一切活动所必须具备的一些基本能力的综合，如感知力、注意力、观察力、记忆力、思维力、想象力、创造力等，其中思维力是一般能力的核心。一般能力表现为认识能力，也叫智力。

② 特殊能力是为了顺利地从事某种专业活动所必须具备的一些能力的综合，如数学能力、绘画能力等。

一般能力与特殊能力有机地联系，一般能力的发展为特殊能力的发展提供了更好的内部条件，特殊能力的发展也积极地促进一般能力的发展。

（2）模仿能力和创造能力。

① 模仿能力是人们通过观察别人的行为、活动，学习各种知识，然后以相同的方式做出反应的能力。

② 创造能力是根据一定的目的，创造出有社会价值的、新的、独特的事物的能力。

两种能力是相互联系的，模仿性活动一般包含有创造性的因素，创造性活动也包含模仿性的因素，人的活动一般是先模仿、再造，然后才能有所创造。

（3）认知能力、实践活动能力和社会交往能力。

① 认知能力，如感觉和知觉能力、注意和观察能力、记忆和理解能力、思维和想象能力等，这是人们完成活动的最基本、最主要的条件。

② 实践活动能力，如技术操作、生产劳动等，这是有意识地调节自己外部动作，作用于外界环境的能力。

③ 社会交往能力，是参加社会群体生活，与周围人们相互交往，保持协调的能力。

人是在实践活动和交往活动中认识客观世界，提高认识能力的。人又依靠对客观世界的认识去调节自己的实践活动和交往活动。

3）能力与兴趣的关系

兴趣是人们力求认识某种事物或爱好某种活动的倾向。当一个人认识到某种事物或某种活动与需要有密切关系以后，就会努力地认识它，热情而耐心地对待它，这种努力地去认识、热情而耐心对待的心理状态，就是兴趣的表现。能力在有兴趣的活动中发展起来。兴趣具有驱动人行为的作用，而且人在行动中会心甘情愿地去忍受劳苦，并努力克服困难。在这一过程中，人的能力便发展起来了。所以，通过提高对客运服务的兴趣，可以达到提高高速铁路客运服务人员素质，提高高速铁路客运服务质量的目的。

（1）兴趣以需要为基础划分为直接兴趣和间接兴趣。

直接兴趣是由于实践本身的需要而引起的兴趣。间接兴趣是对于某种事物本身没有兴趣，只是由于某种实践的间接需要而引起的兴趣。

（2）兴趣与认识和情感相联系。

没有对某一事物的深刻认识，就不会对这一事物有浓厚的兴趣，对某一事物没有深厚的感情，也谈不上对这一事物有兴趣。认识越深刻，情感越强烈，兴趣才会越深厚。

（3）兴趣具有社会制约性。

人们所处的社会制度不同，阶级地位不同，其兴趣有不同的特点。高速铁路客运服务人员需要培养积极、健康的兴趣。

4）能力与知识、技能

（1）能力与知识、技能的区别。

知识是人们所掌握的人类改造自然和改造社会的历史经验；技能是人们通过练习而获得的动作方式和动作系统。它们表现了一个人已经达到的成就水平。

能力是顺利实现目标的心理条件，包括顺利掌握知识和技能的心理条件，它预示着人在活动中可能达到的成就水平。

因此，不能根据一个人知识的多少简单地断定这个人能力的大小，一个人的能力可能已经表现出来，也可能没有表现出来。同时，正确评判一个人的能力，不能用对知识的评判代替对能力的鉴定。

（2）能力与知识、技能的联系。

① 能力是掌握知识和技能的前提，一个能力强的人比能力弱的人更容易获得某方面的知识与技能。

② 能力表现在掌握知识和技能的过程中，从一个人掌握知识和技能的速度和质量上，可以看出一个人能力的大小，能力制约着掌握知识和技能的快慢、深浅、难易和巩固程度。离开了人们掌握知识、技能的活动，能力无从表现，也无从得到鉴定。

③ 能力是在知识、技能的基础上发展的，能力作为顺利完成活动的心理条件，不能离开知识、技能的掌握，人在掌握知识和技能的过程中，同样发展了自己的能力。例如，人在观察自然与社会的过程中，发展了观察力；在掌握知识的过程中，发展了良好的记忆力；在探索事物本质和规律的过程中，发展了思考力。

知识、技能不同于能力，但熟练的知识和技能同样是人们顺利完成活动的必要条件，一个有经验的人比一个没有经验的人处理同样的事时进展要快得多，成功的把握要大得多。完全没有某一领域知识的人，即使他在其他方面是优秀的，但在这个领域中也是无能的。因此，知识、技能是能力形成的基本要素，知识和技能经过概括化和广泛迁移而逐渐形成能力。

能力是掌握知识、技能的前提，是掌握知识、技能的结果，两者相互转化、相互促进。

5）性格与能力的关系

性格和能力是在人的发展过程中形成起来的。

（1）性格的形成以一定的能力为基础。

一个人在接受教育和社会实践中发展了体力和智力，性格也在相应地形成中。例如，在观察过程中，人一方面发展着观察力，另一方面也形成着性格的理智特征。

（2）能力发展水平受性格特征的影响。

一个人具有高度责任感、首创精神、热爱集体、严于律己、自信心强等性格特征，这些优良的性格特征表现在对待工作、对待集体与他人等方面时，对能力的发展具有很大的促进作用。如果一个人具有工作不负责任、不关心集体、缺乏自信心等不良的性格特征，则会使能力的发展受到很大的制约。

（3）优良性格特点往往能够补偿某些方面能力的弱点。

"勤能补拙"，说明性格对能力发展的补偿作用。电影《阿甘正传》在世界上获得很高的声誉。人们喜欢这部电影，其中一个重要的原因是喜欢阿甘这个人。他在生活中，经历了第二次世界大战之后美国的几乎所有的重大事件。这个人的智商不高，但他的一切行为却是成功的。他成功的最重要的原因是他对待生活和工作的执着和勤奋。

6）能力的个体差异

人的能力是有个体差异的，能力的个体差异表现在质和量两方面。

（1）能力的质的差异。

能力的质的差异表现在每个人可能具有不同的特殊能力，也表现在完成同一种活动时，不同的人可能以不相同的能力结合为基础。在一般能力上，人也具有个体差异。例如，同是观察力，有的人在观察中侧重分析，对细节感知清晰；有的人则侧重综合的感知，获得事物的整体印象，而忽略细节。同样是记忆能力，有人有较好的机械记忆能力，有人则善于理解记忆。

（2）能力的量的差异。

能力的量的差异表现在能力发展水平和快慢上。能力水平以数量的形式表现，即智商。例如，正常人都具有记忆能力，但不同人的记忆力强度不同。

尽管可以从质和量两方面分析能力的差异，但质和量总是统一于能力整体之中。了解能力质与量的差异性，在管理实践中，就能结合工作的要求，合理安排每一个高速铁路客运服务人员的工作，做到知人善用，人尽其才。

一个人应能够了解自己的能力构成及能力优势之所在，善于发展自己的长处，弥补自己的短处。

💡 心理自助

正确地认识自己

　　对自己身心活动的觉察叫自我意识，自我意识是一个人对自己的认识和评价，包括对自己心理倾向、个性心理特征和心理过程的认识与评价。正是由于人具有自我意识，才能使人对自己的思想和行为进行自我控制和调节，使自己形成完整的个性。

一、自我意识的影响因素

1. 我们扮演的角色

当我们扮演某一个新角色（大学生、父母、高速铁路客运服务人员等）时，我们可能就已经开始了自我觉察。无论如何，像发生在生活大舞台上的事情一样，该角色逐渐被我们的自我感觉所接受。举例来说，当我们扮演角色时，我们可能会找一些证据来证实我们并没有想太多。在这种情况下，我们会努力地证明自己的行为。

2. 社会同一性

一个人的自我意识（对自己是谁的认识）不仅包括他的个人身份（即对自己个人属性

的认识），也包括他的社会身份。当我们是一个大团体中的某个小团体的一部分时，我们经常会意识到自己的社会身份；当我们所在的团体占整体的多数时，可能我们就不太考虑自己的社会身份了。

3. 社会比较

我们如何判断自己是否富有、聪明或矮小？一种方式是通过社会比较，我们周围的其他人会帮我们树立富有或贫穷、聪明或愚蠢、高大或矮小的标准：我们把自己和他人进行比较，并思考自己为何不同。社会比较可以解释为什么学生进入一所优秀生很少的学校后，会有更高的学业自我意识。当结束了名列前茅的中学学习后，很多在学业上非常自信的学生发现，他们的学业自尊在进入了大型综合性大学后受到了挑战，因为大学的很多学生在高中毕业时都是当时班里的尖子生。我们的生活大部分是围绕社会比较而进行的。当别人普通时我们就觉得自己突出，当别人迟钝时我们就觉得自己敏锐。当我们评价某个人的表现时，不可能不把他和自己做比较。

4. 成功和失败

自我意识也受到我们日常生活经验的影响。尝试挑战任务并取得成功会使我们感到自己很能干。学业上成功的学生会对自己的学术能力做出更高的评价，从而激发其更加努力地学习以取得更大的成就。全力以赴并取得了成功会使人感到更加自信。心理学家指出：用积极的信息（"你是重要人物！你与众不同！"）来提高自尊，会激发个体做出更大的成就。

5. 其他人的评价

很多人活在别人的评价里。公认的成就能增强个体的自我意识，因为我们看到了别人对自己的积极评价。当别人认为我们很好时，我们也会认为自己不错。

如果我们称赞某个小孩很有才华、刻苦学习或者乐于助人，那么这个孩子就会把这些观点融入其自我意识和行为中去。如果少数学生因为对自己学业能力的消极印象而感到恐惧，或者女性因为对自己在理科上的较低期望而感到恐惧，那可以表明他们可能对这些领域"不认同"。他们不对这种预判做出辩驳，而是认同自己的兴趣在别处。

二、自我意识的重要作用

（1）自我意识是认识外界客观事物的条件。

一个人如果不知道认识自己，也无法把自己与周围相区别时，他就不可能认识外界客观事物。行为和心理的认知会有一个发展过程。刚开始是比较模糊的，所以小孩子会经常出于好奇心而做一些危险的行为。这个时候他们的自我意识是比较朦胧的，只有在经过不断地试错和加深记忆，以及思考学习后，对于自我的存在感才会渐渐成熟，随后才会有意识地区分自己的哪些行为是危险的，哪些行为是安全的。

（2）自我意识是人的自觉性、自控力的前提，对自我教育有推动作用。

人只有意识到自己是谁，应该做什么的时候，才会自觉自律地去行动。一个人意识到自己的长处和不足，有助于他发扬优点，克服缺点。

（3）自我意识是改造自身主观因素的途径，它使人能不断地自我监督、自我修炼、自我完善。

（4）自我意识影响着人的道德判断和个性的形成，尤其对个性倾向性的形成更为重要。

如果一个人不能正确地认识自我，看不到自我的优点，觉得处处不如别人，就会产生自卑心理，丧失信心，做事畏缩不前。相反，如果一个人过高地估计自己，也会骄傲自大、盲目乐观，导致工作的失误。

因此，恰当地认识自己能够克服一些不切实际的想法，还能够全面地认识自己，保持内心的平和自在，在生活中找到自己真实的定位。

小妙招

（1）准确理解自我包括的两个方面的含义。

① 准确、全面理解自己的特点和长处。

② 准确理解自我与社会、个人与集体的关系。理解个人的成长离不开集体，自我的人生价值主要在于对社会的贡献。

（2）人总是持续发展变化的，所以我们需要持续更新、持续完善对自己的理解，这样才能使自己变得更好和更完美，而要准确理解自己，我们就必须用全面的、发展的眼光看待自己。

① 全面理解自己，我们既要理解自己的外在形象，如外貌、衣着、举止、风度、谈吐，又要理解自己的内在素质，如学识、心理、道德等。一个人的美应是外在的美与内在的美的和谐统一，内在的美对外在的美起促进作用。

② 全面理解自己，我们既要看到自己的优点和长处，又要看到自己的缺点和不足。因为，我们每个人的外在形象和内在素质都有优势，也有不足，正所谓"金无足赤，人无完人"，我们每个人都有自己的缺点，但同时每个人也都有自己的闪光点。我们应该多注重自己的优点和长处，要用欣赏的目光来看自己，即使你可能有很多不足。因为只有先看得起自己，才能准确理解自己。面对纷繁复杂的世界，如果你把目光都集中在痛苦、烦恼上，生命就会黯然失色；如果你把目光都转移到快乐之中，你将会得到幸福。同样的道理，面对自己，如果你只看到自己的缺点、不足，你将会悲观失望，停步不前；如果你能看到自己的优点、长处，你将会充满信心，迎接生活的挑战。但是如果我们只看到自己的优点，看不到自己的不足，"看自己一朵花，看别人豆腐渣"，用自己的长处比别人的短处，我们就会沾沾自喜，骄傲自大，停步不前，甚至会倒退。所以，为了全面认识自己，我们既要看到自己的优点和长处，又要看到自己的缺点和不足。

③ 事物总是发展变化的，没有一成不变的事物。俗话说"士别三日，当刮目相看"，我们每个人也都是在持续发展变化的，我们的优点和缺点也不是一成不变的。所以，我们必须用发展的眼光看自己，及时发现自己新的优点和新的缺点，通过自己的努力，争取变缺点为优点，持续改正自己的缺点来完善自己。

（3）理解自我的途径如下。

① 通过自我观察理解自己。要理解自己，我们必须要做一个有心人，经常反省自己在日常生活中的点滴表现，总结自己是一个什么样的人，找出自己的优点和缺点。自我观察是我们自己教育自己、自我提升的重要途径。自我观察主要包括三个方面：对自身外

表和体质状况的观察，包括外貌、风度和健康状况等方面的观察；对自我形象的观察，主要是对自己在所生活的集体中的位置和作用、公共生活中的举止表现，以及社会适应水平等的观察；对自己的精神世界的观察，包括对自己的政治态度、道德水平、智力水平、性格、兴趣、爱好、特长等方面的观察。

② 通过他人了解自己。大文豪苏轼写道："不识庐山真面目，只缘身在此山中。"理解自己有时候的确比较难，一般来说，当局者迷，旁观者清，周围的人对我们的态度和评价能协助我们理解自己、了解自己。我们要尊重他人的态度与评价，冷静地分析。对他人的态度与评价我们既不能盲从，也不能忽视。

（4）提升自我意识的途径如下。

① 孤独地面对自己。给自己一个孤独的空间和时间，对自己的言行、思想、学习状况进行深刻的自我反思，清醒地分析自己的优、劣势，自我调节和控制自己的状况，使自己能较好地向自己的目标奋进，克服不足，发挥优势，实现目标。

② 试着改变某些影响自己实现目标的不良习惯，耐心细致地注意观察生活中的每个细节，积累好的学习习惯，合理、准确地安排、控制和使用时间，提升学习效率，争取获得学业上的突破。

③ 不过度压制自己，使自己好的个性有一个展示的空间和机会，使自己的不良个性能够受到抑制。

④ 与自己进行良好的"对话"。这种对话是内心深处的争斗，也是自己思想斗争的根本形式，通过"对话"分辨是非，实现个人自我意识的完善。

任务二 / 高速铁路旅客服务与高速铁路旅客心理

知 识 点

- 高速铁路旅客服务的概念；
- 高速铁路旅客服务意识；
- 高速铁路旅客的心理动机；
- 高速铁路旅客的心理需要；
- 高速铁路旅客心理的规律性表现。

技能目标

- 掌握高速铁路旅客服务的概念，培养高速铁路旅客服务意识；
- 掌握高速铁路旅客的心理动机和高速铁路旅客的心理需要；
- 熟悉高速铁路旅客心理的规律性表现。

素质目标

树立铁路职业意识，培养铁路职业自豪感。

一、高速铁路旅客服务认知

（一）高速铁路旅客服务的概念和特点

高速铁路客运企业提供的产品是为了满足旅客完成空间位移，它包括一切能满足旅客欲望、需求和利益的有形部分和无形部分，即满足旅客位移需要的全部服务。因此，高速铁路客运产品应理解为高速铁路客运服务产品，其主要特性体现在它的"公共服务性"上，为消费者提供服务，这是高速铁路运输企业生存发展的前提。旅客运输不同于货物运输，旅客在旅行中有不同的物质、文化需求，如饮食、安全、休息、照明、温度等，铁路运输企业要创造良好的旅行环境并提供优质服务，使旅客心情愉悦。

1. 高速铁路旅客服务的概念

什么叫服务？从广义来讲，服务就是为了国家，为了集体，为了企业，为了某种事业和他人的利益而工作。高速铁路旅客服务，就是通过高速铁路客运服务人员向旅客提供一定的劳务活动，即提供安全、迅速、舒适的服务，满足其在旅行中的需要。高速铁路客运服务人员要为旅客提供实实在在的服务，为他们送方便、送温暖，为他们排忧解难，使他们满意。高速铁路旅客运输的"产品"，就是旅客的"位移"。旅客从甲地到乙地的旅行过程中，高速铁路客运企业及其职工提供的运输和服务与旅客对旅行和服务的消费是同时进行的。高速铁路旅客服务正是这种能够创造特殊使用价值的劳动，是满足人们生活需要的一种社会服务。

高速铁路旅客服务包括有形服务和无形服务两大类。有形服务，如进站验票、维持秩序、扶老携幼、提供饮用水、卫生清扫、广播宣传、餐车服务，等等。无形服务主要指铁路运输从业人员的思想品德、职业道德、社会公德、礼貌修养、言谈举止、服务精神、工作态度等。

2. 高速铁路旅客服务的特点

（1）高速铁路旅客运输的主要服务对象是旅客，其次是行李、包裹和邮件。

（2）高速铁路旅客运输的核心产品是旅客的空间位移。它被旅客本身所消耗，其使用价值具有不确定性，其创造的社会经济效益远大于自身的经济效益。

（3）高速铁路客运产品具有易逝性。旅客位移的生产和消费过程同时进行，产品不能储存，不能调拨。

（4）高速铁路旅客运输在时间上具有较大的波动性。

（5）高速铁路客运车辆（动车组）实行配属制（固定配属于各动车段、客运车辆段），这有利于车辆的运用管理和维修，确保了车辆质量。

（6）高速铁路客运站的位置一般设在客流易于集散处，使旅客便于换乘不同的交通工具，一般应靠近城镇，并能与市内交通及其他各种交通工具进行良好的配合。旅客列车到发线及站台一般按方向和车次予以固定，不会随便变更。

（7）旅客在旅行中有不同的物质、文化需求，如饮食、盥洗、休息、通风、照明、温度等，高速铁路客运企业不仅应满足这些需求，而且还应积极创造、改善良好的旅行环境并提供优质的服务，使旅客心情愉悦。

（8）高速铁路旅客列车都是根据需要事先编组好并按固定时刻表运行的，旅客根据自己旅行的需要选择乘车日期、车次、到站、座别。

（9）高速铁路客运企业应向旅客提供不同服务等级、旅行速度的运输产品，供不同需要、不同消费水平的旅客选择。

（10）高速铁路旅客服务质量的控制主要在于过程控制,这区别于工业产品质量的控制(在进行生产过程控制的同时,尤其重视最终产品的控制),高速铁路旅客服务必须对售票、候车、乘降工作、列车服务等的全过程进行控制。

（二）高速铁路旅客服务意识

1. 树立全心全意为旅客服务的服务理念

旅客是上帝,是高速铁路客运企业最宝贵的资源,要把追求旅客的满意作为高速铁路客运企业永远的奋斗目标。客运人员一定要把旅客当成亲人,所有工作的开展都应以旅客为中心,以旅客满意为目标;要把旅客看成是朋友,要用真诚与热情换来旅客的认同;要换位思考,将心比心,真正设身处地地为旅客着想。

2. 了解旅客心理状态,提高旅客服务质量

在日益激烈的市场竞争中,高速铁路客运企业要想在市场中站稳,立于不败之地,仅靠现代的设施、设备,热情、主动的服务远远不够,还必须根据旅客的心理需要,提供有针对性的个性化的服务。了解、掌握旅客心理特点和心理需求的方法很多,高速铁路客运服务人员应在实践中不断学习,反复揣摩,长期积累。

例如,通过旅客所持车票了解旅客此次出行是长途还是短途,是始发还是中转;观察旅客的外表、服饰、携带品,可以判断旅客的职业、民族、旅行目的;从旅客的外貌、动作,了解旅客的年龄、身体状况,以及是否患病等情况;从旅客的表情、神态,分析其心理活动动机,比如有的旅客坐卧不安、心慌意乱、精神紧张,就可以判断该旅客可能遇到了麻烦;可以通过与旅客沟通交谈,了解旅客的性格、情绪、对铁路运输企业有哪些意见和需求等。

针对不同旅客在身份、层次、年龄、旅行目的等方面存在的差异,应采取不同的服务方式,满足旅客对个性服务的要求。要规范服务用语,根据服务对象的不同,灵活应对,哪种交流方式能使旅客感到亲切、舒适、习惯,就采取哪种交流方式,切忌千篇一律、生搬硬套。

根据旅客的需求,提出个性化、特殊性服务标准,对于旅客提出的合理的、有实现可能的要求,我们要尽量满足。对于不合理的,甚至有些过分的要求,我们要和提出要求的旅客进行沟通,讲明其所提要求的不切实际性和我们为之所做的努力,尽量争取旅客的理解和满意。

二、高速铁路旅客心理认知

（一）高速铁路旅客的心理动机

对于高速铁路提供的客运产品,不同旅客的购买动机是不同的,以下介绍几种主要的动机。

1. 求廉

在所有的运输项目中,选择价格偏低的,这种购买心理的拥有者主要是经济收入不高的人,如经济不发达地区的旅客、外出打工者、学生等,他们希望少花钱。

2. 求名

求名是以追求名牌商品或名望为目的的购买心理,核心是显示荣耀、攀比或作为纪念。如京沪高铁刚开行时速 350 公里的动车组时,很多人都慕名前来乘坐。

3. 求新

求新是以追求产品的时尚和新奇为主要目的,其核心是"时髦"和"奇特"。如许多人抱

着"图个新鲜""坐坐看是个啥滋味"的心态选择乘坐准高速列车、高速列车、磁悬浮列车。

4. 求快

不管是旅游者，还是商务旅客，很少有希望在火车上多待的，一般都希望能尽快到达目的地。过去从武汉到广州单程需要近 20 个小时，开通武广高铁后，单程仅需几个小时。

5. 求方便

往返于成渝两地的和谐号动车组列车，每天开行多对，运行里程 315 km，运行时间仅 2 小时，基本实现公交化运行，因为方便快捷，其已成为成渝两地人员出差及探亲的首选交通工具。

（二）高速铁路旅客的心理需要

为了提高高速铁路客运服务质量，高速铁路客运服务人员除了加强自身修养，讲究仪表和语言艺术外，还应认真研究旅客的心理需要及规律，坚持"人民铁路为人民"的宗旨，全心全意地为旅客服务。

1. 旅客的一般心理需要

不同旅客的心理需要是有差异的，按照人类需要的规律性和层次性，我们可以把旅客的一般心理需要分成三大类：天然性需要、社会性需要和精神性需要。

1）天然性需要

旅客作为自然人，必然有其天然性需要（主要包括生理需要和安全需要）。旅客出门在外，首先必须保证机体的生存和健康，才能顺利进行各种活动。在长途旅行中，旅客的生理需求和安全需求如果得不到满足，这将是无法忍受的。旅客不仅需要车站、列车提供充足的食品和饮料，而且需要候车室、站台和车厢内环境舒适，不然就会产生不良情绪，如烦闷、焦躁不安等，从而对铁路运输企业产生不满。

2）社会性需要

旅客的社会性需要主要表现在其需要进行社会交往，需要得到别人，特别是高速铁路客运服务人员的尊重和理解。人人都有进行社会交往的需要，旅客也不例外，尽管他们在外的时间长短不一，但由于远离家乡和亲人，难免会有寂寞和孤独感，所以希望与接触到的人建立和谐友好的人际关系，交流感情，减轻同亲人分离的痛苦或焦虑。

尊重包括自我尊重和得到别人的尊重，旅客特别希望听到对他们的尊称，希望得到热情而有礼貌的服务以满足自己的意愿和要求，尤其是有生理缺陷或有过错的旅客，更希望得到高速铁路客运服务人员的尊重。

3）精神性需求

旅客的精神性需要主要有对思想、艺术的需要及对美好事物的追求。追求思想的需要指增加见闻，扩充知识面；对艺术的需要指欣赏有风格和美学价值的东西；对美好事物的追求，既包括对优秀歌曲、文娱节目的追求，也包括对高速铁路客运服务人员优质服务的追求，这些都会使旅客产生美的感受。

2. 旅客旅行需求的表现

1）安全心理

旅客乘车旅行最根本的需要就是安全的需要。安全包括人身安全和财产安全两个方面。每一位旅客都希望车站有良好的治安秩序。为保证旅行安全，旅客常综合考察目的地自然环境状况、社会治安情况和运输工具的安全性等内容，再做出是否旅行的决定。

当亲友出门旅行时，我们祝福他们"一路平安"，这代表了出门旅行者最普通、最基本的共性心理要求。既然是"一路平安"，就是指旅客从离开家门，一直到目的地，包括旅行的全过程都平平安安。

"平安"就是不发生任何危及人身安全和财物安全的意外事故，也就是不发生人身碰伤、挤伤、摔伤、烫伤等情况，旅行中所携带的财物、文件资料保持完整，不发生任何丢失或损坏的事情。

在高速铁路旅客运输服务过程中，努力实现旅客旅行安全的心理需求，这是所有高速铁路客运服务人员的首要工作。铁路运输部门要加强铁路沿线、车站和列车的治安管理，从技术装备上提高运输载体的安全性，提高高速铁路客运服务人员对不安全因素的预测和及时处理问题的能力。

2）顺畅心理

送亲友出门旅行时，除了祝福他"一路平安"外，常说的另一句话就是"诸事顺利"，即旅行中的顺利、愉快问题，这也是出门旅行者的一个共性心理要求。

旅客到车站购票，能够顺利地买到自己需要的车票；上车时，人虽然多，但能够顺利地找到座位；在用餐时间，车站或列车上能够提供不同档次、卫生、可口的食品；车站或列车能够随时提供开水；列车在运行途中，因某些原因，如铁路线路施工、意外运行事故等而耽搁，在这些情况下，能够保证列车尽快到达终点；准备换车时，有充裕的时间赶上接续换乘的列车，等等。这些都是旅客出门旅行涉及顺畅的心理要求。

满足每位旅客的顺畅心理要求，做到时时顺畅、事事顺畅是不现实的，但是，从旅客运输服务管理的角度来说，应尽最大的努力满足旅客的需要。在为满足旅客需要而做相关工作的同时，还要做好宣传解释工作。对旅客要有良好的服务态度，遇到不能满足旅客要求的事情，要进行耐心解释，使旅客明白为什么其需要没有得到满足。在旅客旅行的过程中，由于运输部门的原因而发生的延误，影响到旅客旅行的顺利进行，旅客有权了解相关原因，运输服务人员必须把事情的真相告诉旅客，让旅客心里有数，使其能够对自己下一步的行为进行计划。

3）快捷心理

随着社会的发展，人们的时间观念发生了重大的变化，高速铁路的"快捷"成为旅客的一个主要要求。缩短旅行时间，迅速到达目的地，可以节约时间，同时减少旅行疲劳。

4）方便心理

方便的需要表现在购票、进出站、上下车，以及中转换乘等方面的便捷性。"方便"要求减少旅行中的各种中间环节。旅客出门旅行，希望处处能够方便，这是一种很普遍的共性心理。

为了满足旅客的方便心理，高速铁路客运企业需要采取一些措施，如售票处多开售票窗口，减少旅客排队等候时间；延长售票时间，使旅客随时都能购票。合理设置候车室、检票口、站内通道引导牌等，减少旅客进站上车的行走距离。满足旅客的方便心理要求，其目标是使旅客感到处处、事事、时时方便。

5）经济心理

经济心理表现在旅行需要的满足程度与所付出的费用和时间相比较时，希望在一定的需要满足程度之下，所付出的费用和时间最少。旅客在乘车旅行中对经济性的考虑，一般是将两个因素结合在一起：一是花钱的多少；二是由谁出钱，是自己还是单位报销。

6）舒适心理

随着经济的发展，人们生活水平的提高，旅客越来越重视对旅行的舒适性的要求，对乘车环境、文化娱乐、饮食、休息睡眠等方面的要求也相应提高。这种需要的强度和水平受多种因素影响，特别是旅行时间的长短，其往往是起决定作用的因素。

7）安静心理

旅客出门旅行，离开家或工作场所，来到车站、列车上与其他旅客共同旅行，一直处于动荡状态中。在嘈杂的环境下，希望尽量保持安宁，减少喧哗，动中求静，这是人之常情，也是大多数旅客的共同心理需求，尤其是在人较多的候车室和车厢内，这种要求更为迫切。

要保持旅客旅行中的安静环境，一方面旅客本身要约束自己，不要大声说话、喝酒猜拳、来回走动等；另一方面高速铁路客运服务人员有责任加强对乘车环境的管理，有效地制止不利于营造安静环境的事件，避免旅客大声喧哗，更要避免与旅客发生口角、争吵，影响旅客休息。

心情安静与否，在一定程度上取决于人对环境的感受。一个井然有序的环境，可以使人心平气和，心情平静。这种有序性包括两个方面：一是物的有序性（例如行李架上物品摆放），二是人的有序性。另外，保持站、车等公共场所的清洁卫生也是有序性的一种表现。清洁、卫生的环境使人心情愉快，心情平静；在脏、乱、异味弥漫的空间旅行，会使人心情烦躁、郁闷，无法平静。

8）尊重的心理

受尊重是人的正当需要。每一位旅客都希望自己的人格、习俗、信仰、愿望受到高速铁路客运服务人员的尊重，希望能看到热情的笑脸，听到友善的话语，体会到铁路这个临时大家庭的温暖。

三、旅客心理的规律性表现

旅客在旅行过程的不同阶段，存在不同的心理活动和需求内容，因此，需要对旅客每一个阶段的心理活动进行分析，实施有针对性的服务，以保证旅客的要求得到满足。旅客乘车旅行的心理活动过程可划分为以下8个阶段。

1. 旅客动机的产生

任何一种旅行都有它的动机，主要表现为出差、旅游或探亲等。在做出旅行决定时，旅客常常对旅行的各种情况进行综合分析，可能会产生一定程度的旅行顾虑。

2. 旅行交通工具的选择

旅客在决定旅行后，就会考虑选择旅行交通工具。旅行交通工具有火车、汽车、飞机、轮船等。旅行交通工具的选择受旅行动机、旅行者身份、旅行时间、旅行费用，以及旅行工具的安全性、舒适性、方便性、服务质量等方面的影响。

3. 购票

购票心理主要表现在两个方面。

① 购票前的心理，反映在对乘车线路、车次，以及始发和终到时间、购票时间、购票地点、购票手续、车票紧张情况等旅行信息的分析和处理。

② 购票时心理，反映在对旅行信息的进一步了解和掌握上。如希望售票窗口按时售票，有良好的秩序，排队不需要太长时间，售票员服务热情，售票准确无误，能够买到符合个人

要求的乘车日期、车次、到站、座别的车票，希望有预售、送票等多种服务项目。

4. 去车站

去车站方面的心理主要包括考虑从住地到达车站所需要的时间，以及市内交通工具的选择。旅客常常担心赶不上车，所以大部分旅客总要提前一段时间到达车站。

5. 进入车站及上车

进入车站等候及上车时的心理活动表现为多种形式。

① 能否顺利进入车站。

② 希望办理物品托运的手续简单、迅速、准确；在一个地方一次能够办完所有托运手续，不必增加搬运次数。

③ 希望检票地点明显，能够方便地寻找到候车地点，希望候车场所清洁、温度适宜、空气清新、照明充足、各种指示标牌简明，广播明了、清楚等。信息不清楚时希望能一次性得到清楚、正确的回答，怕高速铁路客运服务人员态度生硬，回答时不耐烦、不清楚等。

④ 候车旅客多时，担心进站拥挤，希望能按时、有秩序地排队检票进站上车。

⑤ 漏乘时能得到车站方面的及时处理。

6. 车上旅行

在车上，旅客的需要表现在物品及人身安全、环境舒适、饮食、上卫生间、旅行中的消遣、对目的地基本情况的预先了解等方面。对长途旅行的旅客来讲，这些需要表现得更为明显。

① 在硬座车厢内乘车，希望能够迅速找到座位，放置好物品。希望车内卫生、整洁、不拥挤，饮水、饮食方便，高速铁路客运服务人员热情，能够提前通报到站站名，有一定的娱乐设施。

② 在卧铺车内乘车，希望乘车环境清洁、安静，能得到舒适的休息，旅行途中不被干扰。

③ 在餐车用餐，希望餐食卫生可口、价格适宜，也希望能够送饮食到车厢或买到其他较经济的食品。

④ 列车到站前，希望能够得到目的地的相关信息。

7. 到站下车及出站

旅客到达目的地车站后，会考虑托运物品的提取、城市市内交通工具的选择、饮食、旅馆等方面的问题，希望能够有秩序、迅速出站，有亲友接站的旅客，希望能够很快见到迎接的亲友。

8. 继续乘车旅行

如果旅客在到站作短暂的停留之后继续乘车旅行，其需要解决中转签证或重新购票，以及在停留地的住宿、饮食等方面的问题。

旅客在每一阶段都会有不同程度的心理活动，高速铁路客运服务人员必须实施有针对性的服务，以保证旅客的要求得到更高效的满足。

💡 心理自助

心理学不是"读心术"

心理学不是读心术，学了心理学也看不穿别人。微表情、微动作之类的理论，你看了可能觉得很有用，但实际操作的可行性不大。

虽然心理学不是读心术，但是，心理学者们，却光明正大地做了很多研究，研究我们的行为举止、穿衣打扮等一系列现象，分析人的心理状态。

我们假设一个场景，你和别人见面的状态和过程，以及如何分析。

一、衣服

不同的性格，不同的情绪决定着人们所偏爱的衣服的颜色。快乐时，我们更爱选择温暖、明亮的颜色；悲伤时，我们则会偏爱那些偏冷的颜色。有研究发现喜欢蓝色的人更为冷静，喜欢黄色的人则更为积极向上，但如果把心理学当读心术，就把问题简单化了。现实比以上研究复杂太多了。很多人穿黑色的衣服，主要是因为她们觉得黑色显瘦……而且个体差异很大，各种因素会影响你的判断，所以，以上这些只能作为参考，不是标准答案。有的时候，我们喜欢一种色彩的原因也许更加简单、纯粹——仅仅只是因为这个颜色让我们的眼睛更舒服。人们之所以偏爱某些颜色，是因为这些光的波长是眼睛最敏感、最易于感受的。

固定的着装，可能是源于内心世界的犹豫不决。在镜子里看到同一个样子的自己，成为加强身份认同的一种方式。这让人在潜意识里觉得，如果变换着装风格，就可能失去自我。牛仔裤和黑色毛衣是乔布斯的经典着装，这种只穿一种风格衣服的人，会觉得换衣服麻烦，而深层性格中有着比较坚定的自我意识。如果你的约会对象多次身着同样款式的衣服，那么你可以断定这位先生或者女士，有比较坚定的自我意识。

过分重视着装常常是为了巩固脆弱的自恋。如果一个人对自己有信心，就不需要不断检查自己是不是穿了合适的服装。

二、谈话

根据"印象管理"的理论，我们会在陌生人面前塑造更好的形象，所以，我们不会什么话都说，我们也会很自觉地将自己美好的一面展现出来。

我们不会在好友身上刻意花太多精力去聊天，我们会表现得更自由、更放松。

三、行为

如果面对某人时，你很紧张，很没有自信，很怯懦，这个时候该怎么办呢？

你可以先从肢体上表现出自信的感觉。展开你的双臂，胸向前挺。高力量的姿态，会让睾酮（一种和统治欲相关的激素）增加，应激激素（也就是压力激素）皮质醇减少，并提高了力量感和风险忍受度。面试之前，也可这样做，以增强你的自信心。

我们的思维能改变我们的行为，我们的行为也能影响我们的思维。所以，不自信的时候，可以记得这个小妙招，几秒钟气势就上来了。如果你想说服别人，盯着别人的眼睛看，并不是一个好的方法，某些眼神交流会给人造成威胁感。如果你盯着别人的眼睛是想说服他，这可能会引起他的抗争，而他并不会被说服。

项 目 实 训

高速铁路旅客票价心理调查与分析

1. 实训要求

（1）若干人为一组，设组长一人。

（2）小组成员集体讨论，设计高速铁路旅客票价心理调查问卷，问卷要体现旅客的基础信息（性别、年龄等）、性格信息（气质、情绪等）、社会信息（职业、收入等），票价接受能力、运输服务需求等。

（3）开展调研（调研对象包括乘车旅客，其他院系的同学，亲朋好友等），获取一定数量的有效样本。

（4）对问卷进行统计、分析，得出相应的结论。

2. 实训成果

提交小组实训报告，具体内容包括以下方面。

（1）小组设计的问卷。

（2）问卷的统计结果。

（3）根据统计结果，得出高速铁路旅客票价心理分析结论（含分析过程）。

中篇

心理实务运用

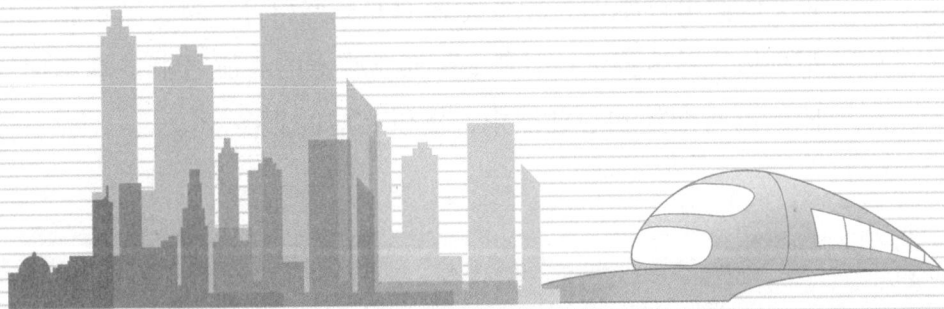

项目三　高速铁路旅客的心理与服务

　　不同的旅客群体在乘车旅行期间会有不同的旅行需求，遇到相同的问题也会表现出不同的心理特征和表现，高速铁路客运服务部门应针对不同的旅客群体，提供相应的服务。所以，工作中不但要对旅客群体进行分类，更应该研究旅客群体的心理特征，分析他们的心理需求，掌握他们在乘车旅行期间不同环节的心理表现，这将有助于提高服务质量。

　　从心理学的角度入手，可以按不同的特点对旅客进行分类。例如，按照年龄将旅客分为年轻旅客群体和非年轻旅客群体；按照地域将旅客分为本地旅客群体和非本地旅客群体；按照出行原因将旅客分为通勤旅客群体、因公出差旅客群体等。对旅客进行分类，有助于根据同类旅客群体基本相同的出行期望和心理需求，提供相应的服务。

引导案例

住在昆山，去上海上班的我们，对铁路的期待是：
"快""准""多""密""静""无干扰"

随着长三角一体化发展的日趋成熟，不少上海上班族选择在江苏昆山居住，并乘坐高铁上下班，毕欣就是其中之一，每天早上搭乘7：25的高铁从昆山出发，18分钟后便到达虹桥，再搭乘25分钟的地铁。早上8点多，毕欣便可以安稳地坐在办公室内。

每天在长三角城市之间穿梭，已经成为很多"长三角包邮区"职场人的日常，交通的变革拉近了上海与各座城市的距离，铁路企业也为这些"长三角上班族"提供了许多的便利。

路程：18分钟就到上海

90后的毕欣毕业后选择在上海的一家互联网企业工作，由于家住昆山，毕欣一开始选择在上海租房。"但是租住一段时间后发现，我完全可以每天来回。"在上海，租房成本很高，而昆山与上海的距离实际上并不远，"坐高铁来回，高铁上的时间只需要18分钟。"毕欣说道。

于是，毕欣开始每天来往于上海、昆山之间：在前一天晚上买好第二天早上的车票，第二天早上6：45准时出门，7：25坐上开往上海的高铁，虽然早上从昆山前往上海的乘客并不少，但是由于列车班次较多，大多数时候，毕欣总能买到自己心仪时间的车次，"偶尔周一的时候，7：25的车票会比较难买，但是买后一班也不会耽误上班。"毕欣说道。18分钟的车程对毕欣而言，不过就是"刷"一下手机的时间，"有时候闭目养神，一睁眼，就到了。"

8点不到，高铁便到达了上海虹桥站，在上海虹桥站内换乘地铁，8点多毕欣便可以到公司。

成本：每月至少省下1 600元

毕欣算了一笔账，每月在昆山和上海之间来回，路费大约为1 900元，而之前，毕欣在上海租一个单间每个月就需要花费3 500元。"这笔账算一算就清楚了。"毕欣告诉记者，每天来回听上去好像很辛苦，但是实际上，昆山和上海的距离并不远，"而且除了开销减少之外，住在家里始终比住在外面更加舒服。"毕欣说道。

毕欣主要从事互联网产品设计的工作，"我这个行业，加班是常态，不加班的日子比较少。"但即便是加班，大部分时候，到了晚上8：45，毕欣也会坐上从上海前往昆山的列车，"如果实在是加班太晚，就在公司过一晚上。"一般情况下，每天晚上8点左右，毕欣就可以踏进家门。毕欣告诉记者，白天在外工作，晚上总会希望能够回到自己家，"而且在家休息会更加自在和舒服一些。"但是毕欣承认，这样的双城生活在时间上的确消耗更大，"但是相比时间成本，还是喜欢住得舒服一些。"

感受："一路上都是熟面孔"

毕欣告诉记者，虽然一路上可以讲话的同伴并不多，"但是长期来来回回，一路上都是熟面孔。""住在昆山，去上海上班的我们，对铁路的期待是'快''准''多''密''静''无干扰。'"毕欣最后对记者说。

随着长三角的一体化，许多和毕欣一样的上班族都选择将高铁当作最常用的出行工具，从而满足自己在长三角城市之间打拼的心愿。王彦希定居苏州，两年前，他也开启了苏州—上海的"双城生活"。每天早上 8:10，王彦希离开家赶往苏州园区站；8:28，坐上"复兴号"高铁；8:58，抵达上海站，换乘地铁；9:35，走进位于曹家渡的办公室，开始一天的工作。家住浙江嘉善的马成宇在上海闵行工作，工作一年多来，常常是从家里出发，坐 10 多分钟的公交到嘉善南站，再从嘉善南站坐 20 多分钟的高铁到达上海虹桥站，最后再从上海虹桥站坐 10 多分钟的公交到达自己的公司。虽是跨省工作，但仔细算来，上下班耗费在路上的时间也只有一小时左右，这样的时间同许多居住在上海的上班族的通勤时间相差并不多。

"双城生活"对这些"长三角上班族"而言的确有着难以言表的辛苦，但是相比在上海租房，这样的生活方式节省了开销，生活品质也有了提升。而这一切，都得益于长三角高铁带来的便捷。

案例点评：

不同的旅客群体有不同的心理特征，他们的心理需求是不一样的，对高速铁路客运服务的"痛点"也是不一样的。对于异地通勤旅客来说，他们对铁路乘降服务的要求是"快""准"；对车次的要求是"多""密"；对车上服务的要求是"静""无干扰"。把握了这些心理特征，才能更好地向他们提供有针对性的服务。

任务一 不同年龄旅客的心理特征与服务

知 识 点

- 高速铁路旅客的分类；
- 不同年龄旅客的心理特征；
- 不同地域旅客的心理特征。

技能目标

- 掌握高速铁路旅客分类的标准；
- 了解不同年龄旅客的心理特征；
- 了解不同地域旅客的心理特征。

素质目标

树立"以服务为宗旨，待旅客如亲人"的铁路服务理念。

分析旅客的心理特征，首先要对旅客进行分类，区分不同的旅客群体。

目前全国铁路日客流量惊人，所以，旅客的分类是一个很复杂的问题，可以从不同的角度对旅客进行分类。旅客按性格可分为有主见的或无主见的；虚荣心强的或朴实的等。旅客按气质可分为理智型、冲动型和情感型，等等。然而，按照旅客的个性心理特征进行分类，不仅难以一一摸清，而且可能实际意义并没有想象的明显。所以，我们侧重于从自然构成、社会构成、旅行目的和购买动机等方面来对旅客进行分类。

1. 按自然构成分类

旅客的自然构成是指旅客的性别、年龄等不同的自然因素。如按性别，旅客可以划分为男旅客、女旅客；按年龄可以划分为老年旅客、中年旅客、青年旅客、少年旅客、儿童旅客等。不同性别、不同年龄的旅客，其需求内容、方式及行为表现是有区别的。以空调的使用为例，老年旅客和青年旅客的要求就不同，温度低了，老年旅客会受不了；温度高了，青年旅客会找列车长说："把空调温度设这么高，还不如不开"。

即使是同一个年龄段的旅客，也会因为性别的差异、身体状况的好坏而要求不一。有些男旅客喜欢在车厢内喝酒解闷，而不愿意到车厢连接处去；女性旅客可能会因为晕车或其他原因讨厌在车厢内闻到异味。这些情况如果处理不好，就容易引起冲突。一旦他们各自的要求不能得到满足，他们就有可能投诉或以其他方式来发泄自己的不满。高速铁路旅客服务应做到主动解决旅客困难，令多数旅客满意。

2. 按社会构成分类

旅客的社会构成指旅客的职业、经济收入、种族、国籍等不同的社会因素。如按职业旅客可以划分为工人旅客、农民旅客、干部旅客、军人旅客、学生旅客、个体工商业者旅客、文艺工作者旅客等。由于旅客所处的环境不同、工作性质及文化素质不同，心理需求和行为也必然各异。

以对铁路客运产品的选择为例，有成就的商人、赶业务的人、经济条件好的人更愿意选择豪华、高速及服务高档的列车，而学生、农民则一般会选择价格偏低的列车。

对于不同席别的旅客，要尽力满足他们的需求，做到一视同仁，让不同席别的旅客在列车上都有宾至如归的感觉。

3. 按旅行目的分类

按旅行目的，可以把旅客分成七大类。

（1）出差的公职人员。

（2）探亲人员及往返学校与家庭之间的青年学生。

（3）经商人员。

（4）外出谋职的打工者。

（5）旅游人员。

（6）国外旅游者、经商者。

（7）出席各种学术会议的专家、学者。

由于旅客出行的目的不同，其心理需求也不会相同，很少出门的打工者会希望车站和列车服务人员给他们以尊重。商务旅客和公务繁忙的公职旅客往往喜欢"无干扰服务"，即服务人员和旅客保持一定的服务距离；多年未归的"务工人员"返乡情切，期待有人和他们分享那份喜悦与不安；因家中有急事而赶车的探亲者满心忐忑，又盼着有人分担不安与忧虑……

作为高速铁路运输企业的工作人员应以旅客需求为中心提供高品质服务。旅客不需要服务时，乘务人员做到无干扰；旅客需要服务时，乘务人员尽量做到人性化、精细化，针对不同旅客的不同特点，开展多种多样的服务。

本任务主要分析不同年龄旅客的心理动机。下面着重介绍青年旅客、中年旅客和老年旅客的心理特征。

一、青年旅客的心理特征

青年是一个中性的词语，强调的是相对来说年龄处于较小状态的成人，本书将 30 岁及以下的成年旅客纳入青年旅客的范围。

年轻人由于涉世不深、血气方刚、精力充沛，因此在生理和心理上都具有自己的特点。以心理学角度进行分析：青年期就是人的成长过程中的过渡期，就其心理发展水平来说，是迅速走向成熟而又尚未达到完全成熟的阶段，这是我们分析青年心理的一个总则。

心理的成熟以生理的成熟为前提，并受个体社会化过程所制约。在当前世界性的生理成熟提前的情况下，一般认为约经过一个世纪，人类就可能平均提前一年进入心理成熟期。我们经常听见老人们惊叹说：现在的年轻人真比我们小时候厉害多了，这就是生理和心理成熟提前的一个明证。

如果以人生观的确立作为心理成熟的标志，那么一般来说，只有到了青年中期之末，也就是相当于大学毕业时，青年人的人生观才基本形成，并逐步趋于稳定。青年心理发展的特点：一是积极面明显突出，但也伴随着消极面；二是自我意识存在明显矛盾。

（一）青年人心理特征中的积极和消极特点

青年旅客群体首先是属于青年人的范畴，因此在心理和生理特征中，必然有着青年人在心理发展过程中的积极和消极特点，需要进行甄别和引导。

1. 朝气蓬勃、勇往直前

由于青年人在生理和心理上都处于成熟高峰期，因此具有充沛的青春活力，对自己的力量充满信心，感到没有任何力量能阻碍自己不断前进。其外在精神面貌表现为意气风发、朝气蓬勃、无所顾忌、勇往直前。也有些青年因精力旺盛，但没有找到正确的途径发挥作用，就会无事生非，进行一些无益甚至有害的活动，如寻衅滋事等。

2. 主动积极、勇于创新

青年人对事物的认识与评价不仅限于当前直接接触到的事情，而是能进行更多间接的判断和推理，并具有一定程度的预见性，他们对新鲜事物特别敏感，厌恶因循守旧，勇于探索和创新。

有时青年人也容易把尚未认识清楚的腐朽、错误的东西当真理来接受。他们抽象思维能力较强，也容易脱离实际产生片面性结论；虽善于推理论证，但也可能表现为坚持己见的强词夺理。

3. 新需要大量涌现，激起对生活的美好憧憬

随着社会阅历的增加，交往范围和生活领域的扩大，青年人的新需要就会大量涌现。例如：渴求完全独立自主；要求受别人尊重；渴求参加社会活动，关心政治；要求丰富多彩的业余文化生活；渴望与同辈人广泛交往，特别是志趣相投的知心友件；强烈希望获得异性的亲密情意；对未来充满美好的愿望和向往。由于富有想象力，年轻人易于陶醉在憧憬中，而

削弱了进取心和实际行动。

人的需要是无止境的，何况许多要求未必能被社会环境所许可，即便是合理的需要，如果没有充分考虑客观允许和具体情况，往往也会受到挫折。在遇到阻碍而难以实现自己的理想时，青年人容易产生对现实的不满情绪，或凭冲动而蛮干，一旦努力受挫又容易悲观和失望。

4. 情绪强烈、情感丰富

情绪、情感和需要是紧密相连的，强烈的需要也会激起强烈的情绪。如果误以为凡是需要的都是合理的，则在个人愿望不能满足时，就会引起强烈不满。年轻人还容易误认为人间所有的关系都应是合理、公正的，对自己认为不公平的事就特别反感，而且常常以自己的情感体验去度量别人，对自己认为受到不合理待遇的人富有同情心。易被某种宣传影响而诱发激情，并由于认知、判断能力的下降，会发生一些有害的盲动行为。

总之，青年人具有富有理想、向往真理、积极向上的特点，但也往往由于认识上的局限性和心理上尚处于走向成熟的过程中，容易在客观现实与想象不符时遭受挫折打击，以致消极颓废甚至萎靡不振，强烈的自尊也会转化为自卑、自弃。这些情况如果处理不当都会影响青年的身心健康。

（二）青年人自我意识的矛盾

人在青年时代的自我意识发展，逐渐摆脱了少年儿童时代，开始自我审视，探索内在的自我，并形成了在自我意识方面的矛盾。

1. 孤独感与强烈交往需要的矛盾

青年人自尊心强，有强烈的交往需求，同时又关注自我内心世界的独立性。许多思想情感不轻易向他人吐露；认为自己的内心世界是自己的个人秘密，是不能随便向外泄露的；如果此时长辈们不能正确地对待，在这个阶段就会造成青年人心理上的闭锁性。

心理闭锁性导致青年人与父母、师长及熟悉的人之间产生距离，一方面渴望与人交流，另一方面又感到缺乏可以倾诉衷肠的知心人。由于长辈对青年人往往训诫多于鼓励，批评多于同情，更加重了他们由闭锁性产生的孤独感。

2. 独立性与依赖性的矛盾

心理发展使青年人度过儿童的他律阶段，进入自律阶段，青年人自认为已经成人，竭力希望摆脱家长的管束，并往往自以为是。青年人最忌别人不把他当作成人对待，有人称这种力求摆脱幼稚时代的心理状态为心理上的"断乳"，即心理上割断对父母的依赖关系，想与以往的时代决裂。心理上的"断乳"要比生理的"断乳"复杂得多，往往会引起许多矛盾，处理不妥就会导致身心障碍。一方面由于青年人阅历少，当处于陌生、复杂的情境时，心中无底；另一方面我国青年人求学期间在经济上还得靠父母供给，不可能达到真正的独立，同时由于既往意识的倾向作用，要想摆脱多年来形成的对家庭的依赖性并非易事，如选择就业、择偶婚配等，一般都要征求父母意见。

心理上力求摆脱对父母的依赖，而在经济上又不得不依靠父母，尤其在青年人找工作比较困难的形势下，就形成了被称为"啃老"的青年人群，他们在心理上受到压抑，更容易走极端，遇事容易发怒。在高速铁路客运服务过程中，往往能遇到脾气暴躁的青年旅客，他们的行为实际上是长期受到压抑的一种心理发泄。

3. 求知欲强与识别力低的矛盾

青年人求知欲旺盛，这对学习知识十分有益，但由于识别能力低，有时会瑕瑜不分。由于顾及自己的形象，青年人对于自己不理解的东西往往不再像儿童那样去主动询问别人，而是按自己的想法去理解，自圆其说，因此可能造成一些错误。

4. 情感与理智的矛盾

青年人对自己的追求和需要，往往奢望能尽快得到满足，并往往容易感情用事地处理这些问题。虽然他们也已懂得了一些人情世故的道理，但却不善于处理情感与理智之间关系，以致难以理智自控，而成为情感的俘虏，做出一些出格的事，事后又都往往为此追悔莫及、苦恼不已。在列车突发运营故障时，某些挑头闹事的青年人，大都是在理智与情绪的掌控方面没有把握好，而他们事后的忏悔书上几乎千篇一律地写满了后悔。

5. 幻想与现实的矛盾

青年人想象力丰富，抽象思维活跃，对未来充满希望，对当前一时难以满足的需要，往往容易靠想象构思"美妙"的幻境，以"白日梦"来补偿和逃避现实。这种不切实际的理想，往往容易和现实发生矛盾，甚至导致对现实的不满，轻者苦闷牢骚，重者可能受不良倾向影响而做出越轨行为。此外，这种矛盾也会表现为"理想的我"与"现实中的我"的冲突。冲突的结果往往是自寻苦恼，并造成自己的心理危机。

总之，青年人自我意识发展过程中的矛盾是复杂的，除以上所述外，还有反抗与屈从、自负与自卑，等等。这些都是青年人心理不成熟的表现。青春期的精神病发病率是相当高的，所以善于和青年人交知心朋友，循循善诱，平等、友好地给他们以指导，对于铁路运输服务具有重要意义。

（三）独生子女的心理特征

我国自从 1978 年开始在城镇全面推行独生子女政策后，大量的独生子女在 21 世纪逐步步入职场，因此在铁路运输系统二十、三十、四十岁年龄段的旅客中，独生子女占有相当的比例，有必要对独生子女的心理进行较深入的分析，从他们出生、成长的环境，研究他们的心理，从而掌握独生子女旅客共同关心和关注的问题，进而提高铁路运输的服务质量。

独生子女不是我国特有的现象，在国外也很普遍，因此国内外对独生子女的教育和个性心理都有较成熟的研究。这些研究普遍认为，由于独生子女成长环境不同于一般多子女的家庭，因此他们在个性心理的形成方面的确有其特点。

许多独生子女在物质、精神等诸多方面有着较强烈的占有或参与欲望，并表现出较高的渴望度。例如：在物质方面，由于独生子女的衣、食、住、行等条件往往比较优越，因此易形成相互攀比的氛围，进而就逐步形成了一个以"质高物新"为追求目标的生活圈。

许多独生子女由于在家庭里没有年龄相近的伙伴，因此缺少与兄弟姐妹共同生活和交往的经历；同时家长对独生子女过多的关爱，也使独生子女在得到超量的爱和呵护的同时，严重淡化了家长的教育效果，因此养成大多数独生子女更加骄纵的心理特点。

独生子女的个性心理的特异性已成为社会关注和心理学家们研究的热点问题之一。现实情况表明，独生子女获得的物质生活条件、教育条件普遍比非独生子女优越。独生子女在身体健康、智力水平等方面都得到了较好的发展，而在心理状态、个性特点等方面则表现得与非独生子女有所不同。许多独生子女在独立性、合作精神、同情心、耐挫性及自理能力等方面，往往表现得与他们的年龄不相称。独生子女的心理特征主要表现在以下方面。

1. 正面心理特征

独生子女的个性心理不全都是负面的，在社会生活中，毕竟正面的、积极的、正能量的教育是孩子成长的主流环境，在这样的环境下，包括独生子女在内的绝大多数孩子都有着良好的、积极的心理特征。

1）聪明开朗、善于思考，创造力强

独生子女家庭一般人口较少，经济比较富裕，能充分提供孩子身体发育需要的营养，较大限度地满足他们吃、穿、玩等要求。

因是独生子女，家长望子成才之心尤为强烈，重视教育投资。而且家长有充裕的时间、充沛的精力和热烈的情感来精心教育和培养孩子。这种得天独厚的优越条件，使独生子女性格开朗，体格健壮，智力发展良好，且具有较强的进取心和好胜心，以及优越感和自豪感。

人智力的高低与遗传有一定的关系，但后天的教育起着决定性作用，独生子女受教育的机会多，父母也舍得投入，因而智力普遍较好，才思敏捷。

2）同情心强，乐施好善

独生子女从小受到爱的哺育，性格善良，善于观察，能够理解别人的感受，因而有较强的同情心，对于一些无关紧要的问题，能够表示理解与体谅，也会大方地接受道歉。他们还喜欢亲近年纪比他们小的孩子，表现出关注、爱护与忍让，很希望体会一下当大哥哥或大姐姐的滋味。

3）办事认真，有进取心

在独生子女家庭里，父母对于子女期望高，普遍重视早期智力开发和教育投入，对于孩子能力的培养与训练也颇注重实效，因而独生子女逐渐形成做事认真的习惯，无论做什么事，都非常用心，并且尽可能做得好一些，在上了小学之后，进取心也强，这是独生子女所能够取得成就的一个不可忽视的因素。

当然，就某一个具体的独生子女来说，其日常表现，可能与上述所说的不完全相同，从整体素质看，独生子女一般要优于非独生子女。

2. 负面心理特征

城市中大多数的独生子女从小就生活在予取予求的环境中，尤其是生活在三代同堂的家庭中，爷爷、奶奶、姥姥、姥爷对第三代的孩子往往宠爱有加，孩子想要什么，大人就给什么，如果缺少正确的教育，往往会造成独生子女性格上的负面心理特征。

1）依赖性强

随着生活条件的改善，在独生子女的家庭里，父母们把全部的心血都倾注在唯一的孩子身上，往往对孩子过分疼爱、纵容，对孩子的事都大包大揽下来。长此以往，孩子就认为自己受到这些特殊礼遇是理所当然的，感到自己生来就应当受人关心、由人侍候，因此自己什么事也不干，也不会干，对大人的疼爱完全不懂得珍惜；稍不顺心，还会大发雷霆，发泄对大人的不满；平时在家里娇气十足，遇上什么难题也不想自己解决，总想依赖家人。

另外还有的家长对子女呵护太多，因为怕孩子出意外，限制孩子的户外活动，不让孩子做自己想做的事。甚至因为怕孩子被人欺负，而不让孩子与小伙伴一起玩耍，使孩子失去了与伙伴交往的机会，失去了学习、模仿各种社会技能的机会。这种过度保护下成长起来的儿童就像温室里的花朵，禁不起挫折、打击，胆小怕事、畏畏缩缩，事事依赖别人，一旦离开

父母的怀抱，就难以独立地生活。

2）任性专横

独生子女的特点就是独，没有兄弟姐妹，独来独往，缺乏集体生活的经验，不懂得合作分享。

由于家人的宠爱、事事姑息迁就，孩子要什么就给什么，从而逐渐养成了他们放任、自私、不合群等性格。

3）自我中心

因为孤独，家长又自觉或不自觉地迁就溺爱，独生子女容易形成孤僻、任性的性格。在家里盛气凌人，在外面胆小如鼠，不善于正确处理人际关系，自私、冷漠，形成一切以自我为中心等心理。

溺爱是一种畸形的、丧失理智的爱。因为爱，对孩子一味迁就，甚至姑息孩子的缺点和错误。由于家中只有一个孩子，孩子就成为家庭的中心，为全家人所关注，在这种氛围的感染下，独生子女心目中便形成了周围的人都得听我的，都受我支配的心理，在与别的孩子相处时，也依然以自己为中心，不考虑别人感受，养成自私、骄横、唯我独尊的性格。

4）性格孤僻

由于没有兄弟姐妹，独生子女得到父母全部的爱，加上城市生活中多数家庭都是各守各户、很少往来，因此，孩子失去了群乐的机会，没有同伴间融洽的思想感情交流，没有同伴间健康的互相帮助和团结友爱的氛围，不知道什么叫手足之情。这样的家庭环境使得孩子逐渐养成孤僻、内向的性格，不知道如何合群与讨人喜欢，性格孤僻，待人冷漠，不合群，更不懂得关爱、谦让和分享。其实独生子女们也是十分渴望走出孤独、融入集体的，但常常发现自己做不到也做不好，为避免受到他人讥笑，就更加远离集体，性格也更加孤僻。

（四）青年旅客的心理特点

青年旅客具有青年人的心理特点，而其中的独生子女旅客，更是不可避免地体现出青年人和独生子女的心理特征。

1. 热情好动、独立性强

青年旅客的身上处处洋溢着青春的气息，活泼好动，在正常情况下并不与人有过多的交往，往往不是玩手机就是玩平板电脑或者独自看书报，透出一股旁若无人、拒人于千里之外的神情。

2. 维权意识强、态度固执

由于从小养成了以自我为中心的倾向，走向社会后也要求得到别人的尊重。在心理上往往自觉或不自觉地表现出一些任性的心理迹象，当感觉到自己的合法权益受到侵犯，甚至有些是自以为受到的侵犯时，都会表现出一种强烈的维权意识，如果感到维权行为未被人重视，态度就会更趋强硬。

3. 服务要求高、肯提意见

"一分付出一分收获"的思想是青年旅客的普遍想法，因此他们觉得自己出钱购票乘车，就应当享受良好的服务，换言之他们比较重视实际的服务质量。如果他们认为实际服务质量低于他们的心理期望目标，就会产生不满情绪，提出口头意见或形成书面投诉意见都是常见的现象。

4. 自尊心强、情绪易偏激

青年旅客的自尊心较强，尤其在公共场合，一般都不愿意接受批评或当众认错，因为这严重伤害了其自尊心，因此高速铁路客运服务人员要避免在大众场合对青年旅客进行批评，必要时可以在合适的地点进行个别处理。

青年旅客一般脾气性格都比较急，在自己认为正确的事情上往往难以听从别人的解释或意见，过多的解释有时反而会激化矛盾。

5. 尊重权威、能服从管教

青年旅客对于来自其他旅客的规劝一般并不会放在心上，即使是旅客中的年长者的意见，一般也听不进去。但是他们对于车站、列车上穿制服的公安、服务人员的规劝一般还是能接受的，尤其对公安人员，甚至带有一种敬畏之心，在青年旅客与其他旅客发生争吵或纠纷时，掌握这一点是很有用的。

掌握了青年旅客群体的心理特点，高速铁路客运服务人员就应当以车站、列车管理者的权威身份，明确指出旅客应尽的义务，同时根据青年旅客群体的心理特征和青年旅客的个人性格特点，辅以有针对性的服务态度，往往就能对青年旅客群体施行有效的管理。

二、中年旅客的心理特征

（1）中年人是社会的中坚力量，成熟、稳重，工作、生活经验丰富，很多人走上领导岗位，担任重要职务，是单位的骨干力量。因此，中年人自尊感强，自我意识强烈，高速铁路客运服务人员在服务中年旅客时，要给予足够的尊重。中年人通过长时间的知识积累、经验积淀，已达到较高的人生境界，心理发展日趋成熟，并且能较好地控制自己的情感，具有平衡个人精神状态的能力。人到中年，性格已处于成熟而稳定的阶段，这是心理成熟的标志，具体表现在处理生活、工作中遇到的各种问题时，中年人能保持自己的性格特征，不像青年人那样易受外界的干扰。

（2）人到中年，诸事繁杂，工作、事业、家庭等现实生活中的种种矛盾让中年人感到心力交瘁，不胜重压。压力大是中年人的"关键词"。

① 家庭的压力。中年人是家庭的"主心骨"，他们在家庭生活中既要扮演丈夫或妻子的角色，又要扮演父亲或母亲的角色，还要扮演儿子或女儿的角色，多重角色的转换常使他们产生心理上的不适应。繁杂的家务、子女的教育、与长辈的关系、夫妻之间的关系，常使他们疲惫不堪。

② 事业的压力。一方面，中年人往往迫不及待地想在事业上有所建树，于是不断地给自己加压，似乎稍有松弛，便会错过时机。另一方面，人到中年，熟悉的工作内容，容易带给人职业倦怠感，进入事业瓶颈期。中年人是单位的骨干，而来自工作的各种矛盾却常使他们承受强烈的心理压力。工作中复杂的人际关系，如上下级的隔阂、同事间的摩擦等，都会使中年人感到情绪紧张、烦躁不安。

③ 健康的压力。医学界称中年为"危险年龄阶段"，中年人生理情况开始发生变化，内分泌失调，免疫力下降，身体各器官开始退化，很多方面开始力不从心。许多中年人不能正视身体的各种变化，往往将身体的某些表现看成是"自己老了"的象征，总是为此忧心忡忡，给自己造成一种无形的心理压力，继而严重影响工作、生活。

针对中年旅客的心理特征，高速铁路客运服务人员为中年旅客服务时，应注意以下两点。

（1）中年旅客人生阅历丰富、见多识广，为此要给予他们足够的尊重。由于中年旅客铁路旅行经验丰富，他们对于高速铁路运输流程、步骤，动车组设施使用方法，列车运行规律都有更深入的了解，对他们要给予更多的服务"自主权"，无须过多地关注他们。很多时候，由于具备沉稳的性格和成熟的处事技巧，中年旅客往往是高速铁路客运服务人员处理一些问题的有力"帮手"。

（2）要避免对中年旅客因记忆力、身体灵活性、反应能力减弱的情况导致对客运工作配合度的偏差进行斥责与埋怨，避免对中年旅客因家庭经济负担而在诸如儿童超龄补票、座位等级、票价等方面的情况进行挖苦与"刺激"，避免加重他们的心理压力，激化他们内心的心理冲突。

三、老年旅客的心理特征

老年人随着生理上的逐步老化，心理上也逐渐表现出老年特征。

1. 孤独

人到老年，离开工作岗位，社会接触面变窄，与过去的同事、工作对象的接触逐渐减少，部分老年人丧偶，子女工作繁忙，没有相知相伴、不离不弃的至亲陪在左右，心理孤独感随之而来。

2. 恐惧

老年人看到自己同龄的朋友、同事一个个相继离开人世，觉得自己也要不久于人世，就会产生心理上的恐惧感，有的老年人甚至惶惶不可终日。

3. 折腾与消极并存

老年人的生理功能明显衰退，常患有肌肉萎缩、骨质疏松等老年病，记忆能力、理解能力、表达能力也在衰退，因此，对于一些事情开始消极对待，常常表现为不爱学习新知识、新技能；常常以"我老了，让年轻人去折腾吧"为口头禅，甚至对于一些力所能及的事情，也消极对待。

也有不少老年人存在一种"折腾"心理，认为"这辈子没去过的地方不去看看终身遗憾"，"这么重大的场合不出席不合适"，"我还没老，这点事对我来说没有问题"等，结果勉强参与，容易引发健康问题。还有一些高龄的老年人，坚持参加一些不合适的运动，做一些力所不能及的动作（如抢座位、在站台上奔跑等），结果导致体力不能承受，出现意外。

4. 倔强与宽容并存

大部分老年人经历了人生风雨，心态变得慈祥、宽容，心肠变"软"。疼爱儿童、照顾青年人、体恤中年人，热心肠地帮助他人，是社会中"慈爱"的化身。

与此同时，部分老年人出现了"倔强"的心理，有些还表现为性格刚烈、脾气暴躁。这些有着"倔强"心理的老年人常常一味按自己的意愿及多年的经验、习惯生活着，听不得反对意见，受不了"怠慢"。脾气暴躁，喜欢与人争吵，有时无理由动怒，责骂他人。

针对老年旅客的这些心理特征，高速铁路客运服务人员应以关爱的心态理解他们。处于生命旅程尾端的老年旅客，理应受到关爱与照顾。理解他们的怀旧需求，倾听他们的要求与意见，与他们交流时多一些耐心，注重礼节礼仪，让他们感受到被尊重，服务态度要真诚，能给予的照顾和方便要多给予一些，让他们有满足感。

任务二 不同地域旅客的心理特征与服务

知 识 点

- 本地旅客的出行规律及心理特征；
- 高峰客流的特点及高峰期旅客的心理特征；
- 非本地旅客的组成及心理特征。

技能目标

- 能够根据本地旅客的心理特征提供个性化的服务；
- 能够根据非本地旅客的心理特征提供个性化的服务。

素质目标

树立"立足岗位，苦练服务本领，做好本职工作"的职业意识。

一、本地旅客的心理特征

本书所说的本地旅客不是指户籍意义上的本地居民，而是指在当地生活了一段时间，而且经常以高铁为交通工具的旅客群体。

（一）本地旅客是高峰客流的主体

在铁路交通系统中，本地旅客是主流的旅客群体，在客流量中占有较大的比例。高速铁路未开通之前，在一些区域，乘坐高速大巴是人们出行的第一选择，而乘火车往往是第二选择。高速铁路开通后则改变了这种状况。高速铁路在时间、安全及舒适度等方面远超普速铁路，特别是乘坐高速铁路不会有塞车的顾虑，而价格与大巴相差无几。以无锡到上海为例：乘坐大巴价格约 50 元，历时 2 小时（在一路畅通的情况下）；乘坐沪宁高铁约 60 元，历时 50 多分钟；乘坐京沪高铁（车站在郊区）约 50 元，历时半小时。在长三角区域范围内，这部分旅客可作为本地旅客看待。因此掌握和理解这部分旅客的心理和由此形成的行为特点，是高速铁路客运服务人员必须掌握的基础知识。

1. 高峰客流的主体与特点

公共交通工具的客流分布是不可能一直保持均衡的，其中客流最集中、客流量最大的状态就称为客流高峰状态。这种客流高峰状态发生的时段就称为高峰时段；客流高峰的最大客流量就称为高峰流量。

除了自由职业者或居家工作者以外，人们大都需要定时出门，赶往工作单位或学校，因此上班或上学是城市居民家庭生活中的最频繁、最普通，也是最不可或缺的日程之一。铁路网特别是高速铁路网的建成，让人们乘坐铁路通勤成为可能。

跨省上班客流一般是构成早晚高峰客流的要素。跨省上班族是指那些每天需要跨省上班的群体。他们每天花在路上的时间少则 3 小时，多则 5 小时。尤其近些年来，北京、上海、广州、深圳等一线城市人口数量大，交通拥挤，造成一部分人上班路上花费的时间比较长；再加上房价不断上涨，很多人在一线城市买不起房子，宁愿到周边城市买房子，而他们的工作地点仍然在一线城市，这也造成这部分人群不得不跨省上班，而高速铁路又是这部分人群首选的交通工具。铁路早晚高峰客流量，在很大程度上也可以判断其在解决城际交通拥堵方面发挥的实际作用。

2. 高峰客流旅客的心理特征

通勤旅客是高峰客流的主体，正是因为他们将铁路作为上下班的交通工具，因此高峰客流旅客具有明显的通勤旅客群体的心理特征。

1）赶点心理

通勤旅客由于预留的上班路途时间较紧张，往往是走出家门就直奔单位的"两点一线式"的出行路线，因此他们追求的是花最少的时间就能到达单位，他们对交通工具的选择也是基于这一点。

只要在覆盖范围内，铁路运输具有的安全、快捷、准时等特点，就必然成为通勤的重要交通工具。

早高峰旅客群体除了占较大比例的通勤旅客外，还有一批必须在早高峰时段出行的旅客群，例如：赶飞机、赶下一趟列车的旅客。与通勤客流相比，这类旅客希望列车运行正常的心理期望比通勤旅客群更高，因为这类旅客如果不能及时到达，其贻误后果远比通勤旅客严重。

由于列车的运行速度与运行状态是旅客不能掌控的，因此列车上的旅客大多只能用一种听天由命的心理安静地度过旅途的时间。

2）将就心理

通勤旅客每天的出行一般都相对固定，例如：几点几分出门，几点几分到达高铁车站、从某入口进站后通过某进站检票设备进入候车区、从某个楼梯进入站台、乘坐每天准时会出现的某一班车，如果没有特殊情况，他们在工作日基本上总是这样重复着这一乘车过程，并逐渐形成了固定的乘车规律。他们对几乎每天都要光顾的车站的布局、乘车线路、服务设备位置、设备性能等都非常熟悉，因此养成了规范候车的好习惯。

旅客的进站、购票、候车、出站是必须履行的乘车程序，对于熟知车站布局的通勤旅客而言，必然希望在每一个环节都花费最少的时间，如果由于服务设备数量不足，在上述各环节都不能顺畅、快速地进行，往往会引起旅客的急躁情绪，但是囿于时间，他们没有时间与车站管理方争论，为了赶时间，他们一般也不愿意花费时间与高速铁路客运服务人员"理论"，只要能尽快到达目的地，他们对于非原则性的问题，一般都采取得过且过的将就策略，此时旅客的将就心理占主导地位。

（二）非高峰时段的本地旅客

本地旅客一般都有主人情结的心理，尤其在遇到非本地旅客问询或求助时，只要时间允许，自己又恰好是知道的，一般都会给予热情的帮助，但是高峰时段例外，因为高峰时段往往没有足够的时间为求助者提供帮助。只有在非高峰时段，本地旅客不用赶时间，在心态上也比较放松，于是为非本地旅客热情地提供帮助就成为一种主人情结的具体体现。

在这种心理指导下，他们的行为表现可以是热情、耐心、周到和不厌其烦的，也可以是简单明了的语言或体态指示，这完全取决于个人的个性特征。

由于本地旅客熟知自己经常乘坐线路的运营规律，因此在铁路列车运营正常时，他们一般并不关心车站和列车广播、通告，而往往是一如既往地按照自己的经验完成出行和乘车，因此他们对车站和列车导向、广播、告示等一般都采取"熟视无睹"或"充耳不闻"的心态；但是在遇到突发事件时，由于自认为熟知铁路的运营规律，因此会成为激烈的批评者，所提意见往往"激烈而又尖锐"，高速铁路客运服务人员必须了解他们的心理特点，进行及时引导。

二、非本地旅客的心理特征

（一）非本地旅客的分类

非本地旅客可以按不同的研究需要进行分类。例如，根据国籍可以分为本国旅客群体和外国旅客群体；根据出行目的可分为旅游旅客群体、公务旅客群体等；根据从事的职业可分为白领旅客群体、蓝领旅客群体和无职业旅客群体，等等。

非本地旅客群体中，不乏文化修养层次较高的人群。文化修养层次较高的旅客，可以很容易地从旅客个人的衣着打扮、风度气质、言语谈吐、行为举止等外观上进行识别，其中较具有代表性的是白领旅客群体。

因公出差或度假、旅游等旅客群体，也可列入文化修养层次较高的一类。他们的共同特点是：不需要考虑一日三餐的温饱，他们追求获得人们的尊重，在遇到突发事件时能以自身行为影响周边的人群，以体现自身价值、表现自己的潜能，在需要层次理论中，这是人们追求的最高层次。

（二）一般的非本地旅客

本书中介绍一般的非本地旅客是指非本地的、位于较低需要层次的、不熟悉本地铁路车站布局或较少乘坐铁路列车的旅客。初次进城打工谋生的、文化程度不太高的务工人员就是典型的代表。

由于一般的非本地旅客往往文化层次较低、大都只能从事体力劳动，从社会分工角度看，他们从事的是比较简单、机械的工作，因此容易产生心理上的自卑感。他们往往对车站的文字或图形类的提示或导向的理解不够，较多地体现出"从众"的心理现象，对于从未见识过的车站服务设备，如自动售票机，查询机，进、出站闸机等往往不敢先用，看到有其他旅客使用后，才敢使用。

戒备心理形成了他们如下的行为特点：不敢轻易相信其他旅客的提示，更愿意服从车站、列车客运服务人员的提示；更愿意听从穿着制服的工作人员或公安人员的指挥；在遇到突发事件时，他们不会是领头闹事者，仅是"察言观色"和"人云亦云"。

他们有时有处处要求与其他旅客的"平等对待"，唯恐受到不公正待遇的心理，这主要是由"自卑感"的心理造成的。高速铁路客运服务人员在回答他们的问讯时，必须有极大的耐心，在用词、语气等方面一定要考虑他们的心理，避免引起误会。过分的关心和漠视都很容易引起他们的反感和误会。

尊重旅客、消除他们"担忧"心理，是对非本地旅客最基本、最关键和最重要的服务态度。对首次乘坐铁路列车特别是高速铁路列车的非本地旅客更要为他们提供耐心、细致和周到的服务，才能获得他们的信任和良好的口碑。

💡 素质拓展

通过分析旅客的心理特征做好旅客服务工作

"您好，我是本次列车的列车长，请出示身份证件，方便我们进行车票查验，感谢您的配合。"每次值乘，列车长陈娜都要重复这句话。

"因为电子客票和实名制的推行，查票有了新流程。"陈娜说。大部分旅客感受到了新规定的方便，但少部分旅客出于一些原因并不配合。

一次，一位年轻漂亮的 90 后"网红"对实名制核验工作非常抵触，认为自己作为网络红人，是公众人物，个人身份信息、行程信息都属于个人隐私，不能泄露，拒绝配合相关工作。陈娜知道这类年轻貌美的"网红"女孩的"粉丝"众多，她们的防备心理自然更重一些，同时在意自己的容貌，注重营造正能量的"人设"以不断增加"粉丝"数量是他们重要的心理特征。于是，陈娜微笑着说："在抖音上看到过您，今天在列车上相遇，非常有缘，您的形象和气质都非常好，本人比视频里更加漂亮。"听到这里，90 后"网红"高兴地说谢谢。陈娜继续娓娓道来：实名制身份信息核验是国家规定，您是年轻人的正能量表率，一定会带头配合我们铁路部门的工作，您放心，我们有严格的信息保密规定，一定会确保您的个人隐私信息安全。切中对方心理特征的解释工作，打消了 90 后"网红"的所有顾虑。

一些老年旅客将钱物、证件保管得非常仔细，嫌取证件麻烦，不愿配合。陈娜运用老年人政治觉悟高、同理心强的心理特征，对他们进行劝导："大爷、大妈，实名制核验能有效避免黄牛、票贩子屯票、抢票，是铁路深化为人民服务的表现。实名制查验不仅是保护自己，也是保护他人，更是对交通运输秩序的维护。"老年旅客听到这些，都非常感动，纷纷主动查验。

点拨要点、领会精髓：

（1）铁路是社会系统的重要组成部分，是关系国计民生的"大动脉"。落实铁路交通运输制度，是党和国家交给铁路企业保障国民经济发展、人民群众人身、财产安全的重要任务。坚决落实党和国家的政策，圆满完成党和国家交给的任务是高速铁路客运服务人员义不容辞的责任与担当。

（2）完成运输生产任务，需要高速铁路客运服务人员分析旅客的心理特征，根据不同旅客的不同心理特征，采用符合其心理特征的沟通方式与服务方式，提供符合其心理需求的运输产品与服务项目，才能圆满地完成各项任务。

心理自助

戒掉手机依赖的小妙招

在"手机成瘾"这件事上，成瘾者并不孤单。全球约 26%的手机用户每天会"刷"7小时手机；76%的手机用户每天会刷 3 小时以上的手机。55%的人，会在起床 15 分钟内看手机。

手机到底有什么魔力，让你"刷"不停？不要再自责啦，手机软件设计者们可是使出了浑身解数让你与手机难舍难分啊。比如 App 上的未读消息小红点，让你看着心痒痒，忍不住要点一点。打开 App 之后推送的信息流又让你根本停不下来。手机一开一灭，几个小时没有了！

小妙招

如果你觉得自己在手机上花费了太多时间，有几个小方法，也许可以帮到你。

（1）将手机颜色调成黑白，减少小红点对自己的刺激。

（2）把不重要的 App 移到第二、第三屏上。

（3）关掉 App 的系统推送功能。

（4）加装一个时间管理 App，当刷手机超过某个时限时，自动弹出提示信息。

任务三　旅客的心理表现与服务

知 识 点

- 人格的形成及影响人格发展的因素；
- 铁路运输中常见的旅客人格心理现象；
- 铁路运输中旅客的平等心理及从众心理表现；
- 铁路运输中旅客的嫉妒心理表现及其心理特征。

技能目标

- 能够根据旅客的行为表现分析其内在的心理特征；
- 能够结合不同旅客群体心理特征的表现提供个性化的服务；
- 能够掌握与不同心理特征旅客群体沟通的技巧。

素质目标

树立钻研业务，干一行爱一行的职业情怀。

随着铁路的发展，老百姓选择乘坐铁路出行已经是平常之举。日常生活中常见的一些典型的人的心理现象不可避免地会出现在铁路客运领域，在分析旅客心理之前，首先要了解这些典型的日常心理现象和这些日常心理现象在高速铁路旅客中的表现。

一、人格心理

人们的心理活动是丰富多彩的，即使面对同一件事，由于个人的性格特点、社会地位、文化修养的不同，其在行为表现上也会有所不同，不同的人格是造成人们行为表现各异的原因之一。心理学提供的研究方法可以透过人的行为表象，深入研究这些行为发生的心理活动，并采取适当的措施，纠正、指导或组织人们的行为，使之符合环境的要求。

（一）日常生活中的人格心理现象

"人格"一词起源于西方，是对人的个性心理特征的另一个称呼，现已成为心理学的一个专业词汇。心理学认为人格整合和统一了人的心理特征，并成为一个相对稳定的结构组织。正是由于人格具有相对稳定的心理特点，因此即使在相同时间、地域和环境条件下，个人所具有的人格，始终还影响人的内隐和外显的心理特征和行为模式，因此人格属于人类的高级心理活动范畴。

1. 人格的形成过程

人格是个体在先天生物遗传因素的基础上，通过与后天社会环境的相互作用而形成的相对稳定的和独特的心理行为模式。所以，人格是一个人的心理行为模式，而且这种心理行为模式是独特的和相对稳定的。

人格的组成特征因人而异，每个人都有各具特点的人格。这种独特性使不同的人在面对同一情况时都可能会表现出不同的反应。人格不仅是指人的性格，还包括人的信念和自我观念，等等。人格具有三重含义：人的道德品质、做人的权利与尊严，以及人的行为模式。

人格的特征可以是外在的，也可以是隐藏在内部的。每个人的行为、心理都有其各自的一些特征，这些特征的总和就形成各自的人格，因此人格被认为是个体在行为上的内部倾向，它表现为个体适应环境时在能力、情绪、需要、动机、兴趣、态度、价值观、气质、性格和体质等方面的整合，是具有一致性和连续性的。

2. 影响人格发展的因素

人格发展除了受到个体生活的影响，还会受到社会、历史等条件的影响。例如，我国许多女同志以苗条作为美丽的重要衡量标准，将减肥作为重要的生活内容；而在世界的某些地方，当地妇女以肥胖作为美丽的评判标准，这就是不同的社会、历史环境对个人人格形成的影响。

为了对人格进行深入的研究，心理学家们设计了一套人格测试模型，这个模型包括 5 个向度，即最具代表性的"五大人格"特征。从个人性格发展角度上来说，"五大人格"在参加工作大约一至四年期间趋于稳定。同时研究数据还发现，即使经历重大人生事件，成人的性格特质也不会发生太大的变化。

"五大人格"是指五种普遍的人格特征：外向性、神经质性、和善性、严谨自律性和开放性。这里的开放性仅是指个人接受新事物的能力。心理学家认为，这五项特征能够基本确定一个人的性格。

"五大人格"特征的表现特点见表 3-1。

表 3-1　"五大人格"特征的表现特点

"五大人格"特征	外向性	神经质性	和善性	严谨自律性	开放性
有关特征	爱交朋友、亲切	焦虑、感情脆弱	有信任感、宽厚	能自律、有组织性	想象力丰富、有创意
常见表现	外向、有活力、热情	神经质、消极情绪、神经过敏	愉快、利他、有感染力	公正、拘谨、克制	直率、有创造性、思路开阔

"五大人格"特征是现代心理学研究发现的最高级组织层次的五大人格特质。这"五大人格"特征基本包含或者说构成了现今发现的大多数的人格特质。在个人人格的形成过程中，"五大人格"特征不可避免地会受到遗传、文化、所受教育和成长环境的影响，但是在人格基本形成后，就可以从"五大人格"特征去对任何人的人格进行分析和研究，这也是分析研究旅客人格和旅客心理的重要方法。

（二）常见的旅客人格心理现象

人格心理是最普遍、最常见和最为基础的人类心理活动。铁路运输中每个旅客的外在表现也都表露了他的人格，因此高速铁路客运服务人员必须学会分析旅客的人格，只有在充分尊重旅客人格的基础上，旅客才会愿意接受相应的服务。

我们主要针对成人旅客的心理和人格进行分析，不涉及影响个体人格形成的生活史，不研究先天遗传因素对旅客人格形成的影响，主要介绍一些有关的心理常识，以提高高速铁路客运服务人员对旅客人格心理现象的认识，进而改进服务态度、提高服务质量。

高速铁路客运服务人员必须认识到虽然每个旅客的人格都不完全相同，但他们对服务的基本要求是一致的，即每个人格必须得到尊重。

高速铁路旅客来自四面八方，有着不同的文化背景和风俗习惯。面对各类不同的旅客群体，车站、列车客运服务人员须研究旅客的人格特点，才能提供他们所需的服务。例如西方国家的旅客对于自己不熟悉的事物，比较愿意自己探索和动手，"DIY（do it yourself）"是这些旅客信奉的处世准则；而国内旅客较多地习惯于询问，所谓"鼻子底下一张嘴，多问不吃亏"。对待外国旅客如果未经他本人的同意，贸然地主动提供服务，会令外国旅客感到自己的能力被低估、被怀疑，有些敏感的旅客甚至会感到自己的人格受到了侮辱；而对大多数国内旅客，如果不能及时提供服务，旅客就会觉得铁路部门的服务不主动。

高速铁路客运服务人员需要针对不同人格特征的旅客，有针对性地提供服务。大多数旅客在心理上并不追求过高要求，当然对于高速铁路客运服务人员提供的高标准的人格尊重也是乐意接受的；反之，对于追求高要求人格尊重的旅客，如对具有严谨的自律性或神经敏感的旅客而言，当高速铁路客运服务人员提供的服务低于他的期望时，就会有较大的心理落差，从而产生不满。因此，高速铁路客运服务人员应在尊重旅客人格的基础上，发挥旅客的自我管理潜力，这对确保和提高高速铁路客运服务质量是不无裨益的。

二、平等心理

平等是人和人之间的一种关系，是人对人的一种态度。人和人之间的平等，不是指物质上的相等或平均，而是在精神上互相理解、互相尊重，把对方当成和自己一样的人来看待。现代社会的进步，就是人和人之间从不平等走向平等的过程、是平等逐渐实现的过程，因此平等是指人们在社会、政治、经济、法律等方面具有相同地位，享有相同待遇。

平等是人类最基本、最普遍和最常见的心理特征之一，也是人类追求的终极理想之一。

（一）平等心理的产生

人类历史发展和进化的自然结果之一是阶层的出现。任何有人群聚集的地方，都会发生人群的分类现象，例如：根据人的社会地位分为领导和平民；根据从事工作的性质分为白领、蓝领和灰领；根据拥有的财富分为富人和穷人，等等。

上述这种分类往往是相对的，身处这群人中的富人，可能就是另一群人中的穷人，所以即使是同一个人在不同的环境中也会有不同的心理：对低于自己的人群会产生一种心理上的"优越感"，而身处在高于自己的人群中时则会产生一种"自卑感"。人们一般都希望获得较高的社会认同，或获得与较高层次人群相同的社会待遇，这就是每个人都具有的与生俱来的平等心理产生的缘由，所以追求平等就自然而然地成为人类的一种基本的、共同的心理。

（二）旅客的平等心理

铁路运输中的旅客群具有多样性和复杂性，各种不同心理的人群都有可能成为铁路运输的旅客，购票乘车是他们最基本的要求，接受的服务也应当是相同的。无论是男人、女人、富人、穷人、健康人、残疾人、领导、平民，在铁路运输的环境中都只能有相同的一个身份——旅客，旅客的平等心理要求也是对高速铁路客运服务最基本的要求。

然而日常生活中的一些不平等的心理现象不可避免地会被旅客带进车站。例如：为方便残疾旅客出行，铁路车站一般都设有无障碍升降梯，但是许多非残疾旅客照样大模大样地乘用这些设备，究其心理，除了贪图方便的心理外，平等享受车站服务设备也是这些旅客的心理因素之一。

旅客的平等心理最容易反映在旅客的切身利益方面。例如：如果车站、列车对不遵守车站规章制度的旅客听之任之，其他遵章守纪的旅客就会觉得吃亏了，在心理上就会产生一种"上当受骗"的不平等感觉，正常的客运秩序就难以长期坚持，因此纠正旅客的违纪行为，实际上就是为了创造一个人人平等的乘车环境。

高速铁路客运服务人员首先必须对全体旅客提供一视同仁的平等服务，而不能根据旅客的衣着打扮、语言口音、谈吐风度在服务质量上区别对待；其次，要对违反客运管理制度的旅客进行必要的、适当的处理，确保车站、列车上有一个平等的、公平的乘车环境。

一般而言，需要重点关注的旅客群有：非本地旅客、进城打工族旅客、残疾旅客、体弱旅客、老年旅客等，他们往往对平等服务的要求比较敏感，也最容易产生误解。

三、从众心理

从众心理是人类的一个思维定式。思维上的从众定式使得个人有一种归属感和安全感，能够消除孤单和恐惧等心理。

（一）日常生活中的从众心理现象

从众是指个人受到外界人群行为的影响，而在自己的知觉、判断、认识上表现出符合公众舆论或多数人的行为方式。心理学的实验表明：只有很少的人能保持独立性，所以从众心理是大部分个体普遍拥有的心理现象。

由于在通常的情况下，多数人的意见往往比较客观和正确，因此从众心理就表现为少数服从多数。如果人们缺乏自己的分析，不做独立思考，不分是非曲直地一概服从多数，随大流走，这就是一种消极的盲从心理，是不可取的。

从众是社会上普遍存在的心理特征和行为现象。通俗地讲就是人云亦云、随大流，在思想上放弃了独立思考，想当然地认为大家都这样，我也就这样；大家都这么做，我也就跟着这么做，法不责众的思想往往也会助长从众行为的发生。

一般来说，群体成员的行为，通常具有跟从群体的倾向。当他发现自己的行为和意见与群体不一致，或与群体中大多数人有分歧时，会感受到一种压力，这促使他趋向于与群体一致。

从众心理对人的影响确实很大。造成人产生从众心理的原因是多方面的。在群体中，由于个体与众不同就会感到孤立，而当他的行为、态度与意见同别人一致时，却会有一种"没有错"的安全感。从众源于一种群体对自己的无形压力，迫使一些成员违心地产生与自己意愿相反的行为。

有些人对从众现象持全盘否定态度。其实从众心理具有两重性，消极的一面是：束缚思维、扼杀创造力、抑制了个性的发展，使人变得无主见和墨守成规；积极的一面是：有助于学习他人的智慧经验，扩大视野，克服固执己见、盲目自信，可以修正自己的思维方式、减少不必要的烦恼和误会等。

在客观存在的公理与事实面前，有时我们也必须从众，不能简单地认为从众就是无主见。

对从众这一社会心理和行为，要具体问题具体分析，在生活中，我们要发扬从众的积极面，避开从众的消极面，努力培养和提高自己独立思考和明辨是非的能力；遇事和看待问题，既要慎重考虑多数人的意见和做法，也要有自己的思考和分析，从而使自己的判断能够正确，并以此来决定自己的行动。凡事都采取从众态度或都采取反对态度，都是要不得的。不同类型的人，从众行为的程度也不一样。一般来说，女性比男性更从众；性格内向、有自卑感的人比性格外向、自信的人更从众；文化程度低的人比文化程度高的人更从众；年龄小的人比年龄大的人更从众；社会阅历浅的人比社会阅历丰富的人更从众。

（二）旅客的从众心理现象

从众行为表现在方方面面，工作中、生活中、学习中，都会有所表现，铁路客运中也不乏从众现象，因此了解从众心理，并恰当地处理其行为，对于高速铁路旅客服务研究来说是很有意义的。

很多时候，在明知一件事是违法或犯罪的情况下，一个人可能不会去做，但是如果一群人中有人已经做了，并且在当时获取了收益而没有产生处罚后果的时候，从众定式就会使人们产生非理性思维，法不责众的心理就会充斥于胸，这在犯罪心理学上叫越轨的集群行为。比较典型的如聚众哄抢财物、球迷闹事等。这种集体行为是在相对自发的、无组织的和不稳定的情况下，通过人们之间的互动、模仿、感染而产生的。

从众心理中的法不责众的想法，究其本质，往往是一种侥幸心理，如果以此为借口，试图用来原谅和宽恕自己因为从众而犯的过错，那就错了，因为群体中的每一个行为人都有独立的思维、判断、选择和决策能力。不仅《刑法》中规定群体犯罪的每个人都要根据所起的作用和社会危害大小负各自相应的刑事责任，而且在民事上，行为人也要因自己的侵权行为而负相应的民事责任。毕竟成年人是必须为自己的行为承担法律责任的，法律不会因为从众就对当事者免责。

四、嫉妒心理

嫉妒是指人们为竞争一定的权益，对相应的幸运者或潜在的幸运者怀有的一种冷漠、贬低、排斥，甚至是敌视的心理状态。

（一）嫉妒心理的日常表现

嫉妒心理的发生、发展，从内心感受而言，一般有 3 个层次：前期表现为由攀比到失望的压力感；中期表现为由羞愧到屈辱的心理挫折感；后期则表现为由不服、不满到怨恨的发泄行为。

嫉妒是一种比较复杂的心理，它包括焦虑、恐惧、悲哀、猜疑、羞耻、自咎、消沉、憎恶、敌意、怨恨、报复等不愉快的心理状态。别人天生的身材、容貌和逐渐显现出来的聪明才智，可以成为嫉妒的对象；其他如荣誉、地位、成就、财产、威望等有关社会评价的各种因素，也都容易成为嫉妒的对象。

每个人对自身价值都有一种认识和估计，并采取一种符合自身价值的处世心理。一般而言，只有处于基本同一价值层次的人群才会进行相互比较，从而形成高人一等或自叹不如的心理。例如：市民不会与市长、国民不会与总理、一般职工不会与总经理比收入、比贡献，因为他们各自对自身价值的认同不一致，双方不在一个价值层次，因此无法进行比较。

嫉妒心理是一种社会心理，它一定要有第二者或第三者存在，而且这个第二者或第三者在某些方面可能比嫉妒者要优越，或虽不优越，却对嫉妒者产生一定的压力。嫉妒心理属于一种内心情绪的体验，是差别和比较的产物，其结果是在差别和比较中产生心理的不平衡，想要使这种不平衡心理得到平衡，采取的方式往往是消极的。嫉妒心理总是与不满、怨恨、烦恼、恐惧等消极情绪联系在一起，从而构成嫉妒心理的独特情绪。

"嫉妒是对别人幸运的一种烦恼"，可见嫉妒具有明显的对抗性，这种对抗性表现为攻击性，攻击目的就是要颠覆被嫉妒者的形象。

一般来说，除了轻微的嫉妒仅表现为内心的怨恨而不会付诸行动外，大多数的嫉妒心理都伴随着发泄行为。嫉妒引出的发泄主要有 3 种方式：语言上的冷嘲热讽；行为上的冷淡、疏远；具体的攻击性行为。

由于社会道德的约束，嫉妒心理被大多数人所不齿，因此有嫉妒心理者一般要千方百计地伪装，不使嫉妒心理直接表露出来或使人不易察觉。

心理专家认为，容易嫉妒的人，其实他的自我价值感是很脆弱的，一旦发现别人在某些方面超过自己，他的自我价值感就会受到威胁，因此，容易嫉妒的人一定需要多一些自我肯定，使他们明白和了解：所有的人都没有高下之分，只是各有各的优点而已。

嫉妒是一种难以公开的阴暗心理。它对我们的生活会造成很大的伤害。我们每个人在成长过程中，在年纪小的时候经常会产生这种嫉妒心理，随着阅历和知识的增长，我们在成长的过程中逐步认识到这种心理的危害，并逐步建立起健康正常的心理。一个健康正常的人应该已经基本上可以控制这种不良心理的产生了。一般来说要克服嫉妒心理，首先要找到产生嫉妒的根源。当自身陷入嫉妒时要及时察觉并提醒自己：即使别人在这方面更优秀，更受关注，我也仍然有足够好的价值。别人的优秀绝对不会损害我的存在价值。

打开心胸是克服嫉妒的良药，美国心理治疗专家提出了一种打开心胸的办法：想象一下，你来到大海边，无论你用盆、用缸，甚至是巨盆来装，都无法把海里的水装完。想象一下你从大海里面取你要的水，而别人也在那里取水，而大海是取之不尽的。

当我们相信自己的价值是一直存在的，不会因为任何东西而受到威胁，同时也可以接纳和欣赏别人的成功和美好的时候，我们就会发现，我们懂得驾驭嫉妒之心了，我们就可以放松了，也就快乐起来了。

一般认为，嫉妒主要是对自己的不自信造成的，因此嫉妒心理常常发生在一些和自己旗鼓相当、能够形成竞争的人身上。所以当嫉妒心理萌发时，我们要有自知之明、要客观地评价自己、有意识地提高自己的思想水平和文化修养，要有宽大的胸怀，宽厚待人。当你的思想达到一定的境界时，你会发现嫉妒是多么的渺小。如果我们少一分虚荣心，就会少一分嫉妒心理。去掉虚荣心对克服嫉妒心理是十分重要的。

其实嫉妒也是无能的代名词。嫉妒者往往是心胸狭窄、不思进取、胆怯又懒惰、自私又贪婪的弱者。嫉妒者只知怨天尤人，不愿从自己身上找出落后或者失败的原因，却只为粉饰自己的无能，去绞尽脑汁寻找借口，因此虚张声势、强词夺理和过分表现往往是嫉妒心理的另一种表现。

（二）旅客的嫉妒心理

有人认为铁路运输的旅客都是购票乘车，是平等的，最不会产生嫉妒心理，其实不然，在铁路运输过程中，依然会发生嫉妒心理现象。由于嫉妒一词被公认为是贬义词，因此一般旅客都不会承认自己是嫉妒心理在作祟，大多数旅客的借口是受到不公平待遇，实际上每个人的实际心理表现也确实是多重心理的混合作用，而不是某单一心理活动的结果。

例如：当旅客感觉自己受到了不平等的服务待遇，觉得其他旅客受到了优待服务而自己被冷落时，其嫉妒心理就会爆发。此时高速铁路客运服务人员首先要针对旅客的平等服务需求进行解释，才能纠正旅客的嫉妒心理，取得旅客理解。

同理，对旅客违规行为的放纵，除了会影响其他旅客的公平心理，也会激起其他旅客的嫉妒心理。

💡 心理自助

"购物狂"的心理学分析及如何避免忍不住的"买买买"

在熬夜秒杀、抢购，参与一年一度的"双11"购物大狂欢之后，除了每天收包裹收到手软，快递点的退货也堆积如山……

加拿大的一项调查发现：55%的加拿大人买了他们可能根本用不上的东西，原因就是这些东西在降价促销。

半数以上参与这项调查的人都对自己购买了不需要的商品表示后悔。

43%的人表示：自己有时候月支出会超过自己的月收入。

另有约1/3的受访者不得不通过借钱或贷款来填补自己冲动购物挖下的"坑"。

这项调查还发现：30岁以下的人最容易受到这种情绪化购物的影响。

"购物狂"中有1/3的人只知道在自己"想要"的东西上花钱，以至于他们没钱去买自己真正需要的东西。

"买买买"的背后，到底是什么在影响着我们的行为，让我们每年在"双 11"的时候进行冲动消费？

损失厌恶：

心理学上的"损失厌恶"理论是指人们在面临获得时往往往是小心翼翼，不愿冒风险；而在面对损失时会很不甘心，容易冒险。人们对损失和获得的敏感程度不同，损失时的痛苦感要大大超过获得时的快乐感。

面对"双 11"的种种折扣优惠，本着买到就是赚到，不买就是亏了的心态，就会产生"买买买"的冲动，来减少自己的"损失"。

攀比/从众心理：

在这个优惠活动和折扣福利"满天飞"的节日氛围中，身边好友都纷纷抢购，你会产生以下心理：

"大家都在买，我不买好像有些不合群，赶不上潮流。"

"这些折扣商品既然这么多人抢，一定很不错，我也得赶紧下手。"

诸如此类的心态，会促使你抢购一些非必需品，产生额外消费。

大脑的奖赏回路：

研究发现，购物会促进多巴胺的分泌，也就是说，"买买买"会让大脑产生愉悦和满足感，同时也可以释放压力，缓解日常焦虑。

小妙招

那么究竟该如何控制自己的大脑和双手，不去盲目跟风，避免购买一些非必需品或者质量低价格便宜的残次品呢？

（1）其实先搞清楚自己真正需要的是什么，理性地规划自己的需求，才是控制自己冲动消费的最好办法。格林转移（也称格林效应）是指当消费者停止购买特定的目标商品时，就会切换到一般性购物模式，这个也买，那个也买。花时间列一张清单，写清你究竟需要为什么人买些什么东西？这样做有明显的好处：你不仅会有明确的购物目标，还会思考买来的每一样东西，对你和你身边的人，都有什么价值。即便有购物清单在手，43%的消费者仍会走入迷途，继续踏上一次又一次的冲动购物之旅……

或许，比上面这条建议更为有效的建议是：100%按购物清单购买。

有一些朋友也许会觉得：平日里那些夹在"必需品"和"不需品"之间的"可买可不买品"，因为价格的下降，会突然往"我决定要买了"这个方向倾斜。

其实消费除了获得买到的东西本身的价值，也给我们带来心理上的满足感。这个时候，不如直接把这种"模棱两可"的消费当成是一笔满足心理快感的支出。"就这么决定了！可买可不买的东西，就算要买，也只允许自己花 200 块！"然后严格执行。加上前面提到的购物清单，这样的消费方式，会让你用优惠的价格买到必需品，心理上又有一定的满足感，而且事后不会后悔。

（2）限时促销本身就是一种心理诱导，因为你总能用"我买到了以后再也买不到的东西"来安慰自己。冲动消费的原因，归根到底不外乎供需平衡的经典经济理论和我们人类的生存本能。可是，如果买到的东西对自己没什么用，花费的金钱就算是打过折了，也终究不是一笔小数目，我们终究还是会后悔的啊！有了这种认识，相信你一定会减少冲动消费。

项 目 实 训

绘制高速铁路旅客心理特征、表现及服务方案思维导图

1. 实训要求

（1）若干人为一组，设组长一人。

（2）小组成员集体讨论，总结、归纳高速铁路旅客心理特征、表现。

（3）小组成员就总结、归纳的高速铁路旅客心理特征、表现进行讨论，形成系统的服务方案。

（4）着手绘制高速铁路旅客心理特征、表现及服务方案思维导图。

2. 实训成果

（1）提交高速铁路旅客心理特征、表现及服务方案思维导图。

（2）提交高速铁路旅客心理特征、表现及服务方案思维导图编制分析报告。

项目四　高速铁路旅客服务心理学实务

　　铁路运输面对的旅客形形色色，他们年龄不同、性格各异，各自有着不同的成长境遇。随着年龄的增长、生活环境的变化，人们的心理表现也不断发生变化。作为高速铁路客运服务人员，熟悉不同旅客的心理表现及其变化规律，才能提供有针对性的服务。

　　大多情况下，人的心理会通过其行为、情绪的变化表现出来，高速铁路客运服务人员应分析旅客的情绪表现，探究其内心的心理活动，以做好客运服务工作。要做到这一点，需要对旅客的心理表现有较好的辨识能力。

引导案例

关注旅客的心理表现　加强客运服务工作

某日，重庆开往广州的列车由于会让其他列车，在中途停车等待。当日天气闷热，车内非常憋闷，有些旅客按捺不住焦急的心情，开始抱怨起来，有的旅客甚至骂骂咧咧。遇到这种情况，应怎样处理？经验丰富的列车长李甜在与司机沟通后知道等待的时间不会很短，如果让旅客无聊地等下去，可能会引发矛盾。于是她立即召集所有乘务员开会，要求大家必须做到态度真诚、信息通报及时，通过和旅客良好的沟通化解矛盾，乘务员们积极响应号召。随后，列车长李甜带领乘务组尝试用人性化、互动的方式与旅客们进行沟通，真诚主动地关注旅客的感受和需求。首先，乘务组真诚面对旅客，如实地将列车临时停车的原因及等待时间告知旅客，回答每位旅客的问题。列车长李甜特意打破常规，没有用常规的语言广播信息，而是用平实、通俗的语言如拉家常一样地向旅客及时通报最新的信息，解释延误原因，此举立刻拉近了乘务组和旅客之间的距离，赢得了旅客的理解。随后乘务组即兴在列车上开展了一个小活动，请旅客品尝餐车调制的"自助饮料"，并猜测是由哪几种果汁混合而成的。旅客表现出极大的兴趣和参与的热情，枯燥无聊的等待立刻变得精彩纷呈，有单独品尝的，也有和朋友、家人一起喝一起猜的，获得奖品的旅客还兴致勃勃地表演了小节目。漫长的等待时间就在一片欢声笑语中悄悄"溜走"了。当列车长广播还有5分钟列车就重新开动时，旅客们才意识到他们在列车上等了近3小时了。当乘务组向旅客们表达真诚的谢意时，列车里早已是掌声一片！

案例点评：

高速铁路旅客的心理表现是传递给高速铁路客运服务人员的服务信号。善于"捕捉"旅客的心理表现，并正确分析旅客心理表现的根源，才能制订恰到好处的服务方案，达到良好的沟通效果。

任务一　　体察旅客的实时情绪　提供针对性的服务

知 识 点

- 情绪的含义与构成；
- 常见的人类情绪表现形式；
- 常见的旅客情绪表现。

技能目标

- 能够根据旅客的情绪表现分析其心理特征；
- 熟悉情绪控制与调节的方法；
- 能够掌握与不同情绪表现的旅客沟通的技巧。

素质目标

培养从旅客的角度出发，为旅客服务的"同理心"。

高兴就笑、悲伤就哭、害怕就会战战兢兢，这些都是我们在日常生活中常见的一些正常的心理现象，笑、哭、战战兢兢就是反映人们心理的情绪表现。

人高兴了并不是一定要笑，有些人会喜极而泣。人的情绪往往不是由单一的心理感受引起的，而是几种心理感受的混合。

我们要通过对情绪表现的分析，探究人们内心的心理活动；透过人们情绪的表现，找到隐藏在内心深处的心理活动，这就需要对情绪及其表现有一个基本的认识。

一、情绪与情绪控制

人们在生活中不可避免地要受到外界的刺激，例如：生老病死、升学、就业、退休等客观事物都会刺激人的情绪。何为人的情绪，情绪是如何产生的，其由哪些元素构成，这些是我们在研究情绪之前，首先必须搞清楚的。

（一）情绪的定义

情绪是指个体对本身需要和客观事物之间关系的短暂而强烈的反应，是一种主观感受、生理反应、认知互动。

情绪是个体对外界的一种自然反应。情绪没有好坏对错，只是个体对客观事物的反应，而且人人都有喜怒哀乐等情绪，因此要主动接纳自己正在发生的情绪，不去批判和怀疑它。

情绪是感受与认知的一种内在互动。正面或负面情绪的出现，是自身对需求得到满足或者没有得到满足时的一种生理反应。因此在任何一种情绪的背后，都对应着自身感受与主观认知的一种互动。

情绪会转化为一种特定的行为。情绪是由外而内地感受、互动，然后又由内而外地表现、行动。外界环境影响并产生情绪，而情绪又会通过特定的表情、语言及动作表现出来。

由此可见人的情绪既是主观感受，又是客观生理反应，具有目的性，其也是一种社会表达。

情绪常和心情、性格、脾气、目的等因素互相作用。人的情绪往往是多元的和复杂的综合现象，因此人的情绪常常被描述为在针对内部或外部的重要事件时，产生的一种突发反应，其表现包含语言、生理、行为和神经机制等互相协调的一组心理和生理的反应。

（二）情绪的构成

人的情绪活动一般包含以下 5 个基本元素。

1. 认知评估

认知评估是指当人受到外部影响时，就会注意到外界所发生的相关事或人，人的认知系统也随之自动对事或人的感情色彩进行评估，并触发接下来的情绪反应。例如：当某人接到大学录取通知书时，他的认知系统把这件事评估为对自身有重要意义的正面事件。

2. 身体反应

身体反应是指情绪的生理构成和身体的自动反应，这种人体的自动反应可以及时调整人的心理，使人的身体能适应这一突发状况。例如：当某人意识到进入大学深造已是事实时，神经系统就会高度兴奋，全身充满力量，心跳频率变快。

3. 感受

感受是指人们体验到的主观感情。例如：在收到大学录取通知书后，某人的身体和心理产生一系列反应，主观意识察觉到这些反应，把这些反应感受为高兴。

4. 表达

表达是指人通过面部和声音的变化表现出的个人情绪，这种个人情绪是为了向周围的人传达情绪主体对一件事的看法和他的行动意向。例如：收到大学录取通知书后，某人舒展眉头，嘴角向上，发出快乐的声音——笑。需要特别指出的是每个人的情绪表达，既有人类通常相同的共性表达成分，也会因个性不同而带有个人独有的个性表达成分。

5. 行动的倾向

行动的倾向是指情绪会产生促使采取行为的动机。例如：人在悲伤或高兴的时候，常产生一种希望找人倾诉的欲望，而在愤怒的时候，常会做出一些平时不会做的事。

由此可见，情绪既是人们主观的一种感受，也是一种客观的生理反应，并具有一定的目的性，是对社会的一种个人情感表达。

（三）情绪的先天性和后天性

在日常的社会生活中，情绪可以帮助我们与其他人交流感情，例如：婴儿虽然不会说话，但是通过情绪的表现也能成功与大人交流。此外情绪也可以影响其他人对我们的态度，例如：快乐的情绪往往可以感染快乐者身边其他人的情绪，使他们也高兴起来。情绪还可以表示善意，例如：陌生人之间礼貌性的微笑，往往并不是由于微笑者内心的喜悦，仅仅只是表示一种礼貌。

人的情绪表现伴随着人的阅历和生活经验的增长，总是在不断地丰富和充实的。

有些心理学家将人类的情绪分为：先天与生俱来的"基本情绪"和后天学习到的"复杂情绪"。

1. 基本情绪

人的基本情绪一般具有以下特点。

（1）人的基本情绪出于人的本能，是不需要经过后天的学习就能获得的，因此具有先天性。

（2）基本情绪是所有的人在面对同一种情况都会产生的、相同的一种情绪，因此具有共性。

（3）所有人表达基本情绪的方法都是基本相似的，并不需要特别的表达形式就能被其他人所理解。

（4）在产生基本情绪时，几乎所有的人都会具有相似的生理模式。

一般认为常见的人类基本情绪包括：喜悦（喜）、愤怒（怒）、悲伤（哀）、恐惧（惧）、厌恶（恶）、惊奇（惊）等。

2. 复杂情绪

不同的文化对基本情绪会有不同的诠释，在基本情绪的基础上，还会产生一些只有在特定社会条件下才会产生的情绪，这就是"复杂情绪"。

相对于基本情绪的先天性，人类的复杂情绪则是后天形成的。复杂情绪是必须经过人与人之间的交流才能学习到的，因此每个人所拥有的复杂情绪数量和对情绪的定义也都各不相同。

常见的人类复杂情绪有：窘迫、内疚、害羞、骄傲，等等。一般而言，由道德因素产生的情绪，基本上都属于人类的复杂情绪。

3. 正面情绪与负面情绪

情绪和情感是人对客观事物的态度体验及相应的行为反应。其中人的情绪更是以个人的愿望和需要为中介的一种心理活动，因此必然有积极的、肯定的和消极的、否定的情绪之分，前者我们称为正面情绪，后者称为负面情绪。

有些心理学家认为，在外界事件发生后，大脑会自动判断这件事对我们是好还是坏，并据此对事件定性，所以我们会下意识地决定是喜欢还是厌恶这件事，由此产生的情绪如果能引起好的和喜欢的情绪就是积极的正面情绪，反之就是消极的负面情绪。

无论是正面的还是负面的情绪都可以成为我们的动机，使我们接受或排斥刚刚发生的事件。尽管一些由情绪引发的行为看上去没有经过深入思考，但实际上不由自主的意识已成为情绪产生的重要因素。

例如，心理学家经研究发现，在奥运会上获得铜牌的选手往往比获得银牌的选手更高兴，因为前者在庆幸自己获得奖牌，产生的是正面的情绪；而后者则在遗憾自己没能拿到第一，产生的就是负面的情绪。

（四）情绪的控制

每个人都会产生情绪，情绪是不可能被完全消灭的，只能进行有效的疏导、有效的管理和适度的控制。

情绪无好坏之分，但是由情绪引发的行为则有好坏之分。特别需要指出的是，正面情绪也有可能造成坏的行为结果。

由于行为的后果有好坏之分，所以必须加强对情绪的管理。情绪管理并非要消灭情绪，既没有必要也没有可能消灭人的情绪，因此只能是对情绪进行疏导，并使情绪合理化之后，形成良好的信念与行为。

有些职业尤其是服务行业，要求从业人员善于控制他们的情绪。因为他们的服务对象是广大群众，他们经常要与公众接触，因此在工作时间中他们必须善于掌握和控制自己的情绪，必须学会控制自己的负面情绪，即使有些负面情绪是正常、健康的，也依然要求他们学会控制。例如：对于患有传染疾病的人应当敬而远之，这是防止被传染的情绪必然导致的一种防御的、不接近的行为，对一般人而言这是一种负面的正常的和健康的情绪。但是医生作为服务人员不能厌恶疾病患者，因此医学院的常规训练一般都包括情绪中立的教育培训，要求医生在治疗时抛弃个人感情。

高速铁路客运服务人员每天都要接触成千上万的旅客，必须要一视同仁，用文明礼貌的工作态度替代自己的自然情绪。

（五）情绪的调整

我们已经知道人的行为是由人的动机激发产生的，无论是正面还是负面的情绪，都会引发人们行动的动机。我们也曾经提到人的需要是动机产生的根源，但是在同样的需要条件下，为什么有些人的行为能够坚持较长时间，有些人的行为仅仅是"三分钟"的热度，坚持不了多长时间呢？显然仅用需要产生动机的理论来解释，并不能令人信服。

现代研究证明，情绪对人的动机也有激发作用，情绪是维持人们行为长期性的重要因素之一。例如，在面临威胁和困难时，依然能保持乐观的人往往能够坚持原有的行为，而那些悲观和自我怀疑的人则常会放弃自己的目标。正是因为情绪在动机产生过程中具有如此重要的作用，才要求人们重视情绪的自我调整。

情绪使我们的生活多姿多彩，同时也影响着我们的生活及行为。当出现不好的情绪时，要加以调整，使负面情绪不要给自己的生活及身体带来坏的影响。

1. 表情调整

有研究发现，愤怒和快乐的脸部肌肉使个体产生相应的体验，愤怒的表情可以带来愤怒的情绪体验，所以当我们烦恼时，用微笑来调节自己的情绪可能是个很好的选择。研究证明，微笑还能给其他人带来一种和谐的气氛，可以有效拉近人与人的心理距离，因此提倡高速铁路客运服务人员在开展客运服务时做到微笑服务。

2. 人际调整

人与动物的区别在于人的社会属性，当情绪不好时，人们可以向周围的人求助，与朋友聊天、娱乐可以使你暂时忘记烦恼，而与曾经有过共同愉快经历的人回忆过去则能让你回味当时愉快的感觉。

3. 环境调整

美丽的风景使人心情愉悦，而脏乱的环境会使人烦躁。当情绪不好时，可以选择一个环境优美的地方，在完美的大自然中，心情自然而然会得到放松。还可以去那些曾经开心过的地方，记忆会促使你想起愉快的事情。

4. 认知调整

人之所以有情绪，是因为我们对事情做出了不同的解释，对每件事情而言，不同的人有不同的观点，则会产生不同的情绪反应。所以我们可以通过改变我们的认知来改变我们的情绪。在为某件事烦躁时，我们可以尝试对事情进行重新评价，从另外一个角度看问题，改变我们刻板看问题的方式。例如，当我们为车站、车内旅客拥挤而烦躁时，如果与车站没有旅客、车站设备闲置、服务人员没事可干、企业没有收益的情况相比，忙而充实一定比闲而空虚的状况要强得多。

5. 回避调整

对于有些能引起负面情绪的问题，当我们既不能改变自己的观点又不能解决时，就可以选择回避问题，先暂时避开问题，不去想它。待情绪稳定时，再去解决问题，而且有时候问题的解决方案会在从事其他事情时不经意地想出来。

二、人类情绪的常见表现形式

人类情绪的发展往往是因人、因时、因地和因事的不同而变化的。情绪在制约人的同时，既可能成就人，也可能损害人。实际上每个人的生活方式都是由他们各自的情绪和性格决定的，从某种意义上讲，情绪决定了人们的生活方式。

我们应管好自己的情绪，使正面的情绪获得应有的表达和展示，避免和克服自己负面的情绪。例如：对癌症俱乐部病人的统计表明，情绪乐观的癌症患者的生存率普遍高于情绪压抑患者。

情绪表现实际上是指人外在的表现态度，是把自己的内心状态以态度的方式展现给公众的行为表现，因此人的态度实际上反映的是人内心的心理状态。例如：急躁、愤怒、忧愁、欢乐、悲伤等实际上都反映了人内心的一种心理状态。在我们的日常生活中，究竟有哪些常见的情绪表现形式呢？

（一）人类常见情绪

七情六欲是最常听人们说起的人类基本情绪，虽然不同的学派、宗教对七情六欲的定义稍有不同，但是都承认七情六欲是人类不可避免的情绪表现。

1. 七情

儒教与佛教对于七情的定义略有不同，儒教将喜、怒、哀、惧、爱、恶、欲定义为七情；佛教则将喜、怒、忧、惧、爱、憎、欲等七种人类的情愫定义为七情。在定义上虽然大同小异，但是都一致认为：七情是相对稳定的，是人与外界交流所表现出来的，指挥着人与外界的互动。

目前比较一致的认识是将喜、怒、哀、惧、爱、恶、欲归为七情。

2. 六欲

各学派对于六欲的看法不同，有的学派将色、声、香、味、触、法视为六欲，也有的学派将六欲定义为：生、死、耳、目、口、鼻。无论如何定义六欲，认为六欲是泛指人的生理需求或欲望这一点是基本一致的。例如，人要生存，害怕死亡，要活得有滋有味，有声有色，于是嘴要吃、舌要尝、眼要观、耳要听、鼻要闻，这些欲望与生俱来，不用人教就会。后来有人把这概括为：见欲、听欲、香欲、味欲、触欲、意欲等六欲，现代更是进一步将求生欲、求知欲、表达欲、表现欲、舒适欲、情欲等欲望定义为六欲。

无论如何定义六欲，六欲是人类基本的生理要求和心理动态，是人性的基础，是人人皆有的本性，也是人类社会生活的最基本色调。

3. 七情与六欲的差别

虽然大家一致认为七情六欲就是指人们与生俱来的一些心理反应，但进一步分析就可以发现：只有七情才是人的基本情绪表现；而六欲只是外界对人的一种刺激、一种诱惑，是客观存在的事物作用于人体生理感官或心理思维后产生的一种感受而已，人对这种刺激、诱惑和感受最终还是要以七情的形式表现出来的。例如，人们看到美丽的风景、听到悦耳的音乐、闻到浓郁的花香、尝到美味的食品、泡在舒适的温泉中时，就会表现高兴、愉悦的情绪。

但是我们也要认识到由于个性的不同，人们对生活的态度差异很大，七情六欲的表现也就不同，正所谓七情六欲人人有，千差万别各不同。

（二）人类情绪的基本形式

关于情绪的类别，长期以来说法不一。我国有喜、怒、哀、惧、爱、恶、欲的七情说，美国心理学家普拉切克提出了八种基本情绪：悲痛、恐惧、惊奇、接受、狂喜、狂怒、警惕、憎恨。虽然情绪类别很多，但每一种基本情绪都有其独立的神经生理机制、内部体验、外部表现和不同的适应功能。

七情六欲虽然是人类的常见情绪，但近代研究中常把快乐、愤怒、恐惧和悲哀列为情绪的基本形式，这些情绪与人的基本需要相联系，是人类与生俱来的，人类的其他情绪是从这四种基本情绪发展出来的。

1. 快乐

快乐是指一个人盼望和追求的目的达到后产生的情绪体验。由于需要得到了满足，愿望得以实现，心理的急迫感和紧张感解除，快乐也就随之而生。快乐是人们在感受外部事物带给内心的愉悦、安详、平和、满足时的心理状态；快乐是当一个人在追求目标时达成的理想状态和内心喜悦的激情；快乐是一个人对自己美好生活的一次又一次的满足；快乐是一种持续的状态。例如，经过积极准备，收到了大学录取通知书后，考生常常会有快乐的情绪。

快乐按程度取决于目的重要程度和目的达到的意外程度，如果追求的目的非常重要，并且目的的达到又带有突然性，往往会引起异常的欢乐，反之一般只能引起微小的满意。

快乐按程度可以分为：满意、愉快、异常的欢乐、狂喜。

2. 愤怒

愤怒是当人所追求的目的受到阻碍，使个人目的不能达到或愿望不能实现或为达到目的的行动受到挫折时，引起的一种紧张而不愉快的情绪体验。

愤怒时人的紧张感增加，有时不能自我控制，甚至出现攻击行为。这种情绪对人的身心伤害也是明显的，是一种负面情绪。

愤怒是一种原始的情绪，在人的成长过程中出现较早。一般认为，出生3个月的婴儿就有愤怒的表现。限制婴儿探索外界环境往往就会引起他的愤怒。例如，约束婴儿身体的活动、强制婴儿睡觉、限制他的活动范围、不让他玩弄玩具等，均会引起婴儿的愤怒。

随着年龄的增长，由于愿望不能达到或与同伴争吵，也常引起愤怒。在成人身上，愤怒依赖于人已形成的道德准则，常属于道德感的范畴。

愤怒也有程度上的区别，一般的愿望无法实现时，只会感到不快或生气，但当遇到不合理的阻碍或恶意的破坏时，愤怒会急剧爆发。

愤怒按程度可分为：轻微不满、生气、愠、怒、激愤、大怒、暴怒等。

3. 恐惧

恐惧是企图摆脱和逃避某种危险情境而又无力应付时产生的情绪体验。恐惧的产生不仅仅由于危险情境的存在，还与个人排除危险的能力和应对危险的手段有关。一个初次出海的人遇到惊涛骇浪或者鲨鱼袭击会感到恐惧无比，而一个经验丰富的水手对此可能已经司空见惯，表现得泰然自若。

人类大多数恐惧情绪是后天获得的。恐惧的特点是对发生的威胁表现出高度的警觉。

随着危险的不断加剧，人的情绪可发展为难以控制的惊慌状态，严重者甚至出现激动不安、哭、笑、思维和行为失控，甚至休克。

恐惧时常见的生理反应有心跳猛烈、口渴、出汗和发抖等。

一般人对特定的环境或事物会产生恐惧心理，例如，当身处黑暗、高处、水或火中时，人们往往本能地产生恐惧反应；当面临陌生少见的事物时，由于害怕被伤害，出于自我保护，也会自然地产生一种恐惧感。这些恐惧都是源于人类在进化过程中，从原始社会起，在野外生活状态中积累起来的一种本能反应的延续，因此恐惧是人类在面对危险时，为了生存而进行防御或逃跑的本能行为，是人类适应大自然的本能反应。

恐惧与快乐、愤怒不同，快乐和愤怒都是使个体接近的情绪，而恐惧则是一种使个体企图摆脱危险的逃避情绪。例如，在遇到地震，人们无力应付时，往往会恐惧万分。引起恐惧的关键因素是人缺乏处理可怕情境的力量。此外，熟悉的环境发生了意想不到的变化时，往往也会引起人的恐惧情绪。

4. 悲哀

悲哀是一种负面情绪，其通常是由分离、丧失和失败引起的一种情绪反应。

当人们在失去心爱的事物时，或人们的理想和愿望破灭时，往往会产生一种包含沮丧、失望、气馁、意志消沉、孤独和孤立等悲哀的情绪体验。

悲哀程度取决于失去东西的重要性和价值大小，失去的东西价值越大或越重要，引起的悲哀也越强烈；失去的东西价值越小或不太重要，引起的悲哀相对也越微弱。例如，失去亲人的悲痛与丢失物品引起的遗憾是难以相比的。

悲哀的程度还依赖于主体的意识倾向和个体特征。较强的悲伤对人的心理是有害的，持续的悲伤会使人感到孤独、失望、无助、抑郁，损害人的身体。

悲哀时带来的紧张情绪需要释放，哭泣就是一种最常见的情绪释放形式。悲伤时的哭泣可以使人的心理压力得到缓解。人们在安慰极度悲伤的人时，常劝悲伤的人哭出来，这就是一种情绪的释放。

悲哀虽然是一种消极的负面的情绪，但也是一种心理保护的措施。例如：由悲哀所带来的紧张释放产生哭泣，哭泣一般不超过 15 分钟，在这段时间内完全可以减轻过度的紧张。哭泣之后会使人精力衰竭，最后使人感到轻松，然后振作起来重新投入更大的努力，由此可见悲哀并不总是消极的，它有时也能够转化为前进的动力。

与悲哀同步发生的最普遍的消极情绪就是痛苦，悲哀似乎成了人们表达痛苦的形式。悲哀的人是痛苦的，但是痛苦的人未必一定悲哀。例如：受到病痛折磨的人是痛苦的，但是治愈的希望激励着病患者与病魔斗争，因此未必全是痛苦的。

悲哀按程度可分为：遗憾、失望、难过、悲伤、悲痛、极度悲痛。

（三）心理波动与心理调节

1. 心理波动

人的心理与生理一样也有周期。心理周期中有心理低潮期、心理高潮期和心理稳定期。心理稳定期是指人们的心理状态处于一种平和状态，这种心理状态往往持续的时间最长。

与人的心理稳定相对应的就是人的心理波动，也就是人的心理状态有较大的情绪起伏和波动。心理波动包括心理低潮和心理高潮（涨）。

人在社会中生存，面对的是瞬息变化的事物，难免会引起心理的波动，即使是正常的人在某些特定时刻下，有时也会产生短暂的或好或坏的心理波动。

短暂和轻微的心理波动对正常人而言，因时间短、程度轻，一般并不会引起高度关注，但当人们处在心理波动的状态下时，很容易受到波动心理的驱使，而做出一些非正常的行为。例如，过量饮酒者往往会有一些特殊的非正常的心理表现。

当人们处于心理波动的低潮状态时，一般表现为情绪低落，对什么事情都没有兴趣。在外在表现上显得郁郁寡欢、懒懒散散、少言寡语、不爱搭理他人。

当人们处于心理波动的高潮状态时，一般表现为情绪亢奋，对什么事情都很敏感。在外观表现上显得跃跃欲试、精力过人、语言激愤甚至寻衅滋事。

高速铁路客运服务人员尤其要认真区分旅客的心理，处于心理低潮状态的旅客，他们可能对高速铁路客运服务人员正常合理的规劝充耳不闻；而处于心理高潮状态的旅客，他们可能对高速铁路客运服务人员正常合理的规劝不但不服从，还振振有词。我们必须学会应对这两类处于不同心理状态的旅客，在理解旅客心理状态的前提下，耐心解释、因势利导，千万不可激化矛盾。

2. 心理调节

我们已经阐述了情绪调整的几种方法，但是情绪的调整往往是治标不治本，因为情绪的产生仅仅只是心理活动的结果，如果不能从心理上进行调节，暂时的情绪调整不但难以长期维持，而且也是勉强的、被动的和压抑的，因此只有对心理状态进行调节，才能使情绪趋于正常。

1）心理调节的十大原则

（1）具有充分的适应力；

（2）能充分地了解自己，并对自己的能力做出适度的评价；

（3）生活的目标切合实际；

（4）不脱离现实环境；

（5）能保持人格的完整与和谐；

（6）善于从经验中学习；

（7）能保持良好的人际关系；

（8）能适度地发泄情绪和控制情绪；

（9）在不违背集体利益的前提下，能有限度地发挥个性；

（10）在不违背社会规范的前提下，恰当地满足个人的基本需求。

2）心理调节的四项方法

（1）暗示调节。

心理学研究表明，暗示作用对人的心理活动和行为具有显著的影响，暗示性的语言可以引起或抑制人们的心理和行为。

自我暗示即通过内心思维来提醒和安慰自己，如提醒自己不要灰心，不要着急，等等，以此来缓解心理压力，调节不良情绪。

暗示是一种正常的心理现象，人群中约有 1 / 3 的人有较强的暗示和自我暗示的效应，他们比较容易无条件地、非理性地接受一些受暗示的观念和说法。

（2）放松调节。

用放松的方法来调节因挫折所引起的紧张和不安感。放松调节是通过对身体各部位主要肌肉系统的放松练习，抑制伴随紧张而产生的血压升高、头痛及手脚冒汗等生理反应，从而通过生理调节来减轻心理上的压力和焦虑的情绪。

（3）呼吸调节。

通过某种特定的呼吸方法，来解除或减轻精神的紧张、压抑、焦虑和急躁等情绪，这也是一种情绪调节的方法。例如：紧张时，可以采用深呼吸的方法减缓紧张感。平时也可以到空气新鲜的大自然中去做些呼吸训练，使人的情绪得到良好调节。

（4）想象调节。

受挫心理调节的能力并不是非要等到受到挫折后再来培养，而是在平时就要进行训练和培养。

想象调节是指在想象中，对现实生活中的挫折情况和使自己感到紧张焦虑的事件的预演，学会在想象的情境中放松自己，使受挫情绪迁移，从而实现能在真实的挫折情境中或紧张的场合下，从容应对各种不良的情绪反应。

想象调节的基本做法是：首先学会有效的放松；其次把挫折和紧张事件按紧张的等级从低到高排列出来，制成等级表；然后由低向高进行想象训练，就能达到逐步提高情绪控制能力的效果。

高速铁路客运服务人员在繁忙的工作中，每天都要负责管理和接待大量的旅客，生理和心理上承受着巨大的压力，这种压力在客流高峰期尤甚，客流高峰期也是最需要进行自我心理调节的时候，要避免在客流高峰期因为自己的心理压力造成服务质量的下降。

高速铁路客运服务人员在工作中的自我心理调节一般可以采用放松调节和呼吸调节，如果还不能使自己的心理恢复正常，也可以暂时离开一段时间，喝点水、巡视一圈，这往往也可以达到心理自我调节的目的。

心理调节是通过正确的认识和评价自己所处的环境，尽力消除那些不愉快的心理刺激，理智接受非个人能力能改变的现实，使情绪积极而稳定，保持良好的自我意识，达到保持身心健康的目的。

三、常见的旅客情绪表现

正常情况下旅客的情绪表现一般都与乘车出行有关。在运营状态正常时，为出行旅客设计的正常流动路径应该是：购票—进站—候车—闸机检票—进入站台—上车—到站—下车—离开站台—出站检票—离开车站，旅客出行的顺利与否完全取决于各部门的配合协调。一旦某环节出现专业故障或衔接不畅，就会直接影响旅客出行的方便和顺利，从而造成旅客的心理波动。

旅客出行过程中的心理情绪异常必然伴随着一些典型表现症状，通过对旅客出行过程的情绪分析，可以更有效地为旅客提供服务。

（一）疲劳情绪

疲劳是人们连续学习或工作后效率下降的一种现象。对个体而言，疲劳是一种主观感觉的不适，在客观上往往表现为在相同的条件下，失去其完成原来所从事的正常活动或工作的能力。

疲劳可以分为生理疲劳与心理疲劳，前者是疲劳在生理上的反应，后者是疲劳在心理上的反应。

现代社会生活节奏不断加快，社会和生活压力也就自然地成了人们生活的一部分。如：儿童要面对学业的压力，成年人要面对工作的压力，老年人要面对健康、患病等压力。适度的生活压力，可以使人将压力变成动力，可使人产生积极的进取心和挑战感，使生活充满惊喜；过大的压力会使人紧张，对人造成过大的心理冲击，使人产生挫折感，这时生活中过大的压力就变成了生活的阻力，人就会从生理或心理上产生不适，学习或工作的效率将下降，疲劳感由此产生。

压力对人所产生的影响大小是因人而异的，某件事对某些人是负面压力，对另一些人可能是正面压力。即使是负面压力，由于每个人的经验、能力、价值观各不相同，其化解压力的方法也不同，因此造成的影响也就不同。

当身心得不到充分休息时，人就容易产生疲劳感。轻度的疲劳一般也称为疲倦。我们经常可以听见人们在抱怨："真吃力"，其实就是人们生活在压力下感觉到疲劳时的一种自然反应。其实疲倦并不仅是劳累造成的，生活中有许多因素都会消耗人的精力，令人感到疲倦。如药物、抑郁（抑郁是导致疲倦的最普遍原因之一，其引起人的情绪不好、过度紧张，也会造成睡眠不佳）、缺乏运动、肥胖、甲状腺不够活跃（甲状腺控制新陈代谢，当新陈代谢减慢时，令人觉得疲惫）、营养不良、睡眠不足等，都会造成人的疲劳感。

当人感觉疲劳时，在生理上往往出现头痛、乏力、失眠、食欲减退等不适现象；在心理上则有不想听任何事、懒得做本应自己做的事。

旅客的疲劳表现有其比较明显的特点：步履蹒跚、动作迟缓、目光呆滞，外观显得懒洋洋，对外界的事物表现得漠不关心，总想找个座位休息。

处于疲劳情绪中的旅客是最不愿意被打扰的，主观上希望车厢不太拥挤，在车站等候的时间少些，列车运行快些。如果此时发生非正常运营事件，一般较难取得此类旅客的理解和配合，因此高速铁路客运服务人员在处理这类情况时，必须充分理解旅客的疲劳状况，尽可能减少他们的体力付出，明确告知发生的运营情况和恢复运营所需的时间，力争最大限度地取得旅客谅解。

（二）焦虑情绪

焦虑是指一种缺乏明显客观原因的内心不安或无根据的恐惧，是人们遇到某些事情（如挑战、困难或危险）时出现的一种正常的情绪反应。例如，当某事物的价值在将来可能会发生明显降低时，就会对该事物产生一种焦虑感。焦虑是由紧张、焦急、忧虑、担心和恐惧等感受交织而成的一种复杂的情绪反应。它可以在人遭受挫折时出现，也可能在没有明显的诱因时而发生，即在缺乏充分客观根据的情况下出现某些情绪紊乱。

焦虑总是与精神打击或者即将来临的、可能造成的威胁或危险相联系，使当事人在主观意识上感到紧张、不愉快，甚至痛苦和难以自制。焦虑是一种极普遍的情绪感受，是每个人从小到大都会有的体验，所以说，焦虑不一定就是不正常的反应，其实适当的焦虑不仅无须避免，反而可以促使个体表现出超出平常的水准。例如，人在紧张的状态下常可工作得更久，在紧急时跑得更快，力气更大，俗话说"狗急跳墙"就是这个道理。因此我们可以了解到不是所有焦虑表现都是病态的，也不是所有会焦虑的人都是患有焦虑症的，世上恐怕找不到一个丝毫不会焦虑的人。

由于焦虑是人们对情境中的一些特殊刺激产生的正常心理反应，因此只有当焦虑原因不存在、不明显，或在对即将来临的后果有了心理上的承受准备时，焦虑情绪才会消除。

一般而言，旅客产生焦虑的最直接原因是"生活中的压力"。所谓压力是指个体需要在心理或生理上付出额外能量来面对和应付的情况。造成压力状况的事物，便称为压力事件。个体承受的压力事件也有可能是多项事件同时出现，因此在知觉和认知上便有了安危和急、缓、轻、重的判断，而后在心理和生理上便出现了不同程度的反应，焦虑反应便是其一。生活中的压力是始终存在的，因此产生焦虑的"源"也是客观存在的，缓解焦虑情绪的关键在于我们如何正确对待和积极处理。

正常的焦虑反应是指"合理"和"不过分"的焦虑，所谓"合理"是指焦虑反应的产生是有原因的，以生活事件居多；"不过分"指焦虑的严重程度与引起焦虑的原因性质和严重程度基本一致。而异常焦虑是指"不合理"和"过分"的焦虑反应。虽然二类焦虑的产生都是有一定原因的，且会引起生理反应，但仍然存在着明显的区别，其区别主要表现在：焦虑引发原因的可理解度和对焦虑的反应度。异常焦虑不但反应的强度过强，持续时间过长，与个人和现实的实际情况不相称，而且情绪反应的强度异乎寻常且最终不能自控，需要获得医学帮助。

还有些人无明显原因而产生焦虑，焦虑的程度严重，持续时间过长，为此这些人明显感到痛苦，甚至走上轻生的道路，这就是患了焦虑症。

焦虑症是一种以广泛和持续性焦虑或反复发作的惊恐不安为主要特征的神经性障碍，常伴有头晕、胸闷、心悸、呼吸急促、口干、尿频、尿急、出汗、震颤等自主神经症状和运动性紧张。患者的焦虑情绪并非由实际威胁或危险所引起，其紧张不安与恐慌程度与现实处境很不相称。

焦虑症患者在不发病时与常人无异，难以识别。高速铁路客运服务人员必须要学会识别患焦虑症的旅客，一旦这些旅客情绪表现失常时，能够及时施以援手，不使客运环境受其影响或将影响降到最小。

高速铁路旅客在当发生运营故障、造成运营延误或停运而又没有及时收到相关信息时，往往会产生焦虑情绪。旅客们正常的焦虑情绪比较集中地表现为：坐立不安、来回走动、四处张望、自言自语、频频问讯等外在行为。对此高速铁路客运服务人员应该及时找出引发旅客焦虑的原因，采用广播、通告等形式消除旅客的焦虑源，对个别旅客也可以有针对性地及时提供安慰性的语言或给以理解和安抚的目光，这些都能有效减轻旅客的焦虑反应。

某些旅客的焦虑反应，尤其是胆汁质型气质的旅客，在某些极端情况下还会发展成歇斯底里、大吵大闹的现象，虽然这种现象在广大旅客群中属于少数，但一旦发生，其影响是极坏的，因此高速铁路客运服务人员要保持高度警惕，以免局面失控。

（三）恐惧情绪

恐惧心理，是在真实或想象的危险中，个人或群体深刻感受到的一种强烈而压抑的情感状态，其表现为：神经高度紧张，内心非常害怕，注意力无法集中，脑子里一片空白，不能正确判断或控制自己的举止，变得容易冲动。

恐惧是每个人或多或少都有的情绪。不管是大人物还是小人物，都存在与生俱来的恐惧心理，只是各自具有不同的表现罢了。英国女王伊丽莎白一世对玫瑰有难以言喻的厌恶；心理学家弗洛伊德不敢旅游；爱德华七世遇到号码13，马上手脚发软；英国名作家山姆强森每次进家门，一定得在家门口跳舞，等等。这些非同寻常的现象从本质上讲，都是他们各自为掩饰内心的恐惧心理而采取的某些措施而已。

应该说恐惧是人类最基本的情感之一，也是人类一种重要的心理反应。这种反应增强了人类保护自己和规避危险的能力。另外，恐惧也可以使人的意识变得狭窄，判断力、理解力降低，甚至丧失理智和自制力，使行为失控。生活中的紧张事件，如战争、车祸、迁居等引起的生活方式和社会地位的改变，可致高血压、溃疡病等发病率明显上升，这都说明恐惧会引起一系列生理反应，包括肾上腺素分泌增加，心跳加快。过度恐惧还可使冠状动脉痉挛，心动过速，心律失常，导致心绞痛和心肌梗死。如果长期处于恐惧状态中，会严重地影响人的寿命。实验证明，两只同窝出生的羊羔在相同的阳光、水分、食物条件下生活，一只与拴着的狼为伴，它将因恐惧而不思饮食、消瘦而逐渐死亡；另一只则可以健康地生长。

在正常情况下，高速铁路旅客一般不会产生恐惧情绪，只有在发生非正常运营事件，而旅客又不被告知具体信息时，才会引起恐惧。

例如，列车在车站停留时间已经超出了旅客认为的平时正常停车时间，但仍然没有发车迹象，车站和列车又没有相应的广播告示，在旅客中就会慢慢地滋生一种怀疑情绪并逐步演变成猜测，进而上升为恐惧感。当极度恐惧的情绪在大多数旅客中成为主流时，也就是客流组织面临失控的临界点。由于恐惧心理在人群中具有感染性，其蔓延速度与旅客对危险性的预测和心理承受能力有关。恢复正常客流秩序的最有效手段就是尽快以权威身份向旅客告知造成当前局面的原因及目前采取的措施，对旅客的配合提出明确要求，这才是避免客流组织失控的有效措施。

正因为恐惧是人类逃避危险的本能，是人类与生俱来、先天就具有的心理特征，因此人类的恐惧本能可以使他们远离危险源，获得安全感。

在铁路运输中，无论是在站内还是在区间，对个别旅客的恐惧情绪如果不能及时消除，往往就会在其他旅客中弥漫和扩散，造成群体性惊慌，甚至使客运秩序失控。一旦运营中遇到突发事件，铁路客服人员必须及时消除旅客的恐惧情绪。最有效的消除旅客恐惧情绪的办法是让他们认识到事态已经得到控制、危险源已经消除、整个局面尽在掌控之中。对于一时难以消除危险源的事件，则可以使他们及时了解危险源之处所和正确的规避方法，因势利导地对处于恐惧中的人群进行合理的组织和疏导。

（四）怀疑情绪

人的心中存在疑问就会产生释疑的心理要求。对于我们大多数人而言，最简单也最方便的释疑方法就是向权威人士求教。

怀疑心理是人类与生俱来的本能，是人类最基本的心理现象之一。

1. 怀疑情绪无对错之分

由于怀疑的实质是人不相信事物的表面现象，产生寻找事物真相的心理冲动，这就产生了人的释疑行为。在人类的释疑行为中，怀疑情绪往往是释疑行为发生的诱因。

人的释疑行为本身并无优劣之分，因此怀疑情绪本身也没有对与错的区别。

科学研究领域是大力提倡科学家要有怀疑精神的，因为只有怀疑和批判精神才是推动科学进步的重要因素。

在铁路客运工作中，如果由于个别旅客的怀疑情绪，进而发生"挑战运输管理权威"的行为，必然会造成公共秩序的混乱。高速铁路客运服务管理者必须及时发现和消除个别旅客的怀疑情绪。

2. 怀疑情绪的消除方法

心中存疑是怀疑情绪产生的根源，只有消除了人们心中的疑问，才能消除怀疑情绪的根源，消除怀疑源最有效的方法是信息的权威性和信息获得渠道的方便、公开。

1）权威信息

人们对权威部门发布的信息，一般是不会怀疑的。

各级政府机构以其政府的公信力而获得人们的信任，例如：国家和政府的新闻发布会上的消息、党和国家领导人的讲话、各级管理部门的讲话，等等，都可以起到信息传递和释疑的作用。

2）公示信息

人们产生怀疑情绪的另一个重要原因是不知道如何获得正确的信息。

权威部门信息发布的权威性，对于消除人们的怀疑情绪是十分有效的，但是还需要有"广而告之"的发布渠道。例如：政府的红头文件、报刊上公开的通告、车站公告栏的告示等有效的信息传达渠道，都可以有效地消除人们心中的疑惑，从而消除人们的怀疑情绪，因此要重视车站和列车公告栏的信息发布在消除旅客怀疑情绪方面的重要作用。

3）现场管理

人们常说"事实胜于雄辩""让事实说话"，这是因为只有当人们看到了实际的事实，心中的疑惑也就自然获得了释放，但是在日常生活中，我们常听到人们反复询问："是吗？是吗？"这实际上就是一种怀疑心理的表现。

当人们在遇到"之前从未遇见过"的情况时，也就是没有以往的经验可以参照时，从心理上往往自然而然地就会产生一种疑惑感。

例如，铁路运营突发故障是在铁路运营过程中难以完全避免的。一旦发生运营故障，高速铁路客运服务人员必须明白，广播就是一种"告示天下"的权威手段，虽然广播者并不与每一个旅客直接见面，但是每一位旅客都知道，广播这种信息发布方式就传达了管理者的意图，即是一种权威性的信息传达。

此外，穿着工作制服的高速铁路客运服务人员的现场指挥，也同样能起到权威性的现场管理效果。工作制服往往能向旅客说明：此人是代表铁路客运服务部门在实施管理的。

四、自我牵挂情绪

牵挂的本意是因关心、放心不下而想念。自我牵挂就是过分关心和注重自己，总想深入了解自己在他人心目中留下的印象。

自我牵挂实际上是每个人都天生具有的一种普遍的心理现象，是我们将外界和自我牵连起来的一种倾向，总在想象着外界事物对自己是否影射着某种意义，即假设外界事物对自己影射着某种意义，特别担心对自己有不利的影响。例如，当你走进办公室时，人们突然停止了谈话，这时你在心理上往往会产生怀疑：他们是否正在议论自己？这种现象通常是暂时性的，而且经过片刻的疑虑之后就会省悟过来，其性质和内容与当时的处境联系紧密。

自我牵挂现象的产生，究其根源就是人们天生就有的对自己的关心和牵挂。过分的自我牵挂会发展为以自我为中心的偏激心理。

五、自笑、自嘲、自言自语现象

自笑、自嘲、自言自语也是生活中常见的一种心理现象。

自笑和自嘲就是自我嘲笑，也就是以自我为对象进行调侃、嘲笑。

自笑是一种难能可贵的境界。笑自己的人必定明智，笑别人的人难免愚蠢。自笑之后一般就是自我检讨与自勉，而笑别人后则往往是一种肤浅的满足。

在日常生活中，几乎每个人都会遇到一些让人感到难堪的事情如不知怎样调节情绪，往往就会陷入窘迫的境地；此时如能采取适度的自嘲或自笑，往往就可以化解困境，不但使自己在心理上得到安慰，而且还能使别人对你有一个重新的认识。

例如：有一次在一个舞会上，一位个头偏矮的男子去邀请一个身材窈窕的女子跳舞，可女子却拒绝，并说："我从不与比我矮的男子跳舞。"该男子听后稍微一愣，继而淡淡一笑说："我真是武大郎开店——找错了帮手。"该男子的一句自嘲就化解了当时的尴尬局面。自嘲的艺术手法在相声、小品中也经常运用。

大家都知道当前的社会发展迅猛、生活中的竞争也很激烈，因此人们在精神方面的压力也比较大，自言自语往往也是一种释放压力的手段。

据统计，喜欢自言自语的主要是感觉生活压力大和易紧张的人群，其中更以竞争激烈的上班族和学生为主。他们往往在筋疲力尽之时，对自己说一句：别紧张，别着急，慢慢来。无论是有声的话还是内心的独白，这句自我安慰的话就好比一剂清凉的薄荷，能使自己重新调整情绪，给急速膨胀的紧张情绪和心理压力泄泄气、松松土，因此适度的自言自语实际上是一种精神上的放松剂。

心理学家认为：自己的声音有镇静的作用。在和别人交流时，偶尔听听自己的声音，能让心中产生安全感和平衡感，从而促使自己更积极地投身于社会交往。一个懂得掌握自嘲、自笑的人，就等于掌握了制造愉快和摆脱困境的能力及反嘲别人的权利。因此，在生活中，面对别人的冷嘲热讽，不妨试试使用自嘲、自笑的方法，也许会收到意想不到的效果。

中青年人是铁路客流的主力军，生活节奏快、工作压力大、竞争激烈等现实给他们造成很大的精神压力，形成心理波动，在旅行的过程中特别敏感和易发火。高速铁路客运服务人员应该理解这些旅客的心理特点，耐心细致地提供服务，有时高速铁路客运服务人员也可采用自嘲的方式，化解与旅客的争执。

自嘲虽然可以化解矛盾，但是也有一个度，掌握不好极易变成嘲讽，反而引起旅客反感。心理现象因人的性格特征不同而有多种表现，一吐为快的发泄往往也能够调节紧张和疲惫的身心。如果某位旅客反复不断地向高速铁路客运服务人员询问、解释、介绍情况，很有可能他是在一吐为快的解释中调整自己疲惫的身心，高速铁路客运服务人员就应该充分理解，耐心或技巧性地进行诱导，绝对不应断然拒绝倾听旅客的倾诉或予以呵斥。

上面简单介绍了旅客在旅途中的一些常见的心理表现，虽然实际上并不是每位旅客在参与铁路运输的过程中，都会将上述种种情绪全部表现出来，但是以提供服务为目标的铁路运输客运管理部门还需要通过观察旅客的各种行为表现，通过心理分析，探究其心理活动，摸准他们的所思、所盼、所欲、所为，然后才能有的放矢地提供优质的服务。

实际上我们在工作过程中所面对的旅客行为表现，绝不可能仅仅如上文所述的这么简单，由于铁路运输中旅客的地域及个性特征的差异性，不同旅客在乘车过程中的表现也不尽相同。同一位旅客的情绪表现也是多种心理的混合，例如：遇到客运突发事件时，旅客的表现，有焦虑、有恐惧、有自言自语、有在焦虑中混杂着恐惧、有从焦虑发展为歇斯底里，等等。高速铁路客运服务人员，肩负着组织、管理、疏散旅客的职责，要充分理解和熟悉旅客的行为表现，区别对待，合理运用心理学的分析方法，才能更好地为旅客服务。

心理自助

"明明什么也没干，却还是很累"的解决之道

成年人的体力真的很诡异。

可以接手一个项目连轴转半年，可以搬家看病大事小事一手抓，可以在周末的早上眼睛睁得像牛一样。

反倒是那些平静无事的时刻，"两点一线"的日常里，疲惫感悄然而至，像浊流，冲刷着自己的肉体和灵魂。

我们睡眠充足、注意饮食，甚至偶尔运动，为什么还是感到筋疲力尽？科学家认为根源不在外界，而在大脑内部。一种持续的精神疲劳，让人无处可逃。

小妙招

1. 确保你做的事符合你的价值观

你真的思考过自己的价值观吗？喜欢恬淡安逸的生活，却在强调竞争的环境里挤得头破血流。志存高远，却选择了朝九晚五的安全感。不在沉默中崩溃，就在沉默中报废。

一些人在工作中感到倦怠，根本原因是工作现状与核心价值观不符。假如你的工作现状与你的价值观不符，那么你就会迎来挥之不去的疲惫。

清晰的价值观，会让你更好地做出决策，避免大脑的隐性疲惫。问问自己，什么最重要，明确可以忍受的和你绝对不能忍受的。

2. 设定一天的心理基调

不是发生的事情影响情绪，而是情绪影响事情的走向。

想象一下，哪个能让你拥有精神愉快的一天：

（1）晚上熬夜，第二天挣扎着起来，随手套上一件衣服，刷着手机吃地铁口买的油炸早点；

（2）在闹钟响铃之前醒来，简单拉伸一下身体，坐在餐桌前不紧不慢吃自己准备的早餐，听音乐或是早间新闻。

选了第一个，这一天已经被预设成灰色，等待你的会是一连串麻烦。但如果选第二个，即使到办公室就发生状况，你的心态也是放松的，因为你早上起来，就是从容不迫的。

做出选择，每天都可以给自己一个美好的开端。

3. 检查是什么消耗了你的能量，做出改变

有些事情可能一直在消耗你，却没被察觉：一个令人泄气的团队，不合理的工作时间，素质低下的邻居，错误的交流方式，甚至是一种不舒服的坐姿！

屏蔽消耗自己能量、精力的事情，保护自己的精神状态。

4. 用脑之前，先试着清空

压力也许会提升注意力，却无助于产生创造性思维。正确的顺序是：先放松你的头脑，然后再专注于重要的事。

研究人员发现，当人在焦虑时，会耗尽大脑去思考一系列不相干的细节，最后的结果是自己筋疲力尽，得出一个差强人意的方案。

相反，当大脑处于放松状态，释放出充足的精神空间时，你才能把注意力和精力投入在少数重要的事情上。

练习把放松设定为大脑的默认状态，然后明智地选择你想关注的领域。

5. 选择合适的人和资源为你提供支持

大部分人认为求助可以减少精神疲惫，然而，如果你从"不合适"的人那里寻求支持，事情只会变得更糟。

就像你不会向没经营过企业的人请教如何创业一样，不是每个人都有资格向你提供建议的。

求助前问自己：

——这个人能为我提供帮助吗？

——他是毫无偏见，还是会投射自己的观点与期望？

选择真正有用的信息影响你的精神、激发你的头脑，别让自己陷入安全而无用的陷阱。

6. 合理解决拖延问题

拖延会在你的身体里慢慢发酵，滋生出巨大的内疚、压力和沮丧。

解决拖延问题分两步。

（1）你可以允许自己拖延，但要设置一个时间限制。在这段时间内，尽情拖延，但时间一过，必须开始做事。

（2）之后每次把允许拖延的时间缩短一点，再短一点。你的心理空间也会随之变得更加清晰。

你之所以没办法克服拖延问题，可能是因为你没有给自己留有适应的时间，单纯地希望一步到位地解决拖延问题。

任务二　关注旅客的个体心理　提供个性化的服务

知 识 点

- 旅客旅行决策要考虑的因素；
- 旅客对旅行服务的期待及其影响因素；
- 旅客旅行各阶段的心理需求及其表现；
- 不同的旅客个体对运输服务的需求差异。

技能目标

- 熟练掌握不同的旅行阶段旅客的心理需求；
- 能够掌握与不同旅客个体的沟通技巧；
- 能够熟练对不同的旅客进行分类并分析其心理需求，进而有针对性地提供个性化服务。

素质目标

在平凡的工作中，做到"不平凡"。

铁路在现代交通运输体系中占有重要的位置。"赢得并留住旅客，实现最大的经济与社会效益"是铁路生存与发展的重要目标之一。客运企业要赢得并留住旅客，就一定要让旅客感到满意。分析旅客的个体心理，了解旅客的决策及对运输企业服务的期待与感知，为旅客提供个性化服务成为高速铁路客运服务中的重要一环。

一、旅客的决策

旅客产生旅行需求后，就要进行旅行方式的选择，这一步即旅客的决策。

（一）旅客决策的过程

随着经济的发展，各种交通基础设施不断完善，人们的出行越发频繁，出行要求也越来越高。旅客出门前会根据自身的需求选择合适的出行工具，旅客的选择过程可分为两个阶段：首先，旅客根据自己的出行目的、出行距离、收入水平、所在地区的交通条件等分析交通方式的技术经济特性；然后，再根据技术经济特性选择具体的交通工具或几种交通工具的组合。

旅客运输系统具有相对的封闭性和很强的可控性，因而旅客的出行决策受到客票约束（购票期限、票额等）、运营时刻等的影响。旅客选择铁路作为出行方式后，会根据出行目的确定期望的出行时间，进而选择服务等级和客票组合（即行程安排），选择服务等级就是确定列车等级和席别等级，选择客票组合就是确定列车车次。显然，高速铁路旅客必须根据列车时刻表和出行信息安排候车、转乘等。旅客一般不可能考虑所有的服务和客票组合，并进行比较，只能根据列车时刻表和期望的出行时间，在一个波动范围内进行比较和权衡，从而做出决策。在旅客出行决策过程中，出行目的、出行费用、出行时间、时间价值和舒适度（包括拥挤程度）等因素，都会对整个出行决策产生很大影响。

（二）旅客决策的影响因素

旅客的出行方式选择受供给属性和需求属性两个方面的影响。

1. 供给属性

供给属性是指外部运输环境特征。旅客所面对的运输供给条件不同，做出的选择决策也将有所不同。选择影响因素是多方面的，主要从运价、运行时间、交通工具的安全性、舒适性、准时性等来分析。一般来说，旅客在出行时会对旅客运输的供给属性进行比较，选择适合自己需求的出行方式。

目前，由于我国仍存在一定程度的时间性、地域性、方式性的运输短缺现象，这在一定程度上使得旅客的出行方式选择发生了因短缺引起的强制性替代，造成供给属性对出行方式选择作用的扭曲现象。

2. 需求属性

需求属性是指从出行者自身利益出发来考虑出行方式的选择问题。影响旅客自身利益的因素很多，包括旅客的收入水平、出行目的、出行距离、出行时间价值、方式偏好、职业、年龄、性别等。一般旅客会结合个人的情况选择自身认为最满意的出行方式。

面对多种满足出行要求的方案时，旅客必须从中选择出最优的一个，但仅凭旅客自己的主观感觉往往很难做出全面正确的判断。

二、旅客对服务的期待

客运服务质量优劣取决于旅客对服务的期待和实际感知之间的对比。从某种意义上讲，服务质量属于主观范畴，对客运企业质量优劣的评价在很大程度上由旅客期望所决定。

旅客期望受各种各样的因素影响，包括可控和不可控的因素。无论是对于最终消费者还是组织消费者、纯粹的服务还是产品附加服务、有经验的消费者还是没有经验的消费者，期望的类型和来源都是相同的。

从广义来讲，服务就是为了国家，为了集体，为了企业，为了某种事业和他人的利益而工作。铁路客运部门的服务，就是通过客运人员向旅客提供一定的劳务活动，即提供安全、快捷、舒适的服务，满足其在旅行中的愿望和旅行生活方面的需要。旅客运输服务的实质是保证旅客在旅行过程中，以旅客需求为中心，提供安全舒适的乘载工具和良好的环境，具体表现在：买票便捷、旅行时间短、安全、正点率高、乘坐环境舒适、服务周到、态度好、票价合理等，这就要求铁路运输企业加强安全管理；列车正点到发；车厢内有现代化设备；配备高素质的列车服务人员，提供优质的服务；办理旅行手续便捷；收费规范，对团体客票给予优惠；为方便旅客购票，增设售票点，实现电话售票、网上售票；优化列车开行方案，提倡列车高密度、多等级开行，开行精品列车；全面提高旅客列车的旅行速度等。

1. 旅客期望

旅客期望是指旅客心目中认定的客运服务应达到和可达到的水平，是旅客评价服务的关键。旅客期望的服务按服务水平高低可以分为理想的服务、合格的服务和宽容的服务3种。

理想的服务也称"欲求服务"，是指旅客心目中向往和渴望追求的较高水平的服务。理想的服务实际上有一个理想水平区，可称为服务的理想区间。如果旅客感受到的服务水平在理想区间，那么旅客会感到满意。如果旅客感受到的服务水平在理想区间上方，那么旅客会感到惊喜。合格的服务是指旅客能接受但标准一般，甚至较低的服务。旅客心目中合格的服务可视为是期望服务的最低要求。宽容的服务是旅客心目中介于理想服务和合格服务之间的服务。在旅客看来，这类服务虽然不那么理想，但比合格服务要好，是正常、使人放心和不必去挑剔的服务。"宽容"的意思就是不挑剔和接受。因此，宽容的服务也可称为不挑剔的服务。

2. 旅客期望与旅客满意的对应关系

客运服务中旅客期望与旅客满意之间的关系，大致可分为以下3个层次。

（1）旅客的要求必须满足，对应的旅客期望是基本期望。旅客认为这类产品或服务应当提供，不需要去明确表达这些期望。例如，列车内部的卫生环境如果不好，会让旅客产生不满。

（2）旅客要求明显，对应的旅客期望是显性期望。旅客明确知道自己需要什么样的服务，并能够表达出来，而且认为铁路客运部门应该清楚他们的期望，并能够满足他们。如果这个层次的旅客要求和期望得到满足，旅客会对企业的服务表示基本满意。因为旅客这类期望的高低是与旅客消费档次相关联的，故可认为是价格关联期望，旅客支出越多，其期望越高，高的票价应对应优质的服务。

（3）旅客期望得到额外的收获和满足，对应的旅客期望是超值期望。旅客隐约希望得到这些不确定服务，但这些服务是什么样的，自己又说不清或想象不出，所以他们并不指望能够享受这些服务。正因为如此，即使企业没有满足旅客的这些期望，也不会影响他们对服务质量的感知。然而，一旦旅客得到这些服务，就会喜出望外，十分满意。

旅客的需求是因人而异并不断变化的，而且会越来越高，因此准确地把握旅客的需求是铁路客运部门运营管理的前提。

3. 影响旅客服务期望的因素

1）影响旅客服务期望的可控因素和不可控因素

影响旅客服务期望的可控因素包括明确的服务承诺和含蓄的服务承诺。影响旅客期望的不可控因素包括忍耐服务的强化、个人需要、暂时服务强化因素、可感知的服务替代物、自我感知的服务角色、口头交流、过去的经历、环境因素、预测服务。

2）影响容忍区域的因素

（1）不同的旅客具有不同的容忍区域。例如，习惯了好的服务的旅客要比一般旅客容忍程度低，挑剔的旅客要比随和的旅客容忍力差。

（2）不同的服务维度导致不同的容忍区域。旅客对服务过程和结果的5个评价维度包括可靠性、响应性、保证性、移情性和有形性。5个维度容忍区具有各自不同的特征，最终旅客对总体服务质量容忍区的确定与这5个维度的容忍区位置及形状密切相关。

3）影响理想服务期望的因素

影响理想服务期望的因素包括两大类：一类是忍耐服务的强化；另一类是个人因素。

忍耐服务的强化，一方面受到派生服务期望的影响，指的是某旅客的期望受到另一群人期望的驱动；另一方面受个人服务理念的影响，个人服务理念是旅客对于服务的意义和服务提供商正确行为的根本态度。

4）影响适当服务期望的因素

影响适当服务期望的因素包含5个方面：暂时服务强化因素、可感知的服务替代物、自我感知的服务角色、环境因素和预测服务。

（1）暂时服务强化因素通常是短期的、个人的因素，这些因素使旅客认识到服务的需要。当初始服务失败时，对补救服务的适当服务期望将会提高。

（2）可感知的服务替代物指旅客可以获得服务的其他提供商，如旅客可选择铁路、公路、航空及水运出行。旅客可感知的服务替代物的存在提高了适当服务的水平，缩小了容忍区域。

（3）自我感知的服务角色指旅客对所接受的服务水平施加影响的感知程度。明确说明期望的服务水平的旅客，可能对没有达到该水平的服务更为不满。旅客在服务中积极参与程度也影响该因素。旅客感觉自己没有履行义务时，其容忍区域会扩大。如果旅客在服务传递中对服务施加了影响，对适当服务的期望就会提高。

（4）环境因素指旅客认为在服务交付时不由服务提供商所控制的条件。一般而言，环境因素暂时降低了适当服务的水平，扩大了容忍区域。

（5）预测服务指旅客相信他们有可能得到的服务水平。这种服务期望可以看作是旅客对即将进行的交易或交换中可能发生事件的预测。

5）影响预测服务的因素

影响预测服务的因素包括：明确的服务承诺、含蓄的服务承诺、口头交流和过去的经历。

（1）明确的服务承诺是企业传递给旅客的关于个人和非个人说明，明确的服务承诺既影响理想服务水平又影响预测服务水平。

（2）含蓄的服务承诺是与服务有关的暗示，往往被与服务有关的价格和有形性印象控制。一般而言，价格越高，有形性印象越深，旅客的服务期望也越高。

（3）口头交流指的是由当事人发表的个人及非个人的言论，由于被认为没有偏见，所以是很重要的信息来源。专家、朋友和家庭也是可以影响理想和预测服务水平的口头交流的来源。特别对于旅客运输这种在购买和直接体验之前难以评价的服务中，口头交流非常重要。

（4）过去的经历。旅客会将经历与其最理想的服务进行比较。

三、旅客旅行的个体心理与需求

旅客乘车旅行的心理活动，贯穿了从其产生旅行的需要开始，到其到达目的地结束旅行为止的整个过程。旅客作为个体，心理活动既体现着一般规律，又具有个体特点。

（一）旅客旅行的共性心理与服务

旅客旅行的共性心理是指所有旅客在乘车旅行的过程中从开始买票到旅行终了，经过各个环节，遇到各种情况，所具有的相同的心理活动。一般来讲，人们出门旅行首先要考虑选择乘坐何种交通工具，其共性的心理主要表现为要对交通工具的安全、经济、迅速、方便等方面进行比较；然后再对舒适程度、服务质量等方面进行比较，分析哪种交通工具的旅行条件优越；最后选定交通工具。旅客在旅行中的共性心理是相当复杂的。下面对旅客共性心理活动进行一般性的分析。

共性心理需要可划分为总体方面的需要和各旅行阶段的心理需要。

1. 旅客旅行总体方面的需要及表现

总体的需要是每一个旅客在整个旅行过程中（包括旅行的准备工作及乘车旅行）一直存在的需要，其主要表现在以下几个方面：① 安全心理；② 顺畅心理；③ 快捷心理；④ 方便心理；⑤ 经济心理；⑥ 舒适心理；⑦ 安静心理；⑧ 被尊重心理。以上几个方面的具体内容在之前已经介绍，这里不再重复。

2. 旅客旅行各阶段的心理需要及表现

旅客在旅行过程中的不同阶段，存在不同的心理活动和需要。客运服务应对旅客每一阶段的心理活动进行分析，实施有针对性的服务，以保证旅客的要求得到满足。旅客乘车旅行的心理活动过程可划分为 8 个阶段：① 旅行动机的产生；② 旅行工具的选择；③ 购票；④ 去车站；⑤ 进入车站及上车；⑥ 车上旅行；⑦ 到站下车及出站；⑧ 继续乘车旅行。以上 8 个阶段，在本书之前的内容中已经介绍，这里不再重复。

3. 旅客旅行心理需要的规律性表现

旅客旅行需要，无论是总体的表现，还是在各阶段的表现，都呈现一定的规律性，具体可概括为以下 3 点。

1）需要的档次性

随着人们生活水平的提高，旅客出门旅行除了基本需要的满足之外，需要的档次在不断提高。对于旅客来讲，在把乘车旅行的需要转变为行动前，总是先把需要水平定在一定预期上，在其行动时，就会出现以下两种情况。

（1）需要水平定得太高，旅行条件不允许，需要不能得到实现。如果出现这种情况，旅客的旅行受到挫折，旅客可能会产生两种反应：一是中止旅行，二是将需要水平降低，然后再看旅行条件是否允许。

（2）旅行条件能够满足需要水平的实现时，旅客旅行的行为就能够进行下去。同时，旅客的下一步需要水平也会相应地提高。因此，需要的满足经历了由简单到复杂、低级到高级、物质到精神的发展过程。

例如，旅客在对旅行条件进行分析的基础上，将车票需要水平定为二等座。如果到售票处很容易地买到了车票，这时他就可能会想如果能乘坐一等座更好；如果二等座票没有买到，而他又必须旅行，这时就会想有张无座票也行了。

2）需要的强度性

旅行需要的强度受多种因素影响和制约，主要包括旅行的目的、距离、时间及服务人员的服务态度和质量等方面。

3）需要的主次性

旅客在旅行的过程中，心理活动反映出的需要不是单一的，而是多种多样的。旅客的心理需要在旅行的每一阶段总有一种或两种需要处于主导地位，其他需要处于从属地位。例如，乘车前，购票需要是第一位的，车票买不到，其他旅行的所有需要都不能成为现实；买到车票后，有关乘车安全、生理等方面的需要则占据主导地位。所以，高速铁路客运服务人员要掌握旅客心理活动变化的规则性，为深入细致地做好服务工作创造条件。

4. 满足旅客旅行共性心理需要的心理服务措施

为满足旅客旅行心理需要，铁路部门提出了全方位心理服务思想。全方位心理服务思想就是将旅客旅行整个过程中产生的所有心理活动综合在一起考虑，使旅客的需要得到满足的一种服务思想。实施全方位心理服务可从以下3方面入手。

1）延伸性服务

延伸性服务包括旅客进入车站前及出车站后的所有方面，其主要服务项目包括以下3个方面。

（1）加强旅客运输服务信息的宣传与信息的咨询。根据旅客旅行的需要预先或随时提供旅客所需要的各种信息，畅通旅客和旅客运输部门之间的沟通渠道。

（2）做好与其他交通运输工具的协调配合，满足旅客集结、疏散、中转乘车的需要，加强旅客列车发生晚点等异常运行情况时对旅客的组织。

（3）加强旅馆、餐饮业的组织和管理，满足旅客住宿、饮食方面的需要。

2）车站服务

车站服务项目需要从软件（管理）及硬件（设备设施）两方面入手。

（1）加强高速铁路客运服务人员的职业培训与管理，提高高速铁路客运服务人员的管理水平、业务能力和职业道德水平，提供周到、热情、令旅客满意的服务，保证对旅客的进出站、上下车进行有效组织。提高中转签证、补票、退票及漏乘等方面的服务质量。

（2）铁路车站设计合理化。合理设计车站的进出口，使其有利于旅客的进出；增加购物、饮食、饮水、洗漱、厕所、娱乐、休息等服务设施。

（3）采用先进的技术设备，如自助售票系统、旅客自动引导显示系统、列车到发计算机通告系统、旅客信息咨询系统、广播系统、旅行包托运管理系统等，满足旅客对旅行信息、购票、上下车等方面的要求。

3）列车服务

提高列车服务质量同样需要从软件和硬件两方面考虑。

（1）加强对列车工作人员的技能培训，提高列车工作人员的素质和服务水平，做到随时根据旅客的需要，提供满意的服务。

（2）合理安排铁路列车的饮食供应，提供物美价廉的食品和饮料。

（3）从旅客列车车体的设计和运用方面考虑，提高车体座位的舒适性，加强车厢内的通风、温度调节，增加车厢内的娱乐设施；提高旅客列车运行速度，缩短旅客旅行时间。

对旅客共性心理需要的研究是旅客运输部门加强旅客运输管理，采取各种服务措施的基础。在旅客运输市场竞争不断趋于激烈的情况下，提高客运服务质量，努力树立旅客运输企业的形象，是提高旅客运输企业竞争力的重要措施。客运服务质量提高的标准，就是要从根本上满足旅客的需要。为旅客提供全方位的服务，需要对旅客心理活动进行系统的分析，了解旅客的需要，有针对性地采取措施，这样会更为有效地解决旅客运输中存在的问题。

（二）旅客旅行的个体心理与服务

在旅行过程中的共性心理，是大多数旅客在旅行时普遍的、通常的心理要求。对于每个旅客来说，由于自身条件、旅行条件、个人性格、爱好、观念的不同，又必然会有不同的心理要求，这就是旅客旅行的个体心理需要。例如，有的旅客好动不好静，也有的旅客却是好静不好动；有的旅客出门旅行喜欢选择速度快的高速铁路列车，而有的旅客觉得长途旅行还是买卧铺票乘车比较舒适。可见在旅客的共性心理需要中包含着个性心理需要，普遍规律中蕴藏着特殊性。

旅客在旅行过程中，当旅行条件发生变化时，心理要求也会随之变化。旅行者的心理活动除受自身条件制约以外，还受客观事物变化的影响。所以，旅客的个性心理与共性心理相比较，更为复杂多样。

高速铁路客运服务人员在服务工作中，既要掌握旅客旅行的共性心理，又要探索和理解旅客的个体心理，才能避免服务工作的片面性和盲目性，从而做到更加主动、更有针对性地实现文明服务、礼貌待客。

由于广大旅客的个体心理复杂多变，包罗万象，高速铁路客运服务人员要全部了解、掌握是极困难的，而且也无这种必要，但应该注意综合一些具有较普遍、较典型、有代表性的个体心理，以便在日常服务中能够了解旅客的心理，提供有针对性的服务。

社会上的每一个人，都有可能成为铁路运输的服务对象，适当将市场进行细分，从研究每一类旅客的心理需要来了解这一类旅客旅行的个体心理需要，是有效地解决问题的依据。

下面用 7 种分类标准对旅客进行分类，并分析每一类旅客的旅行心理。从某种意义上讲，某一类旅客的心理，对全体旅客来讲，它属于个体心理；但对该类旅客来讲，它属于共性心理。

1. 根据旅客气质划分

旅客的气质，在整个旅行活动过程中会通过他们的言行表现出来。深入细致地观察旅客的言行，可以了解旅客的气质类型，从而能够有针对性地提供服务。

1）急躁型旅客

急躁型旅客相当于胆汁质型旅客。急躁型旅客对人热情、感情外露、说话直率而快、言谈中表现自信，这种类型的旅客容易激动，通常喜欢与人争论问题，而且力求争赢，对服务的评价易走极端。他们在旅行中常常显得粗心，经常丢失东西。在服务工作中，对急躁型旅客言谈应注意谦让，不要激怒他们，不要计较他们有时不顾后果的冲动言语，一旦出现矛盾，应当尽量回避。

2）活泼型旅客

活泼型旅客相当于多血质型旅客。活泼型旅客活泼好动，他们反应快、理解力强，显得聪明伶俐。他们动作敏捷、灵活、多变。旅行中他们对人热情大方，喜欢与人交往和聊天，喜欢打听各种新闻。他们情感外露并且变化多端，经常处于愉快的心境之中。在服务工作中，对活泼型旅客应尽量满足他们爱交往、爱讲话的特点。在与他们交谈过程中，不要过多重复同一内容，以免使之不耐烦。应主动向他们介绍车站设施及娱乐场所，以及各地风光和特产，以满足他们喜欢活动的心理。

3）稳重型旅客

稳重型旅客相当于黏液质型旅客。稳重型旅客平时表现安静，喜欢清静的环境。他们很少主动与人交往，交谈起来很少滔滔不绝和大声说笑，情感很少外露，使人猜不透他们想什么或需要什么。但稳重型旅客自制能力很强，做事总是不慌不忙，力求稳妥，生活有固定的规律，很少打扰别人。他们反应慢，希望别人讲话慢些或重复几次，自己讲话也慢条斯理，显得深思熟虑。他们的注意力比较稳定，对新环境不易适应，但一旦适应了又对乘坐过的列车或打过交道的服务人员产生留恋之感。在服务工作中，对稳重型旅客介绍或沟通事情时，应当注意讲话的速度，重点适当重复一下。一般情况不要过多地与他们交谈，如有交谈，尽量简单明了，不要滔滔不绝，以免他们反感。

4）忧郁型旅客

忧郁型旅客相当于抑郁质型旅客。忧郁型旅客感情很少向外流露，心里有事一般不愿对别人讲，宁愿自己想。他们在旅行中性情孤僻、不合群、沉默寡言，不喜欢在公共场合与人交往和聊天。这类旅客对事情体验深刻，自尊心强，很敏感，好猜疑，想象丰富。他们在遇到困难或挫折时，会表现得非常痛苦，如丢失东西、身体有病或与人发生纠纷后会长时间不能平静。他们讲话慢，有时又显得话很多，怕别人听不清楚产生误会。他们行动迟缓、反应慢。在服务工作中，对忧郁型旅客应当充分尊重，对他们讲话要清楚明了，和蔼可亲。尽量少在他们面前谈话，绝对不要与他们开玩笑，以免产生误会和猜疑。当他们遗失物品、生病时，应当特别关心和给予帮助，想办法安慰他们，使之感到温暖。

2. 根据旅客职业划分

人们在社会生活中，因职业不同，造成所处社会阶层和生活方式的不同，从而形成不同的心理特点和旅行需要。这种不同的心理特点，反映在乘车旅行生活中，便会对旅客运输服务工作产生不同的要求。可以分析不同的职业各自所具有的心理，了解不同职业旅客的心理活动，从而有针对性地做好服务工作。不同职业的旅客旅行中的心理表现如下。

1）工人

工人组织性、纪律性较强，在旅行时对旅行条件一般要求不高，比较重视旅行费用的高低。私人旅行时希望少花钱，公务旅行时希望能获得旅行补贴，因此，能有个座、吃上饭、喝上水就行，没有座位也能克服。工人旅客在旅行中一般都能自觉地遵守铁路的有关规定，维护站、车秩序，并能积极协助和支持高速铁路客运服务人员的工作。

2）农民

随着经济的发展，农民生活水平不断提高，思想观念也发生了变化，农民乘车旅行的次数在增多。农民乘车旅行比较突出的特点主要表现在以下3个方面。

（1）出门携带物品较多。

（2）多数农民旅客因不常出门，缺乏旅行常识，在旅行中又很少提出要求。

（3）强调乘车的经济性，希望尽量减少旅途费用。

农民旅行时，突出的个性心理活动是个"怕"字，怕事、怕别人询问、怕买不到车票、怕上不去车、怕坐过站，想咨询，但犹豫不决又不敢问。高速铁路客运服务人员应多掌握农民旅客的个性心理特点，主动、热情地为他们服务。

3）军人

一般来讲，现役军人具有较强的纪律性、自觉性和组织性，能够主动维护站、车秩序，支持高速铁路客运服务人员的工作。军人旅客在旅行中顺畅心理表现得很明显，一旦发生问题，不希望在大庭广众之下处理；单独旅行时希望能买到预想的车票，能有个候车的地方；较注重文化生活，希望能听到新闻广播，看到书报。

4）干部

干部大多具有一定的旅行知识，他们突出地表现出方便和顺畅的心理需要，希望买到预想的车票，担心列车晚点，打乱旅行计划；喜欢有个整洁、卫生的乘车旅行环境，吃到可口的饭菜等。他们很注意高速铁路客运服务人员的服务态度、服务作风、服务水平，十分关心旅客运输工作，愿意提出意见和建议。

5）学生

学生旅客主要指的是大中专院校的学生。学生旅客精力充沛，思想活跃。学生在乘车旅行中，乘车心切，急于想到达目的地，总是尽量减少在车站的滞留及等待乘车的时间，买到车票有座即可。他们旅行中的心理行为表现为喜欢聚集成群，好奇、好动；喜欢说笑、娱乐、热闹；爱串座、串车厢；到站喜欢下车散步买东西；饮食不讲究，经济实惠即可。高速铁路客运服务人员对他们的行为应礼貌地多给予提示，以免影响别人，或给自己增添麻烦。

6）自由职业者

在旅客运输中，自由职业者人数不断增加，这部分旅客给运输服务业提出了新的要求。自由职业者大体上分为以下 3 种。

（1）经济条件优越，旅行常识比较丰富的自由职业旅客。

这部分旅客乘车旅行共同的心理是追求旅行的舒适性，不注重旅行费用。有高等级座位不选择低等级座位；有餐车供应饮食，不自己携带食物，等等。所以高速铁路是他们旅行的首选。一部分人还喜欢自信地与同行的其他旅客聊天，或与高速铁路客运服务人员聊天，联络感情。

（2）从事长途商业贩运的自由职业者。

这部分旅客流动性大，结构复杂。一般情况下，他们携带的物品或资金较多。他们共同的旅行心理是既怕有人找他们的麻烦，又想在旅行中获得一定的额外利益。例如，有些人携带超重物品，企图在车票上作文章，花钱雇人捎送物品，与高速铁路客运服务人员联络感情，替他们办事等。由于一些做法属于违章行为，他们怕被察觉，在旅途中常担惊受怕，心事重重。对待这部分旅客中有取巧行为或违法活动的，要按相关规章制度严格处理；对大多数正常经营的长途商业贩运的自由职业者，应该热情、礼貌地为他们服务。

（3）去外埠打工的自由职业者。

这部分旅客大多属于青年农民，其中有的外出多年，有一定的旅行常识，有的初次离家外出，缺乏旅行常识。他们在乘车旅行的过程中，比较突出的心理活动表现在要求旅行的顺畅。一般不计较旅行的条件，只要能够买到车票、乘上车、顺利到达目的地即可，其他都是次要的问题，部分困难自己可以克服。高速铁路客运服务人员对这部分旅客，应该体谅他们的旅行心理，从购票、候车、乘车旅行、出站等多方面提供使其满意的服务，不能因为他们不提或少提要求，而忽略了对他们的服务。

3. 根据旅行目的划分

旅客出门旅行，虽然有些人职业相同，但因旅行目的不同，其心理状态也会存在差异。同样，有些人虽然职业不同，但旅行目的相同，也会有相同的心理活动表现。

1）公务、商务出行旅客

公务、商务出行旅客共同的个性心理要求是对旅行条件要求较高，他们一般首选高速铁路为出行工具。受出行目的的影响，他们对时间要求高，怕晚点；饮食要求经济实惠；在旅途中喜欢站车清洁、有序；爱看书、听广播，喜欢聊天或玩扑克；比较关心旅客运输服务工作的改进和工作人员服务态度等。

2）旅游旅客

随着人民生活水平的提高，以出门旅游为目的的旅客越来越多。他们共同的个体心理是盼望顺畅、便利，能够玩得愉快、高兴。长途和短途旅游的旅客又有不同的心理状态。

（1）长途旅游旅客。

因旅行距离长，对旅行条件要求较高，希望能够购买到预想的车次、车票种类，在站、车上休息好，希望能够多看到、听到沿途的风光和介绍，了解旅游景点的信息等。

（2）短途旅游旅客。

短途旅游游客多数利用双休日、节假日到近郊名胜、海滨、集市等去做一两天的短距离旅游，所以时间观念强，乘车要求条件不高，只要能够上车，车内拥挤一些也可以。

3）探亲访友旅客

这部分旅客在全部旅客中占有一定的比例，尤其是在重要节日或公众假期，人数较多。探亲访友旅客共同的个体心理表现在平安、顺畅、便利、安静等方面。

4）治病就医旅客

乘车到外地就医，患者和陪同的家属心情都很沉重。

（1）重病患者因存在生命危险，希望旅客运输部门给予方便、照顾。患者希望不离开担架，且担架放置平稳；陪护人员能够在身边，随时照顾自己；到站后能够迅速出站，前往医院等。

（2）病情不严重者有的有人陪同，有的无人陪同，一般能够自己照顾自己，但部分人员存在行动困难，希望得到照顾，有餐、茶水供应，病情突然严重时，能够得到车站、列车的应急处理。

（3）行动不便的残疾人往往希望在进出站、上下车时能得到引领、扶持，在车站内或列车上能坐、卧，在饮食方面能够获得多方照顾。

5）通勤旅客

这类旅客每天要两次乘坐交通工具，乘车经验丰富，对车站情况和列车到开时间非常了解，时间观念强，往往按点上车，到站又急于下车。有些人常自认为情况熟、环境熟，有"应变"能力，图方便、好侥幸，忽略站、车的规定，出现违章违纪行为。高速铁路客运服务人员要理解他们长期通勤通学、早出晚归的困难，对他们积极引导，多同情、少强制，多服务、少指责，尽量为他们创造一些方便的旅行条件。

6）其他旅客

除上述旅行目的以外，还有疗养、参加体育活动等多种旅行目的旅客。其共性的心理也须在日常工作中进行总结。

4. 根据旅行行程和旅行性质划分

1）根据旅行行程划分

旅客因旅行行程不同，存在心理需要的差异。前面对长、短途旅游旅客的心理状态进行了分析，下面从铁路运输部门按照旅行行程对旅客的分类来分析旅客所具有的个性心理。

（1）长途旅客。

长途旅客指乘车时间在9小时以上的旅客。长途旅客一般要求能够买到直通车票、卧铺票；也有一些旅客为了节省旅途时间，会选择高铁，通常会将二等座作为首选目标。他们希望用餐、饮水供应方便，喜欢看书报、聊天或进行一些娱乐活动以消磨乘车时间，解除长途旅行中的疲劳和寂寞。

（2）短途旅客。

短途旅客因乘车距离较近，旅行条件较差也能够克服。短途旅客进出站有时图方便，喜欢横越线路，甚至在站内任意通行，因此，高速铁路客运服务人员应对短途旅客的旅行安全或无票乘车现象多加注意，需要从车站进、出口设置，旅客进出站组织、引导等方面入手，加强管理工作。

2）根据旅行性质划分

（1）本地旅客。

铁路运输部门称本地旅客为发送旅客。发送旅客按不同职业、不同旅行目的及不同旅行行程，表现为不同的心理需要。

（2）换车旅客。

换车旅客又称为中转旅客。换车中转产生的原因主要有以下3种。

① 无直达列车，必须在某一车站换乘。

② 为了在中途的某一站办事或基于缩短后续旅行时间着想，而在某站换乘。

③ 购买不到直达车票，只能换乘。

中转换乘比较麻烦，因此中转旅客共同的个体心理表现在：希望从始发站就能够买到从中转站到目的地的车票；在换乘站有合适的接续车次；换乘手续简单，可以随时办理；希望换乘方便，有候车休息的地方；在换车转乘时，旅客还担心列车晚点、签不上证、在换乘车站等待时间长等问题的发生。

（3）持公用乘车证旅客。

铁路职工持公用乘车证乘车，从铁路角度看，他们属于路内职工，但对于旅客运输服务部门，他们同其他旅客一样，是旅客运输部门的服务对象。

铁路职工持公用乘车证乘车，不需买票，他们因对旅客运输服务非常了解，熟悉有关客运管理的各种规定，在客运部门熟人多，在旅行中相对一般旅客具有一定的优越感。在旅行过程中，大多数人能够维持列车秩序，但也有一些人，不遵守客运管理的规定，随意进出车站；不走通道，横越线路，只图自己方便；在车站内、列车上，喜欢让高速铁路客运服务人员为他们提供额外方便。

5. 根据旅客自身条件划分

旅客的自身条件是指旅客的年龄、性别、体质、籍贯等方面。

1）不同年龄旅客

（1）老年旅客。

老年旅客都有安静心理，因行动不灵活，体力差，喜静不喜动。有些老年旅客对服务的要求高，喜欢给高速铁路客运服务人员提要求；在旅途中遇到困难，比较沉着。老年旅客是高速铁路客运服务人员的重点服务对象，在服务中要多为他们提供方便，多给予照顾。

（2）中年旅客。

中年旅客占旅客流量的较大比重。中年旅客一般具有丰富的旅行知识，比老年旅客行动灵活，比青年旅客稳重。高速铁路客运服务人员在满足中年旅客需要的同时，应虚心向中年旅客请教，接受他们对客运工作提出的意见和建议，据此改进服务方式，提高服务质量。

（3）青年旅客。

青年旅客乘车旅行时，好奇心强，喜动不喜静，非常活跃。

2）不同性别旅客

（1）男性旅客。

一般来讲，男性旅客在旅行时比较好动、喜欢说笑、遇事不愿迁就，尤其是有女性、少年儿童、老年人同行时，要求较多、好强；但又表现为比较随便、慷慨。有些人常在旅途中喝酒、吃东西，喜欢娱乐活动等。

（2）女性旅客。

女性旅客比男性旅客旅行要求少，只希望顺畅到站。带小孩的旅客更是宁可自己受累，也不愿小孩受苦，不愿麻烦他人；而且怕小孩吵闹，影响其他旅客休息。

3）不同体质旅客

根据体质状况，大体可将旅客划分为正常健康型、体质较差或有一般疾病型、重病患者型3种。对不同体质旅客共同的个体心理，可参考其他类型旅客的心理分析。

4）不同籍贯旅客

根据籍贯不同，可将旅客划分为两类：当地旅客和外地旅客。

（1）当地旅客。

当地旅客对乘车环境和当地情况比较熟悉，心理上没有顾虑，旅行的问题少。

（2）外地旅客。

外地旅客对乘车环境和地域情况不熟悉，心理上顾虑较多，甚至听不懂地方口音，怕出差错。这部分旅客是高速铁路客运服务人员重点服务的对象，对他们的服务要热情、主动。

6. 根据旅行中情况划分

1）没有买到车票，却又想乘车的旅客

这些旅客想方设法争取上车。高速铁路客运服务人员应理解他们的心情，了解这些旅客急于上车的原因，如确有急事，应采取灵活机动方法，允许其上车后补票。

2）上错车、坐过站、下错车、中途漏乘等旅客

旅客在旅行中发生这方面的失误，旅客本身有一定的责任，但从另一方面，也反映了旅客运输服务中出现的一些问题，如服务做得不周到、不细致。在发生此类情况后，旅客心情焦急、慌乱，希望高速铁路客运服务人员帮助妥善安排。高速铁路客运服务人员应一边安慰，

稳定其情绪；一边积极想办法帮助解决，防止发生其他意外。

3）超负荷列车中的旅客

列车超负荷会带来许多问题。如车厢拥挤、旅客无座席、空气不流通、闷热、有异味等。在这种情况下，旅客会有怨气、心情烦躁，旅行时间越长表现得越严重。这时，应注意车内的环境，尤其是保持适当的通风和适宜的温度；做好对旅客的组织工作，使车内有序。

4）携带"三品"进站上车的旅客

携带"三品"进站上车，有以下两种情形。

（1）不知自己所携带物品为"三品"，误带上车，看到、听到严禁旅客携带"三品"进站上车的宣传后，犹豫不决，不知如何处理。

（2）旅客有意将"三品"携带上车，他们担心被查出，对高速铁路客运服务人员有害怕心理。

高速铁路客运服务人员对那些在乘车时表现犹豫、徘徊，坐立不安的旅客，应注意观察和主动询问，既可以查出"三品"，防止意外事件发生，又可以了解到其他情况，提供适当的服务。

5）丢失物品的旅客

旅客丢失物品之后，表现出着急、焦虑、埋怨、后悔、心情沉重、不知所措等心理活动和行为。高速铁路客运服务人员要对丢失物品旅客进行安慰，注意旅客的动态，防止发生意外；同时积极配合公安人员寻找、破案。

6）无票乘车或携带物品超重的旅客

在旅客中，常会出现买短途车票乘坐长途车、不买票乘车、借用公用乘车证乘车、越席乘车、持无效票乘车、携带超重物品乘车等情况。对待存在上述问题的旅客，要分析问题产生的原因，判断是属于有意识的还是无意识的行为。如果属于有意识行为，这些旅客常表现为心里惶恐不安，怕被发现。高速铁路客运服务人员应坚持原则，按章处理，在处理中注意态度。

7）对旅行条件不满意、不如意的旅客

在旅客旅行过程中，总会出现一些对旅行条件不满意的事情，如未购买到预想的车票、餐车用餐时对饮食或服务不满意等。在这种情况下，旅客常表现出埋怨、气愤、不满情绪。对此，高速铁路客运服务人员一方面应检查自己工作中存在的问题，采取适当的方法改进；另一方面应耐心解释，争取旅客的谅解。

8）遇到意外事件的旅客

意外事件可能是由两方面的原因造成的，一是旅客原因造成的意外事件；二是旅客运输服务部门的原因造成的意外事件。旅客运输服务部门造成的意外事件，如发生列车事故等情况，会影响旅客正常旅行，甚至威胁旅客旅行安全。这时，旅客焦虑不安、心情烦躁，希望运输部门尽快排除险情，恢复列车运行。高速铁路客运服务人员应沉着、冷静，稳定旅客情绪，积极妥善处理。

9）临时患病的旅客

旅行中旅客突然生病或女旅客突然分娩，本人身心痛苦、着急、忧虑，急盼工作人员帮助，这时高速铁路客运服务人员要为其找医送药，妥善处置，条件允许时在较大车站送医院处置。

10）临时有急事的旅客

旅客临时有急事，表现出心情沉重、忧虑、不安、慌乱的状态，高速铁路客运服务人员要认真观察，及时发现有急事的旅客，了解原因，体贴旅客的心情，尽量帮助他们尽快解决问题。

11）在严寒、酷暑的气温下乘车的旅客

严寒或酷暑都会增加旅客的生理和心理负担，尤其是对长途乘车旅行的旅客而言。

在严寒环境下，旅客希望站、车有供暖系统，使站、车温度高一些，能够不在室外候车、检票。

在酷暑环境下，希望站、车内有空气调节系统，如空调或风扇，降低站、车温度，提供充足的开水和洗脸用水，能够买到饮料及其他防暑降温物品。

12）遇到天气发生突然变化的旅客

旅客随身携带衣服少，乘车旅行中突然遇到变冷的天气，心里会后悔、不安。在发生暴风、雨、雪时，旅客会担心列车受阻，影响到旅行的顺利进行，或到站后不能及时换乘其他交通工具继续旅行。高速铁路客运服务人员要说明情况，进行安慰，排除旅客不安的心情。

13）在不同时间的旅客

在夜间，旅客希望安静，能够休息好而不被打扰；在清晨，希望有洗漱用水，能及时上厕所；午餐后，能有段时间休息。高速铁路客运服务人员应根据旅客在昼夜不同时间的要求，做好服务工作。

7．根据旅客心理特征和行为表现划分

根据旅客心理特征和行为表现，总结归纳出以下几种心理。

1）逆向心理

逆向心理指的是和旅客旅行共同的个体心理相反的心理现象。

2）掩饰心理

有的旅客在旅行过程中，因受某种因素影响，强制掩饰自己真正的心理状态，总是以一种假象心理出现。如无票乘车，或持过期票乘车，害怕被查票时发现，但又故作镇静；已经携带"三品"上车，在乘警检查旅客携带品时，故意喜笑颜开，大谈检查"三品"的必要性。高速铁路客运服务人员应心细，警惕性高，察言观色，识破这种假象。

3）将就心理

有的旅客出门旅行怕惹是生非，只求平安到达就行。没有座位就站着；旅途喝不到开水就渴着；问事不理睬时，虽有不满心情，但不发怨言。高速铁路客运服务人员应从旅客的将就心理中，找出自己工作的不足，改进服务质量。

4）取巧和侥幸心理

少数旅客为省几个钱，或为个人方便，明知违反政策，也要做一些违背规定的事，持一种"等到被发现、被制止时再说"的心态。如不买车票上车、携带品超重、站内任意穿越及走行、明知为"三品"仍然带上车等。

5）恐惧心理

少数旅客有意识地违反国家政策、法令和铁路规定，如携带违禁品上车，刑事罪犯伪装正常旅客乘车潜逃等。他们在车上躲躲闪闪、精神紧张，从表情中反映出他们的恐惧心理。高速铁路客运服务人员应密切监控他们的动态，果断、机智处理。

6）忧郁心理

有的旅客因种种原因，如疾病、负债，出门找工作心中没有底等，在旅行中表现出沉闷不语、愁眉苦脸、双目发呆的状态。发现这样的旅客，高速铁路客运服务人员应主动关切、询问，尽力帮助解决。

7）自卑心理

有的旅客初次出门，情况不熟；有的旅客在生理上有缺陷，造成自卑心理，遇到问题不好意思开口，不敢问。高速铁路客运服务人员应对他们主动、热情地服务。

8）急切心理

有的旅客因有急事要办，如探望患重病的亲友，需要赶乘其他交通工具等，急盼快到目的地，一旦火车晚点，就更加心急火燎，心慌意乱。发现有急切心情的旅客时，服务人员要多加安慰，主动帮助他们安排好旅行事宜。

9）好奇心理

不常出门的旅客，特别是青少年，好奇心强，喜欢串车、下车，东问西问等；当列车行驶在沿线风景独特的地区时，一些旅客感到新鲜，常会东张西望。对这些旅客，高速铁路客运服务人员应多向他们介绍一些情况，稳定和满足他们的好奇心理要求。

10）兴奋心理

有的旅客因有喜事，或在旅途中碰到高兴的事，表现得兴高采烈，情绪激昂。高速铁路客运服务人员对于过于兴奋的旅客，应婉言相劝，要求其适当节制，以免由于兴奋过度而发生意外。

四、旅客旅行的群体心理与服务

（一）旅客群体的特点

旅客在站车内停留的时间多则几十个小时，少的几分钟，旅客流动性比较大，人与人之间少有思想交流，即使人与人之间有一些交流，也只是一般的聊天。旅客群体有其独特的特点。

1. 心理的认知性

由于共同的旅行需要，每一个旅客都意识到其他成员的存在，也意识到自己是旅客群体的一员，大家都有同属于该群体的心理感受。

2. 行为的联系性

旅客群体成员由于利益上的一致或者目标的共同性，在行为上必然产生相互影响、相互作用、相互补充，组成完整的行为系统，有时会形成统一的行为。

3. 利益的依存性

由于个体利益演变成群体利益，群体利益导致目标的共同性，旅客群体有着为全体成员共同接受的目标，这个目标往往使旅客团结一致。

（二）旅客群体的类型

1. 松散大群体

旅客群体是松散大群体，没有形成统一的规范制约人的行为，只是通过共同的活动目标以间接的方式将参加活动的成员联结在一起。在这一群体中，人们受社会舆论、道德和观念的制约，当遇到涉及部分或全体旅客利益的事情时，才会形成一致的、统一的行为。例如，当高速铁路客运服务人员与某一旅客发生摩擦时，如果高速铁路客运服务人员的态度比较强硬，不礼貌，会造成周围的大多数旅客站在该旅客一方，联合起来对该高速铁路客运服务人员进行批评、指责。这时他们把该旅客所处的位置与自己进行了调换，即如果自己是那位旅客，遇到高速铁路客运服务人员这样的态度，也是自己所不希望的，同情心使其他旅客结合在了一起。

2. 紧密小群体

在旅客大群体中存在一些相识或结伴同行的几个旅客所组成的小群体，尤其是一些旅行团体在一起旅行，由于相识，他们在日常生活之中有一定的思想交流，他们之间的感情要比不相识的旅客之间的感情深得多。因此，在旅行中，他们成为行为一致的群体，尤其是他们其中的某位与其他旅客或与高速铁路客运服务人员发生摩擦时，他们更加表现出态度与行为的一致性。

（三）对旅客群体心理的服务

1. 加强对紧密小群体的管理

由于相同的旅行目的，紧密小群体内的各成员具有相同的言行，他们同行、同住、同食。因此，加强团体售票、团体候车、团体上车的工作，尽量使小群体成员在站、车内都能在一起；避免与小群体内部人员发生争执，在他们中有人提出不合理的要求时，尽可能和蔼、礼貌地给予解释和说明；在遇到严重问题又必须解决时，在公正而讲道理的基础上，给予严肃处理。在列车上发生问题，如果车上不能解决，则到车站解决；如果在车站内发生问题，尽量把他们与其他旅客分离开，一方面可以避免对其他旅客产生坏的影响，另一方面可以削减他们的气势，使问题得以有效处理。

2. 用亲切、和蔼、礼貌的态度为大群体服务

由于大群体的一致行为往往是在旅客与旅客之间或旅客与高速铁路客运服务人员之间发生冲突时产生的，因此，亲切、和蔼、礼貌的态度可以为旅客制造一个轻松、愉快的乘车旅行环境，可以避免一些冲突的发生。高速铁路客运服务人员一定要加强自身的修养，避免与旅客发生冲突。对旅客大群体的服务，要从旅客共性心理需要和旅客个体心理需要两方面考虑提供相应的服务。

在解决旅客中的问题时，最好的办法是利用旅客群体内部的相互制约关系。例如，某位旅客吸烟，高速铁路客运服务人员去制止，在语言的运用上，要注意表达这样的意思，不是我要让你做什么，而是你的行为会影响其他旅客的健康。这样就能将旅客和高速铁路客运服务人员之间的关系转变为旅客之间的关系，就能起到约束作用，也有利于问题的解决。

五、掌握旅客心理的方法

旅客在旅行过程中，所有复杂纷繁的心理活动，都取决于旅客本人的年龄、性别、职业、体质和旅行目的等自身条件，他们的心理活动流露于外，往往表现在衣着、外貌、言行、举止和表情动态之中。高速铁路客运服务人员置身于广大旅客之中，只要具备一定的思想、文化基础与工作能力，并采用较好的工作方法，去努力探索与掌握旅客心理，就能更好地为旅客服务。

（一）掌握旅客心理活动的基础

高速铁路客运服务人员希望为旅客提供最好的服务，满足旅客旅行需要，但有好的愿望，

并不一定能够变成现实，必须具备相应的基本素质。

1. 要有明确的思想基础

高速铁路客运服务人员要树立全心全意为旅客服务的思想，有正确的服务观，有努力实现文明服务、礼貌待客的愿望，在实际工作中，就会自然而然地、主动地去探索和了解广大旅客的心理活动与需求，而不满足于一般化的服务。掌握旅客心理活动，目的是更好地为旅客服务，这是一个最重要的前提，这就要求客运部门各级干部，包括班、组长，都应以身作则，率先示范。

2. 要有正确的分析和判断能力

高速铁路客运服务人员在探索和了解旅客的心理活动规律之后，还需通过分析对旅客心理做出正确的判断，才能实现有效的、良好的服务。所谓判断，是对各种心理的肯定与否定的思维形式。正确的判断来自丰富的知识、经验与敏捷的思路。高速铁路客运服务人员对掌握的心理现象做出正确的判断，才能更好地满足旅客的心理要求。

3. 要细心、有耐心、有耐力

掌握旅客心理，探索服务规律，还要细心观察，也就是说要下功夫，花力气，才能了解旅客内心世界的活动。对那些有掩饰心理，外表很镇静的旅客，还有那些想得到高速铁路客运服务人员帮助，但又不好意思开口的旅客，不细心观察是难以发现的。

旅客的心理状态虽很复杂，但毕竟和各种旅行条件有关联，一时没有了解到，就不能怕麻烦，要有耐心。如对无票旅客，一般在不查票时看不出来，一旦广播查票，或查票人员到车厢，才表现不安或有其他动作。

高速铁路客运服务人员只有细心和耐心，才能正确掌握旅客心理，更好地做到优质服务。

4. 要有迅速、果断的应变能力

探索、掌握旅客的心理活动，在时间允许时可以细心观察，耐心判断，但旅客运输是动态的，运输本身就意味着有时间性，列车要按照规定时间运行，正点到、开。这就要求高速铁路客运服务人员有迅速、果断的应变能力，在很短的时间内，分析、判断出某位旅客的旅行心理活动，从而根据实际情况，采取相应的措施，做好服务工作。

5. 要具备一定的科学知识

研究掌握旅客心理，要有较好的思想基础，具备一定的工作能力，但只有这些还不够，因为还需要具备许多科学知识，需要熟悉社会生活，要熟悉铁路客运业务知识，要懂得有关心理学、服务学、美学、语言学、政治经济学等学科的一些基本科学知识。所以，各级客运部门应高度重视，有计划、有目标地通过各种途径，努力提高职工素质，以适应提高服务水平的迫切需要。

（二）服务方式的改进

为了改进服务方式、提高服务水平，高速铁路客运服务人员要转变服务观念，不断开辟服务新领域，寻求服务新方式，增添服务新内容，有的放矢，以满足不同旅客的不同需要。

（1）变体力型服务为智力型服务。为满足旅客旅行中物质和精神上的需要，高速铁路客运服务人员不仅要付出大量的劳动，同时，还须观察、了解旅客个体心理特征，分析、判断旅客在各阶段的具体心理需要，并想办法给以满足，做到想旅客之所想，急旅客之所急，帮旅客之所需，使他们高兴而来，满意而去。这是一项创造性的工作，一种高层次的服务，必须培养高速铁路客运服务人员成为智力型的服务人员。

（2）变物质型服务为精神型服务。旅客除了购票、托运行李及旅行安全等物质方面的需要外，还有一种精神范畴的高级需要，即社交和文化需要。这些高层次的需要，随着经济发展与人民生活水平的逐步提高，正在不断升级。精神需要的服务，有着广泛的领域、极其丰富的内容，有关服务措施应尽快建立，使客运服务成为一体化的服务。

（3）变执行型服务为需要型服务。旅客的心理需要是发展变化的并因人而异，越是高层次的服务，其差异性也越大。单纯执行日常的客运服务作业过程和程序，显然是不够的。要实现优质服务，还必须从旅客的需要出发，根据旅客的不同需要，进行针对性的服务，从执行型服务过渡到需要型服务。

（4）变传统型服务为科学型服务。高速铁路客运服务工作有其规律性，与心理学、社会学、管理学、旅游学、历史学、地理学及组织学等有着密切的关系。高速铁路客运服务工作应建立在科学的基础上。由传统型服务向科学型服务转变，无疑是铁路部门提高服务水平的一个重要方面。

素质拓展

在平凡中做到不平凡——在乘务工作中
通过观察旅客的心理表现提供有针对性的服务

罗静，重庆客运段动车队六组优秀列车长。瓜子脸，月牙眼，清秀的五官，高挑的身材，是罗静给人的第一印象。今年 35 岁的她，已经在重庆客运段工作了整整 16 个年头。

数年前，罗静以优异的工作表现成为成都至重庆间开行的动车组列车的列车长。在乘务工作中，罗静以优质的服务赢得了旅客的称赞。经常往返成渝两地的一些旅客记住了这位"美女列车长"。有人甚至为了乘坐她值乘的列车，而特意算准日子。

"对待旅客要像对待朋友一样，旅客来乘车就是朋友到家里来拜访。"罗静一边忙着巡视车厢，一边对记者说，"只要尊重旅客，细致观察他们的心理表现，重视他们的心理需求，真诚相待，以心换心，就没有解决不了的问题。"

一次，罗静正在车门迎接旅客上车，一位中年旅客来到罗静所在的 6 号车厢门口，罗静请他出示车票，中年旅客表情轻蔑地说："你有什么资格看我的车票！"罗静发现中年旅客眼神有些迷离，神态有些疲惫，说话有些"冲"，他可能是一名在职场打拼，上有老下有小的中年旅客，也许正面临工作或生活中的某个烦心事，有些压力，加上睡眠不太好，因此脾气有些暴躁，不耐烦，态度才会如此强硬。面对这种情况，要体谅旅客的处境，缓解其心理上的"焦躁"，不能"硬碰硬"。罗静开始耐心解释，该男子不耐烦地说票在包里，不方便拿。罗静便对他说："先生，那就请您先上车，等您把行李放下再向我出示一下车票，您看好吧？"见此情形，中年男子态度缓和了些，上车后便主动把票出示给罗静看。可是这位"倔脾气"的旅客似乎要故意刁难一下美丽的乘务员，罗静给他送水时，他指着罗静才接好的开水说"水不开"，罗静没有生气，只是微笑着把该旅客的水杯拿到电茶炉重新接满。过了不久，坐在座位上的该旅客突然冲着正在车内的罗静吼了一声"哎！"，罗静以为发生了什么事，赶紧过去问他有什么需要帮忙的，谁知这位中年旅客说了一句让人又好笑又好气的话："没事，我就是看你答不答应。"几番"折腾"之后，罗静依然保持着甜美的微笑为旅客们服务。临下车前，这位旅客取下了意见簿，在意见簿上各栏内郑重地签下了"非常满意"。

一直以来，罗静以优质的服务赢得了旅客的称赞，她的每一句温暖的话语，每一个亲切的微笑都让旅客倍感舒心。经常往返成渝两地的一些旅客记住了这位列车长，一传十，十传百，罗静在成渝动车组旅客中开始小有名气。有一次，一个儿童乘客因为列车环境封闭，一直在哭闹。她发现这名6岁的小旅客已经有比较强烈的自主意识了，她非常有"主见"，对于家长让其不要哭闹的理由做"辩证分析"，竟让家长无言以对。小旅客乐于展示自己已经长大的心理表现，让罗静想到了一个办法。她请小旅客担任列车长助理，承担乘务"工作"，布置了记录列车停车次数的任务，完成任务还有小玩具作为奖励。小旅客接到了任务，不再哭闹，开始认真执行任务。列车到站后，孩子缠着妈妈要把这位列车长阿姨带回家，妈妈问她为什么，孩子天真地说："因为阿姨对我很好啊！我是阿姨的助理呀！"

一名曾乘坐过罗静值乘列车的重庆富商曾主动提出，愿出高薪聘请罗静到他的公司担任文秘工作，面对高出自己工资许多倍的优厚待遇，罗静没有动心；许多演出公司、婚庆公司请她去当节目主持人，她也一一婉拒。因为她已经把自己的人生目标定位为一名铁路人了，罗静的父亲罗代明，是重庆车站从事铁路工作多年的老党员，在她刚参加工作时就曾教导她："你既然选择了铁路，就要热爱自己所从事的事业。"

父亲的教诲、组织的培养加上自己多年工作的磨练，让罗静有了很深的铁路情结，她说自己的心态其实很平常，只想着自己是一名平凡的铁路人，虽然有困难，也曾彷徨和矛盾过，但她愿坚持自己内心真正的想法——在平凡中做到不平凡。

点拨要点、领会精髓：

（1）在平凡的岗位上做到不平凡，需要踏实努力地工作，需要积累工作技巧，成为"行家里手"，而观察旅客的心理表现，辨识旅客的心理特征，把握旅客的心理需求，是高速铁路客运服务人员重要的业务能力和工作技巧。

（2）观察旅客的心理表现，辨识旅客的心理特征，把握旅客的心理需求等工作能力的培养，不能从功利主义的角度出发，把分析旅客心理只作为完成高速铁路客运服务工作的工具，而是要"从心出发、以心换心"，尊重旅客，在意旅客的心理表现，换位思考，体会旅客的心理状态。当你理解旅客、真心对待旅客，旅客自然会尊重你，配合你的工作。真心地热爱高速铁路客运服务工作，把高速铁路客运服务工作当成自己的人生事业，才能从"根"上打好爱岗敬业、成为"行家里手"的基础。

心理自助

说话太直的心理分析与解决之道

日常生活中经常会遇到一些人，说话很直，经常得罪人，但是他们往往自己并不知道，或者说即便知道好像也不太在乎，他们往往有一种我坚持了真理，我说的就是事实，既然是真理就谁都不怕的大义凛然和无所畏惧，让和他们沟通的人十分"受伤"。

我们也能发现有一类人虽然嘴"直"，但内心其实很热情和善良。那么为什么一个心地善良的人却总会用嘴伤人呢？

说话太直之所以伤人，是因为说话的人只顾自己说话，并不考虑和他对话的人的感受，也就是说在说话很直的人的头脑和眼睛里，他在和你说话，但是他只聚焦于他所说的事和他所思考的问题，他并不关注你听见这些话的感受，你在关注什么，这些话会不会伤害你，对你是否会产生不良影响等问题。

那他为什么会这样呢？因为他不会换位思考，所以不在乎别人的感受。

确切地说，他意识不到与人沟通交往还要考虑别人的感受这个问题，他以为你和他的感受会是一样的，在他的心智思维模式里，全天下的人对一件事的理解只跟这个事有关，这个事是个"1"，所有的人都会理解这是个"1"，而不考虑由于每个人成长经历、看待事情的角度不同，利益不同，关注点不同，动机不同，同样的一个"1"，别人可能理解出"2，3，4，5，6"等其他的意思和内涵。

在很多说话很直的人的眼里，他觉得和你共用的是一个世界，不分你我，他觉得没事，这个说出去的话没给他造成不好的感受，那么也就不会给你造成不好的感受。所以当你不舒服了、难受了、抗议了，他们一般会很不理解，觉得"这有什么"，觉得你很莫名其妙，自己很无辜。说话很直的人，因为从不关注别人感受，往往特别追求语言的犀利化，以至于在公共场合他们似乎特别有见解，而毫不理会这种见解可能会建立在别人的痛苦之上。

一个不会说话的人或情商很低的人，当他处在一个情境里的时候，他眼里对其他人的情况毫无察觉，对环境毫无意识，所以往往他一开口说话，就不在点子上，游离在大家的语境之外，别人的话外之音他也视而不见，很多时候像是自说自话。或者说出很多让大家尴尬的话也不自知。所以虽然他跟大家面对面，躯体上貌似在一起，但是似乎他是在自己的世界里，这个世界的周围似有一种无形的、透明的罩子，别人进不去，他也出不来。所以有时候，你被他说出的话气个半死，他还在你面前心安理得，一脸无辜地看着你。

一个人与外界沟通的方式最初是由家庭塑造的，很有可能一个说话很直的人会有一对同样说话很直的父母。在这样的家庭里，说话很直这个事从来就不是个事，大家沟通的时候会只关注事，而不关注当事人的感受，而其背后代表着的是一家人不分你我共享共生的心理机制，这样的家庭，每个人可能都没有私心，他们有着共同的动机，当然也就缺乏界限。

如果父母和子女之间的心理存在共生，没有建立清楚的界限，他们平时对越界的行为也就不会有抵触，也就是说平时他们中有谁做错了事情，其他人都可以跑来指责他，而不用考虑他的感受。而一个人被发现了什么缺点时，其他人可以毫无节制地表达出来，从来不关注当事人的内心。在这里一个人的动机被默认为是高尚的，他是为了对方更好。

还有一种可能是在说话很直的人的家庭里，日常的沟通就是各说各话，各干各事，大家对于彼此的感受也毫不在意，甚至互相指责，彼此都不认同，沟通存在扭曲，以至于孩子无法学会有效的沟通方式，只能被迫学会表达自己就行的沟通模式。

这种家庭沟通模式的特点就是对别人感受的漠视，可能每个人都会强调自己的感受，只活在自己的感受里，而从来不考虑别人的感受，只懂得表达自己的感受，而不懂得与他人进行感受的交流。所以当他们与外界交流时，就会出现只顾自己说，而不顾别人到底要不要听，适不适合听这个问题。

小妙招

正常情况下，当一个情商正常的人在说话时，他会首先扫视环境，关注每个人的差异，每个人是否话里有话，他会结合自己的身份地位，很快地判断出这种场合说什么样的话会比较合适，说什么样的话既能表达自己，符合自己的身份，又不会使人难堪。

一个心智成熟的成年人，会意识到自己和别人的不同，自己和别人是分离的，一旦意识到这种不同，当事人在说话做事的时候就能区分出你我，就会考虑你我双方的利益和感受，他知道他不是你，你不是他，你们是单独的两个个体，你们俩很可能动机不同，利益不同，自己说出去的话只能自己负责，自己觉得好别人未必觉得好，所以我们在说话办事的时候，要考虑对方的感受。

一个人说话很直跟他是不是个坏人没有关系，他只是不会考虑别人感受。

如果一个人的"特别会说话"是建立在考虑别人感受，不伤害别人的基础上，我们认为这是一种高情商的个人修养。但有时候一些人依靠说话为自己谋利益的时候，就变成了一种对别人的操控，因为这种人永远不暴露真实的我，他所说的话永远是他想让你听到的，而可能并不是事实，甚至跟事实相差十万八千里，又或者他嘴上说一套，背后做一套，甚至口蜜腹剑。光靠一个人说的话去判断一个人是否善良就太不靠谱了。如果生活中你经常生一些说话太直的人的气，一般你的心智年龄可能比让你生气的人高不了多少。当你再遇到说话很直的人时，不妨转到他的背后，看透他背后的心智年龄，想想他的家庭环境和成长经历，我想你会理解他，而不仅是推远这个朋友，尝试去理解他，如果你的心智高过了他，你就自然懂得如何与这种人相处，他的行为模式就不会再给你带来困扰。生活到了一定年龄，你会发现会说话的人特别多，能说到你心里去，说好话的人遍地是，相反倒是能跟你说真话的人很少，即便这真话有时听起来很闹心、很刺耳。

学会说话是一种很重要的能力，"好话"就要好好说，"坏话"也要婉转说，说之前先考虑一下对方的感受，而不是只考虑自己，如果你只考虑自己，别人就会有"不好的感受"，这个"不好的感受"会反弹回来，让你也不舒服。

万物平等，哪怕是你觉得对面是一个各方面都不如你的人，你也要学会尊重别人，这才是真正的修养。即便是对自己的家人，亲密的人，也是如此，甚至更要如此。

低情商这件事不仅会给别人带来不爽，更重要的是会影响自己的成长。

任务三 高速铁路旅客投诉心理与服务

知 识 点

旅客投诉的心理；
旅客投诉的原则。

技能目标

掌握旅客投诉的心理；
掌握处理旅客投诉的原则。

素质目标

能承受工作中的委屈，保持工作的热情。

在高速铁路客运服务的候乘组织、文明服务、制度落实、业务差错、安全检查、设备设施、旅客伤害、运输组织、重点旅客服务、环境卫生、站车秩序等各个方面，均有可能遇到旅客的投诉。如何处理旅客的投诉是摆在高速铁路客运服务人员面前的重要问题。

一、旅客投诉的心理分析

1. 求尊重的心理

旅客在采取投诉行动之后，都希望别人认同他的投诉是对的，他是有道理的；希望得到同情、尊重；希望有关人员、有关部门重视他的意见，向他表示歉意，并立即采取相应的措施。

2. 求发泄的心理

旅客在碰到他们烦恼的事情，或是被讽刺、挖苦甚至被辱骂之后，心中充满了怨气与怒火，他们想利用投诉的机会发泄出来，以维持他们的心理平衡。心理学研究表明，人在遭到挫折后主要有三种心理补救措施，即心理补偿、寻求合理解释而得到安慰、宣泄不愉快的心情。俗话说"水不平则流，人不平则语"，这是正常人寻求心理平衡、保持心理健康的方式。

3. 求补偿的心理

旅客受到一定的损失，希望得到补偿，继而向有关部门投诉，这是普遍的心理。当人们寻求满足，而又受种种条件的限制无法得到满足的时候，"求满足"就会变成"求补偿"。

二、处理旅客投诉的原则

处理旅客投诉的基本原则是迅速、有效、有礼貌地处理旅客的诉求，平息旅客的激动情绪，迅速解决问题。

1. 礼貌相待

遇旅客投诉，站立时身体不能东倒西歪（防止重心偏左或偏右），站累时，脚可以向后撤半步，但上体仍须保持庄重。站立时双手不可叉在腰间，也不可抱在胸前。眼睛平视，嘴微闭，表情诚恳，不能让旅客感觉到不被尊重。

2. 耐心倾听

在接待旅客投诉时，要做到热情相待、耐心倾听。要有礼貌地接待，使旅客有一种受尊重的平等感受，请旅客慢慢讲述，在态度上给旅客亲切感。接待投诉时必须认真听取旅客的叙述，即使是旅客不对，也不要急于辩解和反驳，要使旅客感到铁路方面十分重视他提出的问题。在听取旅客意见时，还应做一些记录，以示对旅客的尊重及对反映问题的重视，同时也给解决投诉提供依据。

3. 冷静分析

即使旅客怒气冲天、情绪激动，甚至蛮不讲理，也不能受其影响而冲动。相反，要心平气和、善解人意、逐步引导，充分尊重投诉者的心情，显示高速铁路客运服务人员有文化、有教养、有风度，并有能力帮助旅客处理好投诉的事情。

高速铁路客运服务人员要不时地对旅客表示同情。例如，"我们非常遗憾、非常抱歉听到此事，我们理解您现在的心情""感谢您对我们提出的宝贵意见"。对合理、正确的投诉，应表示歉意。要相信大多数旅客的投诉都是合情合理的，即使遇到个别爱挑剔的旅客，也应本着旅客至上的宗旨，尽可能满足其要求，包括心理需求。例如，旅客说："你们的服务简直糟透了。"这种否定一切的说法,显然是不客观、不恰当的。根据投诉礼仪的要求,正确的做法是先适当地安抚一下旅客:"真抱歉,我们的服务工作是有做得不够好的地方。"等旅客的态度变得较为缓和的时候,再向他提出问题:"为了进一步改进我们的工作,希望您多指教。您能不能告诉我,您刚才遇到了什么问题?"旅客发泄不满时,接待人员要表示出宽容,不要计较他的气话,在适当的时候说:"是的,是这样,关于这件事,您能否说得再具体一点?""现在我们有两种办法来解决这个问题,您看用哪一种办法好?"旅客做出选择后,他就会感到自己提出的意见受到重视并得到了解决。处理旅客投诉的方法,关键是要规定处理的及时性与负责性。对旅客的投诉既要表示理解、同情、重视、关心,也需注意处理问题不能主观武断,不轻易表态,不要简单回答"是"或"非"。不可擅自做主和超越自己的权限做不切实际的许诺,或者做出损害企业利益和声誉的行为。

心理自助

所爱隔山海,山海皆可平——铁路职工异地恋的相处之道

铁路行业是运输行业,往往别人团聚放假的时候,却是铁路职工最忙的时候。交通运输线 24 小时不停运转,铁路职工作息时间不同于普通行业职工的"朝九晚五",为此铁路职工与爱人往往相逢难,特别是客运乘务人员,工作是流动的,还有可能在外出乘,等待返程,爱情关系是异地恋,婚姻关系是两地分居。

分别期间的你是否格外思念遥远的她/他?异地的辛苦要如何化为甜?

小妙招

我们常听说:"异地恋太苦了,是没有结果的。"

诚然,很多时候,情侣彼此间的感情很可能会随着距离的拉远与时间的消磨逐渐转化为无休止的冷战和争吵,爱情的花朵也随之枯萎。花就开在那里,但失去了阳光与雨露,终究只是一时的美好,最终收获的只剩下怅惘与后悔。

但是,我们也看到了:即便异地,爱情的花朵也可以在双方的努力与共同的呵护下绚丽绽放。让我们来探寻这份美好的秘诀吧!

1. 我们给予彼此安全感,然后收获一颗同频共振的心

——是什么,让我们选择了异地恋?

"没想那么多,单纯觉得有感情在,一切障碍都可以克服。然后开始了一段恋情,就这样成了异地恋。"

"分隔两地,为了相聚,可以忍受分离。"

"就那样遇上了吧,而且我觉得,如果没有异地恋作为过渡,一个异性突然间进入我的生命里,我会觉得不适应而想要迅速逃离。我甚至需要这样一段距离,来慢慢熟悉。"

——在异地恋的过程中,我们的相处模式是什么,如何才能给予彼此安全感?

"我们工作日的时候几乎不会联系对方,周五晚上会在固定时间里通话,线上交流会更多一些。这种方式会让我们都有足够的空间去完成自己的事情。安全感建立在信任和诚实之上。"

"在日常交流中,我们会保持充沛的分享欲同时给予真诚的反馈;在条件允许的情况

下，定期或不定期的见面，一般会在一个月至一个半月间见一次面；创造独属两人的仪式感；将爱与被爱的情感都充分表达。我们觉得最重要的是不必用'异地恋'设定任何应该或不应该的相处准则，探索并选择最适合自己的方式才最重要。"

"异地恋的不安全感来自遥远的距离，来自不同的城市，但真正让人感到不安的是两种不再同步的生活方式，这也就是为什么，分居异地的情况在某种程度上比在一起生活过又进入异地模式的情况要来的更乐观。虽然过着同样的'北京时间'，但在看不见的角落里仿佛有一堵无形的壁垒，当生活不再同步，不安感便会接踵而至。不过虽然生活不再同步，但可以努力让心同频共振。"

2. 距离带来的沟壑，需要共同构筑的桥梁

异地恋过程中彼此感到最无力的时候是什么情境？我们是如何处理的呢？

"有时候遇到一些比较困难的情景，如想要联系对方但联系不上的时候，或者因为不能面对面沟通导致彼此在表达上产生误解的时候。这种时候一般会转移注意力，把问题留到见面之后再处理。"

"有些时候隔着屏幕，情绪的变动和一些细节难以察觉，信息沟通上不通畅。然后我们就会商量尽可能地见面，进行情绪调节。"

"最无力的时候肯定是对方遇到一些难以解决的问题或者生病后身体不舒服，需要人陪伴照顾，但是身在异地又没有办法及时陪伴对方，这种情况我觉得也没有太好的解决办法，我们彼此的做法就是把自己能做的事情做到最好，比如对方心情不好的时候虽然不能亲自赶过去陪伴，但是可以给对方在网上点些好吃的，买点礼物，打个电话听对方倾诉等，毕竟能够把异地恋维持下去靠的还是精神上的互相信赖，虽然身在异地很多事情都没办法做到，但这些细小的行为给失意的一方带来的安慰是其他人代替不了的。"

3. 换一个角度，考虑异地恋的价值

"让我学会了更多包容吧，能体谅对方的脾气，理解各自的事业压力等。同城可以频繁见面，不过不在一起也会更珍惜见面的美好。"

"带给了我能够自律成长、享受进取的感觉，同时可以把所学所得所闻所想很好地输出给爱人。各自保留成长的神秘感与期待感。"

"爱情很神奇，就不知不觉多了一份牵绊，让我知道未来有人在等我。两情若是长久时，又岂在朝朝暮暮。最重要的是，这个人的存在让人觉得安心。作为负责任的浪漫人士，希望不负遇见。"

4. 学会自立

"自立比较重要，哪怕对方不在身边也能过好自己的生活，另外就是不要觉得对方做什么都理所应当，多沟通，多理解对方吧。"

"有一个听起来或许有些'消极'的看法，就是说也许有些矛盾并不是因为异地恋，而是两个人性格、三观的不同，异地恋不过是放大了这些问题，所以当感觉这段感情出现了难以化解的危机时，不妨跳脱出异地恋这一框架，从其他方面审视一下两个人的关系，再考虑是否还要继续。人们之所以会选择坚持异地恋，并不是为了维持分开前的习惯，而是为了改变分开后的未来，别忘了，异地恋的目标还是在一起。"

"对于异地恋我觉得首先彼此要有一定的感情基础，在开始异地恋之前两个人要能够对对方有足够的信任与了解，异地恋无论对怎样的情侣来说都是非常艰难的一件事情，必然少不了争吵和误解，所以我的建议是在每一次摩擦中，双方一定要换位思考，当出现了某些矛盾难以在线上解决的时候，双方要冷静下来，把问题留给线下见面再解决，多了解对方的想法，多包容对方一些无关紧要的错误。"

4. 用真诚与信赖让这朵花永不凋零

"因为异地恋很难，所以能磨练更加坚强的意志。因为它很痛苦，所以在爱人和痛苦的一遍遍选择之间，更加确定了，我爱你。"

在大家的心声中，你是否听到了：真诚与信赖就是培育爱情这朵花的雨露和太阳。真诚的爱意可以拉近彼此的距离，所爱隔山海，山海皆可平。为彼此劈山填海的，就是情侣之间不为距离所改变的真诚与信赖。和她/他过好异地恋的每一天吧，每过一天，我们离下个相聚的日子就又近了一点。

项 目 实 训

以把握旅客心理提供个性化服务为主题排演情景剧

1. 实训要求

（1）若干人为一组，设组长一人。

（2）小组成员集体讨论，打磨以把握旅客心理提供个性化服务为主题的情景剧的剧本。

（3）根据剧本分配角色。

（4）小组成员全情投入排演。

2. 实训成果

（1）以把握旅客心理提供个性化服务为主题的情景剧的剧本。

（2）在舞台上演绎以把握旅客心理提供个性化服务为主题的情景剧（或录制表演视频，在课堂上集中播放）。

下篇

心理健康调节

项目五　高速铁路客运服务人员心理健康管理

　　铁路凭借速度快、服务质量好、舒适度高等特点，成为大众出行的首选方式之一。高速铁路客运服务工作的质量越来越受到重视。客运服务质量的高与低，一方面受铁路设施设备的现代化水平、旅客运输管理方式和作业组织模式、自然条件等多种因素的影响和制约；另一方面又受高速铁路客运服务人员的服务水平的影响和制约，而且后者是所有因素中最为关键和最为活跃的。

　　高速铁路客运服务人员在整个高速铁路客运服务系统中处于核心的位置。高速铁路客运服务人员应具备较高的政治觉悟，高尚的道德情操，严格的组织纪律性，强烈的事业心和责任感，广博的知识，更应该具有强健的体魄和极强的抗压能力，这些都是作为高速铁路客运服务人员应该具备的必要条件。

引导案例

理性面对工作压力

　　张梓墨是乘务组的骨干，对待旅客真诚、热情，工作敬业，业务能力很强，多次被评为"技术能手""先进工作者"。最近有一个晋升乘务长的机会，与她竞争的几位同事在业务能力、资历等方面都不如她，张梓墨认为这次乘务长的职位非自己莫属。然而最终不如自己的赵晶却意外获得了这次晋升的机会。张梓墨大失所望，工作中情绪低落，魂不守舍，多次不按服务规范操作。一天，一位旅客的不理解与埋怨成了压垮张梓墨的"最后一根稻草"，她再也抑制不住自己的情绪，将自己连日来的愤懑一起向旅客宣泄出来。事情发生后，有旅客拍摄了视频，传到了网络，这条视频成了"热搜"，造成了极坏的社会影响。单位对张梓墨做出了停职检查的处分。此时，她才追悔莫及。

案例点评：

　　在心理学上，应激是指机体对各种社会刺激的反应，包括生理、心理、行为 3 个方面，由于职业活动而导致的应激，称为职业应激。工作压力是一种常见的职业应激现象。

　　工作压力的负面作用表现为：

　　（1）对工作不满意，产生厌倦感，导致工作效率降低、缺勤率高、失误增多。

　　（2）出现失眠、疲劳、情绪激动、焦躁不安、多疑、感觉孤独、对外界事物兴趣减退等现象，严重的将导致高血压、冠心病、消化道溃疡等疾病。

　　（3）导致一些危害行为产生，如吸烟、酗酒、滥用药物，上下级关系紧张，迁怒于家庭成员等。

　　工作压力主要来自外部环境和人内心的一种自我希望，适度压力能让人产生挑战自我的成就感，而过度的压力就会引起严重的负面作用。因此应对工作压力，首先要培养内心对工作的正确态度，要做好本职工作，相信是金子总会发光；同时也可以使用静思、转移注意力、合理发泄、适度娱乐等外部方法缓解工作压力。

任务一 | 高速铁路客运服务人员态度的认知与情绪的控制

知 识 点

- 了解态度对个人行为的影响；
- 了解态度的成分及态度的形成与改变；
- 了解情绪的作用及情绪调节与控制方式。

技能目标

- 学会以不同的态度区别对待不同的人；
- 学会以严谨的态度对待工作；
- 学会在工作中控制自己的情绪以便更好地为旅客服务。

素质目标

学会控制情绪，保持长久的工作热情。

心理测评

请扫描二维码，进行抑郁情况测评。

一、态度及其培养

（一）关于态度

态度是个人对他人、对事物的较持久的肯定或否定的内在反应倾向。人们在认识客观事物或在掌握知识的过程中，不是被动地去观察、想象和思维，也不是毫无区别地学习一切，而总是对人、对事物先抱有某种积极、肯定或消极、否定的反应倾向，这种反应倾向也是一种内在的心理准备状态，它一旦变得比较持久和稳定，就形成态度。态度影响一个人对事物、对他人及对各种活动做出定向选择，影响一个人的行为，可以决定一个人的生活方式。

态度具有对象性、评价性、稳定性和内在性 4 个特性。对象性指态度是具有对象的，是针对某种事物的。评价性指是否赞同该事物。态度相对情绪而言具有稳定性，是一种对事物比较持久的而不是偶然的倾向；态度是个体内在的心理状态，往往不能为别人所直接观察到，但它最终会通过当事人的言行表现出来。

（二）态度的成分

态度具有 3 种主要成分，即认知成分、情感成分和行为倾向成分。

1. 认知成分

认知成分是指个人对态度对象带有评价意义的叙述。叙述的内容包括个人对态度对象的认识、理解、相信、怀疑及赞成或反对等。例如，一个人对集体、对社会的某项措施有不同的认识和评价，这种认识和评价可通过赞同或反对的方式表现出来，有时是直接的，有时是间接的。

2. 情感成分

情感成分是指个人对态度对象的喜爱或厌恶、尊敬或蔑视、同情或冷淡。人对喜爱的事物或活动，一般会持有积极的态度；而对厌恶的事物或活动，持有消极的态度。

3. 行为倾向成分

行为倾向成分是指个人对态度对象的反应倾向或行为的准备状态，也就是个体准备对态度对象做出何种反应。态度的行为倾向是行为的准备状态，即准备对一定的对象做出反应的意向。

态度的 3 种成分相互作用和影响，往往是先有认知，而后产生情感，情感决定行为的意向。情感往往是态度最真实的表现。例如，一个人发脾气，旁观者会说"要什么态度"；受气者心平气和地进行说理，别人则会说"他的态度好"。

（三）态度的形成与改变

态度是个体在社会化过程中通过与他人、与集体发生关系而学习得来的。有些态度是经过教育或训练形成的，有些态度是在无意识的情况下，未经过正式的教育而获得的。态度的发生有两种情况：一是当个人对某一对象还处于无所谓的状态时，由于直接经验或间接经验的影响，而产生某种态度，这是态度的形成；二是当个人已经具有对某种对象肯定和否定的态度时，由于新的经验的影响，而使原来的态度发生变化，这是态度的改变。

1. 态度的形成

态度不是天生的，而是在后天的生活环境中，经过学习而形成的，是对某些事物从不曾有态度到出现某种态度。态度的形成一般会经过依从—认同—内化三个阶段。因此，态度能通过训练和教育而有所改变。在学习过程中，以下因素可影响态度的形成及发展。

1）需要的影响

个人对能满足自己需要的对象或能帮助自己达到目标的对象，必然产生喜好的态度；对阻碍目标实现或引起挫折的对象，则产生一种厌恶的态度。这种过程实际上是一种交替学习的过程，说明需要的满足与否对态度有重要的影响。

2）知识的影响

态度形成的基础是认知。知识影响态度的形成，也改变态度。个人对某些对象态度的形成，与个人对该对象的认识程度有关。例如，一项新的措施的实行，当职工对其有了较深刻的了解时，就可能持积极的赞同态度，如果不了解，就可能持反对态度，因此，加强对新措施的宣传是必要的。

3）团体的影响

个人的许多态度是从其所属的团体得来的，属于同一团体的职工常有类似的态度。人们对于他所喜爱的团体所规定的行为规范及其共同的态度，具有支持和遵守的倾向，总是使自己的态度与团体的期望或要求相符合。

4）个人性格的影响

同一团体的成员虽然具有类似的态度，但个人之间仍有较大差异，这是由于个人性格的不同所造成的。如一个团体中，多数赞同而个别人反对的事是经常有的，反之亦然。

5）其他

态度多半是由经验积累与分化而慢慢形成的，但也有一些态度可能仅有过一次体验就形成了，例如"一朝被蛇咬，十年怕井绳"的情况。

2. 态度的改变

态度是经过学习的过程而形成的，在形成之后，通常成为个人性格的一部分，而影响人整个行为的方式。态度的改变非常复杂，有时改变了认知成分，但没有改变情感成分；有时情感发生了变化，而认知成分没有改变；有时被迫改变了行为倾向，而情感并未改变，过一段时间又恢复为原来的态度。态度的形成就意味着有改变的可能，而态度改变也意味着新态度的形成。

1）态度改变的两个方面

（1）改变原有的态度强度。这时态度的方向没有改变，只是改变了态度的强度。例如，从略有反对或赞同，改变为强烈的反对或赞同，这种改变称为一致性改变。

（2）以新的态度取代原有的态度。态度的方向有改变，态度的强度也可能改变。例如，本来持反对的观点变为赞同，本来喜欢的变为不喜欢。这种改变称为非一致性改变。

通常所谓的态度改变指的是后者，即方向性的改变。当然，强度的变化存在着引起方向性改变的可能性，且方向性改变包括强度的变化。

2）改变态度的方法

影响态度形成的因素，往往也会成为改变一个人的态度的因素。下面介绍除影响态度形成的因素外的另3种改变态度的方法。

（1）改变参照系。态度的改变依据个人在特定环境中构成的参照系为转移，这种参照系由内在因素和外在因素相互作用而形成。内在因素是个人经验、欲望、智力、观点、性格等特征。外在因素是个人所处的社会环境中的人、事、物。

从内在因素来看，已经形成习惯性反应倾向的人，态度不易改变。从外在因素来看，个人的态度受社会环境和群体规范的影响，团体规定比单纯的说教更能获得改变态度的良好效果。改变参照系通常采取改变一个人所处的环境或团体来实现。例如，在一个管理松散机构工作的人，容易养成办事拖沓、效率低的习惯。如果将这样的人安排在管理严格、规范的单位，会改变他的态度。因此，创造一个紧张、规范的工作环境，是管理者加强管理，提高服务质量的重要手段。

（2）协调人际关系。人与人之间的相互影响，包括个人与个人、个人与群体之间的关系，使人形成不同的态度，也会引起态度的改变。个人的态度，可以随一个人所属的群体、活动和担任的角色的变化而变化。对一个人来讲，良好的人际关系，可能产生积极的态度。

（3）加强信息沟通。要改变一个人的态度，必须使活动的双方在思想情感上相互沟通，沟通的手段就是利用信息的传播。要使信息的传播达到说服的效果，需要注意信息来源的可信性，可信性高的信息具有强的说服力，而宣传者的威信影响说服的效果。另外，还要注意信息的内容和组织，对有争议的信息，可以采用正反两方面对比论证的方法进行沟通。

（四）态度的蝴蝶效应

在物理学中有一种"蝴蝶效应"：亚马孙河的蝴蝶扇动一下翅膀，美国就有一场暴风雨。在人的心理活动中，同样有这种"蝴蝶效应"。人的情感具有感染性，悲观的人散发出来的忧郁会让别人退避三舍，而乐观者则会用快乐吸引更多的朋友，这个现象可以定义成"情感传染的混沌效应"。

悲观和乐观态度都是情感散发的表现，都能让人了解你是谁，你到底是什么样的人。态度是感觉、动作和思考的表现，透露出你的气质、意见和个性。人有一种"向光性"，都喜欢与乐观的人做朋友，因为从他们那里可以感受到快乐。悲观的人，则会散发出一种拒人于千里之外的气息，让人退避三舍。

一个人的自我形象是经由态度传递或投射给其他人的，而所投射出去的信息会被别人接收，并做出相应的反应。一个人如果希望别人对你友好，那在对待别人时，须持有同样友好的态度。

（五）区别对待不同的人

社会上的每个人都是不同的，在性格上的表现也就千差万别，其中有些人是不容易打交道的，如死板的人、傲慢的人等。要与各种各样的人打交道，需要练就一定的处世功夫，根据对方的性格特点，采取不同的策略，灵活应对。

1. 对死板的人，要有热情和耐心

死板的人兴趣和爱好比较单一，不太爱和别人来往，他们有自己的追求目标和关注的事情，不轻易告诉别人。与这类人打交道，即使对方冷若冰霜，你也不必在乎，用你的热情来化解对方的冷，并认真观察他的一言一行，一举一动，寻找出他感兴趣的问题和比较关心的事情。

与死板的人打交道，要有耐心，不要急于求成。这种人比较注重自己的心理平衡，不愿意让那些烦人的事情来干扰自己。你要从他们的角度来考虑问题，维护他们的利益，慢慢促使对方接受新鲜事物，逐渐改变和调整他们的心态。

2. 对性急的人，要避免争吵

遇上一个性情急躁的人，头脑一定要冷静。对于对方的莽撞，你完全可以采用宽容的态度，一笑置之，避免与其争吵。

3. 对好胜的人，忍让要适可而止

好胜的人比较狂妄自大，喜欢炫耀，总是不失时机地自我表现，力求显得高人一等。他们不分场合地点地踩低别人，抬高自己。

对于这类人，大家可能从心里面看不惯，但是为了顾及其面子，不伤和气，总是谦让对方。有时对方把这种迁就退让，当作一种软弱，反而更不尊重你。所以对于这类人，需要在适当的时候，挫其锐气，使其知道"山外有山，人外有人"。

4. 对刁钻刻薄的人，保持相应的距离

刁钻刻薄的人，在与他人发生争执时易揭人短，不留余地和情面，使对方丢尽面子，在众人间抬不起头。

这类人常以取笑别人为乐，有理不让人，无理搅三分。碰到这类人，须与其保持距离，尽量不去招惹，吃一点小亏，受一两句闲话，也装作没听见，要不恼不怒，不自找没趣。

（六）对待工作的态度是一个道德问题

对待工作的态度，实际上是一个道德问题——职业道德。在一些西方国家，如果一个人做不好自己的本职工作，就会失去信誉，他再找别的工作也就没有了可信度；如果认真地做好一份工作，往往还有更好的工作等着你去做，也就会更有信誉并能创造出更大的业绩。这样不仅进入了一个良性发展的过程，更体现了付出与回报之间相互呼应、相辅相成的关系，即有付出必有回报，要得到回报必须首先懂得付出。

敬业精神是个比较理论性的概念，说起来可能比较抽象，但真正实行之后是可以明显地感觉出来的。是否把工作当作自己生活中重要的事情，是否为了干好工作与别人协作好、配合好，很容易看得出来。只有认认真真地对待自己的工作，踏踏实实地做好自己的事情，积极地寻求自己工作业绩上新突破的人才是公司真正需要的人才。积极的工作态度是一个优秀员工最基本的素质。积极是一个人向上的表现，积极也是任何企业都提倡的一种工作作风。积极的行动才能带来积极的成果，它要求我们在工作中能够考虑得远一点，思想先行动起来，多动脑子、勤动脑子。从平时的点点滴滴做起，努力做到"简单的事，全力以赴"，这才是我们所推崇的工作态度。

二、情绪与情感及其培养

人非草木，孰能无情。人生活在社会中，为了自身的生存和发展，就要不断地认识和改造客观世界，以期为人类文明、进步和发展创造条件。人们在变革现实的过程中，必然要遇到得失、顺逆、荣辱、美丑等情境，有时感到高兴和喜悦，有时感到气愤和憎恶，有时感到悲伤和忧虑，有时感到爱慕和钦佩，等等。人们所表现的喜、怒、哀、乐、忧、愤、爱、憎等都是情绪和情感的不同表现形式。

（一）情绪的调节

1. 体察自己的情绪

要时时提醒自己注意："我的情绪是什么？"例如，当你因为朋友约会迟到而对他冷言冷语时，问问自己："我为什么这么做？有什么感觉？"如果你察觉你已对朋友的迟到感到生气了，就可以对自己的情绪做一下调节。有许多人认为："人不应该有情绪"，所以不肯承认自己有负面的情绪。要知道，人一定会有情绪的，压抑情绪反而带来更不好的结果，学会体察自己的情绪，是情绪管理的第一步。

2. 适当表达自己的情绪

仍以朋友约会迟到为例，你之所以生气可能是因为他让你担心，在这种情况下，你可以婉转地告诉他："你过了约定的时间还没到，我担心你在路上发生意外。"试着把"我担心"的感觉传达给他，让他了解他的迟到会带给你什么感受。什么是不适当的表达呢？例如，你指责他："每次约会都迟到，你为什么都不考虑我的感觉？"当你指责对方时，也会引起他的负面情绪，他会变成一只刺猬，忙着防御外来的攻击，没有办法站在你的立场为你着想，他的反应可能是："路上塞车嘛！有什么办法，你以为我不想准时吗？"如此一来，两人开始吵架，别提什么愉快的约会了。如何适当表达情绪是一门艺术，需要用心体会、揣摩，更重要的是，要真正用在生活中。

3. 以适宜的方式疏解情绪

疏解情绪的方法很多，有些人会痛哭一场，有些人找三五好友诉苦一番，还有一些人会逛街、听音乐、散步或逼自己做别的事情以免老想起不愉快的事，比较糟糕的方式是喝酒、飙车，甚至自杀。疏解情绪的目的在于给自己一个理清想法的机会，让自己好过一点，也让自己更有能量去面对未来。如果疏解情绪的方式只是暂时逃避痛苦，而后须承受更多的痛苦，这便不是一个适宜的方式。有了不舒服的感觉，要勇敢地面对，仔细想想，为什么这么难过、生气？我可以怎么做，将来才不会重蹈覆辙？怎么做可以降低我的不愉快？这么做会不会带来更大的伤害？从这几个角度去选择适合自己且能有效疏解情绪的方式，你就能够控制情绪，而不是让情绪来控制你。

很多人时常被情绪所困扰，似乎烦恼、压抑、失落、痛苦总是接二连三地袭来，无法控制自己的情绪波动，于是频频抱怨生活对自己的不公平，期盼某一天快乐的来临。其实喜、怒、哀、乐是人之常情，想让自己生活中不出现一点烦心事几乎是不可能的，关键是如何有效地调整、控制自己的情绪，做情绪的主人，主宰自己的生活。

情绪的调节是不断地反省自己，克服消极情绪的过程。真正"做情绪的主人"并不是一件容易的事，它需要我们反复与消极的自我进行斗争，最终让"理性的我"战胜"非理性的我"，一旦战胜消极，成为积极的人，自然就能够调节自我的情绪。

对于积极者来说，消极情绪是可以自动转化的。在积极者眼里，或许挫折、失败、逆境等只是他们战胜自己的游戏障碍，他们会把这些当成人生的一种历练，消极情绪自然不见踪影。

（二）情绪的控制

许多人都懂得"要做情绪的主人"这个道理，但当遇到具体问题时却总是退缩不前，认为控制情绪实在是太难了。言外之意就是："我无法控制自己的情绪。"这些否定自我的语言长期存在于头脑中，就会形成一种严重的不良暗示，可以毁灭你的意志，丧失战胜自我的信心。还有的人习惯于抱怨生活："没有人比我更倒霉了，生活对我太不公平。"抱怨声中他得到了片刻的安慰和解脱："这个问题怪生活而不怪我。"结果却因小失大，让自己无形中忽略了主宰生活的职责。要想改变对身处逆境的态度，就要积极坚定地对自己说："我一定能走出情绪的低谷，现在就让我来试一试！"这样你的自主性就会被启动，沿着它走下去就是一片崭新的天地，就会成为自己情绪的主人。

在客运服务过程中，高速铁路客运服务人员面对可能出现的各种情况，要保持平和的心态，始终如一地耐心、热情地为旅客服务，就需要对情绪进行控制，具体的控制方法如下。

1. 保持适宜的情绪状态

林则徐曾将写有"制怒"的条幅挂在墙上，用来控制自己的情绪，这是用提示来防止或缓和自己不当情绪的一种方法。通过回忆过去被激怒带来的不愉快，或想起他人善于自制的形象，也有助于约束自己的不当情绪。用理性控制自己情绪发生的强度，或用转移注意来引导情绪发生的方向，这些方法都有助于保持适宜的情绪状态。

2. 丰富并端正个人的情绪经验

产生不适宜的情绪，往往是由于缺乏一定的情绪经验引起的。例如，参加比赛时的惊慌，大多是由临场经验不足而导致的。人的友谊感、责任感、欣赏艺术作品的美感和理智感等情感，也都是在生活中逐步积累情绪经验而丰富起来的，因此，经常创造表达健康情绪或良好情感的机会，有利于形成正确的情绪经验。

3. 从多种角度看待问题，使情绪向正确的方向发展

人们对事物的观察和体验，对生活中遇到的问题与挫折，倘若只从一个角度来看，可能会引起不安，造成终日苦闷和烦恼；如果从另外一个角度来看，就可能发现它的积极意义，使消极的情绪或情感转化为积极的情绪或情感。

💡 心理自助

调节情绪的六种方法

1. 呼吸放松调节法

通常情况下，呼吸是通过口腔和胸腔完成的，但呼吸放松调节法提倡腹式呼吸，它是一种以腹部作为呼吸器官的方法。首先，找一个合适的位置站好或坐好，身体自然放松；其次，慢慢地吸气，吸气的过程中感到腹部慢慢地鼓起，到最大限度的时候开始呼气；呼气的时候感觉到气流经过鼻腔呼出，直到感觉全部呼出为止。

放松调节主要是针对身体肌肉进行的，要和腹式呼吸一起使用。头部放松调节的方法是把头向前和向后最大限度地低下和扬起，扬起的过程中进行腹式吸气，低下的过程中进行腹式呼气。放松调节也可以围绕腰部、四肢等开展。

2. 音乐调节法

音乐调节法是借助情绪色彩鲜明的音乐来控制情绪状态的方法。

很多人有这样的体验：听着催眠曲就不知不觉进入了甜美的梦乡；在紧张学习了一天之后，高歌一曲会消除疲劳。现代医学表明，音乐有调整神经系统的机能，能解除肌肉紧张，消除疲劳，改善注意力，增强记忆力，消除抑郁、焦虑、紧张等不良情绪。运动员赛前如果有异常的情绪表现，比如过分紧张，此时听一段轻音乐，往往能使情绪稳定下来。正如德国著名哲学家康德所说："音乐是高尚、机智的娱乐，这种娱乐使人的精神帮助了人体，能够成为肉体的医疗者。"

运用音乐调节法时，应该因人、因时、因地、因心情的不同而选择不同的音乐。适宜的音乐，常可取得很好的效果。

3. 合理宣泄调节法

合理宣泄调节就是把自己压抑的情绪向合适的对象释放出来，使情绪恢复平静。对于消极的情绪，人们觉得痛苦难忍，对这样的情绪如果进行过分压制会引起意识障碍，影响正常的心理活动，甚至会使人突然发病。这时如果把自己有意见的，认为不公平的事情向自己的亲朋好友坦率地说出来，倾诉自己的痛苦和不幸，甚至痛哭一场，或者向远方的知己写封书信诉说苦衷，则可使情绪平复。当然，情绪宣泄要合理，要注意对象、场合和方式，不可超越法律的界限。

4. 理智调节法

不少消极情绪，往往是由于对事情的真相缺乏了解或者由于误解而产生的。需要冷静地、理智地分析一下，自己对事物的认识是否正确。当发现事情并不像自己认为的那样时，消极情绪也就不解自消了。消极情绪有时是因思想的狭隘性而强化的。当某种消极情绪产生时，会逐渐把主体的思想卷入这种情绪的旋涡中去，忧者更忧，怒者更怒，至于其他方面则忽视了、排斥了。这就需要进行辩证思维，多侧面、多角度去思考问题，当发现事情的积极意义时，消极情绪就可以转化为积极情绪。此外，还要学会"心理置换"，当与其他人争执而动怒时，设身处地为对方着想，也许就可以心平气和了。

5. 暗示调节法

语言对情绪有极大的暗示和调整作用。当受消极情绪困扰时，可以通过语言的暗示作用，来松弛心理上的紧张状态，使消极情绪得到缓解。比如，发怒时，可反复用语言暗示自己："忍得一时之气，免得百日之忧。"还可用"牢骚太盛防肠断，风物长宜放眼量"的诗句暗示自己。实践证明，这些方法颇为有效。

6. 升华

把业已产生的消极情绪，像痛苦、怨愤、嫉妒等转化为积极有益的行动，以高境界表现出来，谓之升华，即"化悲痛为力量"，有人对很有成就的同行产生了嫉妒情绪，理智又不允许他将这种心理表现出来，于是加倍努力，奋力拼搏，最终超过对手。不少人身处逆境，忍辱负重，但乐观进取、自强不息，取得了出众的成绩，为世人传颂，这是升华的典型。升华是调节消极情绪最高的也是最佳的一种形式。

郭德俊，田宝. 情绪：心灵的色彩. 北京：北京师范大学出版社，2002.

任务二　高速铁路客运服务人员压力的认知与调节

知识点

- 了解压力的定义及其对高速铁路客运服务人员的影响；
- 了解高速铁路客运服务人员的工作特点及压力来源；
- 了解常见的压力调节方法。

技能目标

- 学会根据不同旅客群体的行为特征分析其心理特征，为其提供有效的缓解压力措施；
- 学会尽快适应学习、工作环境；
- 学会根据工作中的不同压力选择有效的缓压方式。

素质目标

正确看待工作、生活中的压力。

心理测评

请扫描二维码，进行焦虑情况测评。

在现代社会中，由于竞争激烈，科技发展迅速，社会体制不断变化，每个人都会感到不同程度的工作压力。高速铁路客运服务人员长期在一个环境复杂、工作要求高、工作性质单一的条件下进行劳动，构成了一类特殊的职业人群。这种工作性质决定了他们工作时需要长时间保持注意力高度集中，担负着为广大旅客服务的重任，心理压力较大。

一、工作压力是如何定义的

压力是指个体在适应生活的过程中，由于实际或认识能力上的不平衡而引起的一种通过生理、心理和行为反应表现出来的身心紧张状态。具体地说，压力指的是一种身心反应。

工作压力的概念是从压力的概念衍生而来的，它是心理学、生物医学、管理学和社会学等学科的一个重要理论研究范畴，众多研究者从不同的角度对工作压力进行了定义。

总的来说，已有的研究主要从 3 个角度来看待工作压力。

（1）基于反应说，认为工作压力是由于外界刺激物的影响使人们呈现出一种不适的心理反应，该研究注重从个体的主观感受来进行分析。

（2）基于刺激说，把压力看成是人对环境的刺激所引起的一系列生理非正常反应，该研究注重从个体的生理特征变化来进行分析。

（3）基于环境与生理的交互作用说，认为工作压力是个体和环境之间作用的结果，该研究注重从具体外界刺激对个体的生理变化来进行关联分析。

二、工作压力对高速铁路客运服务人员的影响

工作压力是一把双刃剑，适当的工作压力可以激发个体和组织的竞争意识，提高个体和组织的绩效。适当的压力水平可以使高速铁路客运服务人员集中精力，增强机体活力，提高忍耐力，减少错误的发生。如果高速铁路客运服务人员学会面对并有效处理压力，就可以不断提高应对能力，工作效率也随之提升，所以，压力也是提高高速铁路客运服务人员能动性、适应性的有效工具。

过高的压力则会对高速铁路客运服务人员产生消极影响，工作中的压力和紧张状态往往会延伸到工作之外，对个体的影响可以从 3 个方面反映出来：生理方面、心理方面和行为方面。

（1）生理方面的影响。压力导致心率加快、血压升高、头疼、头晕、疲劳、睡眠不好、内分泌功能失调、机体免疫功能降低、体力下降等。压力是导致缺血性心脏病的危险因素之一。

（2）心理方面的影响。压力导致个体对组织承诺的降低、内在满意度的降低，以及影响工作动机、情绪过敏和反应过敏，并出现离职倾向。持续的工作压力易使高速铁路客运服务人员情感衰竭、缺乏成就感；长期的压力状况还会引起心理疾病及自杀等极端行为。

（3）行为方面的影响。压力导致缺勤、病假、离职增多，工作绩效降低，降低组织的认同感与内聚力，当持续的工作压力超过个体的耐受程度时可能导致工作倦怠、自我效能降低。

三、高速铁路客运服务人员的工作压力来源

随着我国高速铁路网的不断完善，列车运行速度和密度进一步提高，装备现代化速度加

快及生产力布局变化，使高速铁路客运服务人员面临的企业管理制度、岗位工作职责、工作环境也发生了相应变化，这些对高速铁路客运服务人员的心理、生理都有着重要的影响。

（1）列车装备更新升级，要求高速铁路客运服务人员在作业时对列车运行状态进行监控，具备敏捷的判断和应急处理能力，对作业程序要求更加规范。

（2）列车运行速度和密度的提升，造成高速铁路客运服务人员心理紧张和生理疲劳的加剧；提速后工作环境的改变也要求高速铁路客运服务人员作业更加规范，应急处置更加敏捷；同时高速行驶时视景变化极快形成的高密度冲击也加大了高速铁路客运服务人员的心理和生理疲劳。

（3）由于企业经营体制改革后实行轮乘制等制度，高速铁路客运服务人员的工作强度加大了，从而使得部分高速铁路客运服务人员超劳现象更加严重。这种长期高劳动强度的叠加使得高速铁路客运服务人员生理疲劳普遍存在。

（4）管理措施的强化，使得高速铁路客运服务人员在安全责任意识加强的同时感受到的压力增加。例如，实施定岗定责、对规对标、监控数据事后分析、"两纪"专项整治、末位淘汰制等针对高速铁路客运服务人员的专项管理措施，使高速铁路客运服务人员感受到了压力的增加。

（5）生产力布局的调整，导致高速铁路客运服务人员流动性加大，也使作业时间之外的准备时间增加。由于客运段的大规模重组、车间的调整，高速铁路客运服务人员可能较长时间远离家庭而担当作业，且出乘路途过长，使得高速铁路客运服务人员休息时间缩短，这样长期积累易造成生理疲劳。

四、高速铁路客运服务人员职业压力的启示

由于经济波动造成就业率与收入下降，再加上企业改制、机构重组、人员分流，以及企业生产力布局调整等政策措施的实施，一部分职工会面临新岗位、新工种、新的人际交往的挑战，因而会感受到前所未有的岗位竞争的压力，产生了从未有过的紧迫感、压力感和危机感。

安全生产带来的职业压力是高速铁路客运服务人员心中的无形压力。由于现代企业生产是专业化和系统化生产，任何环节出现技术问题（如标准偏差和设备质量隐患），任何一项管理出现漏洞，任何一个现场作业人员工作疏忽、违章违纪，任何一个安全环境出现盲点，都可能酿成严重后果。

新技术、新设备应用，以及高速度、快节奏带来的压力，是高速铁路客运服务人员面临的现实压力。现代企业生产环节紧密衔接、工作流程紧凑，稍有疏漏就可能酿成大祸。新技术、新设备的应用对各项技术标准和规章制度的科学性、严密性、系统性，对生产企业模式、企业管理等方面的要求都达到极高的程度，因而对管理人员、技术人员、操作人员的知识结构、专业技能和应急处置能力的要求也极高。

工作与家庭关系也是导致高速铁路客运服务人员产生沉重压力的原因之一。目前消费品物价上涨过快、购房困难、子女上学就业艰难等，让很多企业普通一线职工感到家庭经济生活压力偏大，繁忙的工作难以顾及家庭，昔日国企职工曾经有过的自豪感已不复存在。

许多高速铁路客运企业培训不足，学习提升的机会不多。高速铁路客运服务人员上岗以

后，就不断承受高强度的工作。在社会知识和技术更新换代很快的今天，企业员工在工作一段时间之后，就会发现自己的知识水平已经老化。可是，一些高速铁路客运企业没有制订科学的员工培训计划，员工的知识和技能得不到更新和提升，职业发展受到制约，这样无形中就给高速铁路客运服务人员带来了压力。

工作和生活不平衡。当今社会，人们的工作节奏加快，高速铁路客运服务人员为了工作放弃了休闲娱乐，生活中有许多事情都来不及协调处理，这样常常出现工作和生活的矛盾，给高速铁路客运服务人员带来极大的苦恼。

每一个员工都是在一定的环境中工作的。员工与员工、领导、管理制度、组织文化、工作环境之间的关系和谐与否，直接关系到员工工作情绪的好坏，进而影响工作质量。

五、工作压力带给高速铁路客运服务人员生理方面的问题

承受工作压力是生活中不可避免的。压力像空气、水一样时刻存在于我们的周围，是人类生活不可缺少的一部分。临床心理学家发现，溃疡病的主要起因就是心理压力。溃疡病患者往往具有这样的特点：拼命工作，总是担心工作不完美，担心自己能力不够，经常感到无助等。癌症和心脏病、高血压、紧张性头痛的发作也与心理压力有着密切关系。

所有研究表明，人在面临压力紧张的情况时，会有下列生理反应：呼吸急促，透气困难；心跳加速、口渴；肌肉紧张，尤其是额头、后颈、肩肘等部位的肌肉；小便频繁；不自觉的反应，包括胃酸分泌增加、血压升高、血液中化学成分组合的转变，如血糖、胆固醇的浓度提高。

这些反应是人体进入紧张状态的身体征兆，压力的反应起源于大脑，并通过它来协调身体，人体首先觉察到外界刺激对健康的威胁，这些可能涉及许多有意识或无意识的思想、信念、经历、情感和价值感等，大脑中的许多不同部位在整个信息处理过程中都起着重要作用。这也是生物体在长期进化过程中形成的一种本能反应。

在心理学家的眼中，90%的生理疾病都是心病，都是由心理原因引起的，所以，出现了生理疾病的心理学解释，如高血压是把外面的压力压到血管中去了，哮喘是被压抑的呐喊，麻疹是身体体验压力的一种反应。

六、工作压力带给高速铁路客运服务人员心理方面的问题

在现代社会中，由于竞争激烈，科技发展迅速，每个人都会感到前所未有的工作压力。工作压力过高、人际关系困难、家庭和婚姻生活困扰、缺乏自信心等种种问题困扰着高速铁路客运服务人员。

压力引起的心理反应有警觉、注意力集中、思维敏捷和精神振奋，这是适度的心理反应，有助于个体适应环境。但是，过度的压力会带来负面反应，出现消极的情绪，如忧虑、焦躁、愤怒、沮丧、悲观、失望、抑郁等；会使人思维狭窄、自我评价降低、自信心减弱、注意力分散、记忆力下降，表现出消极被动的状态。

工作压力带给高速铁路客运服务人员心理方面的问题主要体现在焦虑、抑郁、烦躁和孤独情绪等，帮助这一特殊职业人群解决压力导致的心理问题是高速铁路客运企业管理的当务之急。

七、影响高速铁路客运服务人员心理健康的因素

目前影响高速铁路客运服务人员心理健康的主要因素有工作环境、工作负荷、角度冲突、组织管理、管理行为、事业发展、人际交往、工作与家庭。

随着社会的发展和铁路事业的繁荣,有大量青年员工进入高速铁路客运服务人员的行列。他们强调自我存在的状态,一切行为习惯于从自身喜好出发,更加注重外在环境及环境中的人、事物与自己喜好的匹配程度。他们习惯将视角指向外部,特别是当自己遭遇挫折时,希望企业能够直接帮助他们解决问题或困扰。高速铁路客运企业应优化组织管理制度,改善员工工作环境,重视员工心理疏导,提升员工职业满意度。

(1)在工作环境上。优化客运设备设施标志、联控机制等;强化客运设备设施安全管理,减少突发事件;完善特殊情况应急预案。

(2)在工作负荷上。合理优化高速铁路客运服务人员连续作业时间。降低劳动强度,杜绝超劳。增加作业间的休息时间,降低疲劳累积。

(3)在角度冲突上。解决个人与组织目标的融合。赋予高速铁路客运服务人员必要的、适当的权利。关注高速铁路客运企业改革与高速铁路客运服务人员个人价值的同步发展与进步。

(4)在组织管理上。建立人性化的柔性管理制度,制定合理的奖罚制度,畅通管理者与高速铁路客运服务人员的日常沟通、交流机制。

(5)在管理行为上。强化人性化管理,发挥高速铁路客运服务人员参与管理的积极性,强调管理事务处理的公平、公正与透明。

(6)在事业发展上。建立和完善高速铁路客运服务人员的职业发展规划,建立高速铁路客运服务人员个人发展的支持体系。建立适宜的企业文化,增强他们的归属感。关注员工个人的进步和取得的成绩,强化激励制度。

(7)在人际交往上。建立和谐的企业工作氛围、和睦的同事关系。建立协作发展的优良团队精神。

(8)在工作与家庭上。积极改善高速铁路客运服务人员工资与福利。关心高速铁路客运服务人员家庭困难,解决他们的后顾之忧,支持他们处理好工作与家庭的关系。

八、压力的调节

缓解压力的方法不是孤立和一成不变的,它因时、因地、因人而异,但它又有规律可循。情绪调节法、音乐减压法、睡眠减压法、运动减压法、饮食减压法、放松训练减压法等,已被证明是行之有效的缓解压力技巧。尝试各种不同的释放压力的方法,可以帮助我们找到一个适合自己并且可以经常使用的方法。使用压力释放方法会改善人体的生理情况,使血压降低、心跳变慢、肌肉松弛、胆固醇减少等。

(一)情绪调节法

在工作中,无处不在的压力令我们无法逃避。在承受压力时,我们往往会失眠、愤怒、恐惧或抑郁,各种疾病也接踵而至。高速铁路客运服务人员的工作特点是长期在一个环境复杂、工作要求高、工作性质单一的条件下进行劳动,且劳动条件、工作环境及精神文化生活等均有其特殊性,构成了一个特殊的职业人群。所以,高速铁路客运企业很有必要帮助他们

掌握一些简单易行的情绪调节方法，释放不良情绪，保持生理、心理健康。

在工作中，常见到有些人脾气急躁，为区区小事大动肝火；有些人则遇事沉着，冷静处理。也有些人碰上高兴的事激动不已，甚至彻夜不眠，而碰上不如意的事则烦恼忧愁，悲观失望。常言道，人非草木，孰能无情。人们对待客观事物，总会表现出喜怒哀乐等情感。这种情感的表露，也就是通常所说的情绪。

情绪与健康有密切的关系。医学家和生理学家的调查研究表明，良好的情绪可以使你的生活得到幸福、愉快，健康长寿。长寿老人，都是在平静、温和、愉快的情绪中生活。相反，不良情绪则容易导致疾病。

根据相关统计，食道癌患者中56%以上有忧虑、急躁的消极情绪。专家据此指出，不良情绪可能是癌细胞的存活因素。

不少研究指出，情绪易激动者的冠心病发病率比遇事冷静者要高6倍。很多心肌梗死的患者，都是在情绪极度激动后发作的。

祖国传统医学认为：怒伤肝，喜伤心，思伤脾，忧伤肺，恐伤肾。现代医学也认为，情绪的剧烈波动，会扰乱大脑的功能，引起机体内生理机能失调和生物化学因素发生变化，如瞳孔缩小，血压升高，呼吸或急或慢，消化腺分泌受抑制，血液黏度和构成成分改变。这一系列的失常现象，很明显地会影响健康。

情绪的剧烈波动即使时间短促，但给人体带来的疾病往往延续很长时间。如果不良情绪持续很久，还可能造成神经系统功能严重失调，导致神经官能症，甚至神经错乱。

高速铁路客运服务人员要善于用理智去控制情绪，注意调整自己的喜怒哀乐。心理卫生专家提出了以下控制情绪的建议。

（1）创造良好的生活环境。搞好人际关系和家庭关系，使生活充满欢乐和谐的气氛。

（2）培养良好的心理素质。妥善、恰当地处理各类事情。学习一点心理卫生知识，纠正不科学的思想方法。

（3）可借物律己，转移注意力。当自己暴怒或非常气愤时，应设法转移注意力并离开现场，使情绪平静下来。也可以针对自己性格特点，借助某一事物或某种联想，提醒自己和约束自己，如林则徐就针对自己易怒的特点，书写"制怒"条幅以自诫。

（4）可进行情绪锻炼，调节自己的心情。健康包括躯体健康和心理健康。体育锻炼可以促使躯体健康，情绪锻炼可以促使心理健康。对高速铁路客运服务人员来说，情绪锻炼比体育锻炼更为重要。

情绪可以归纳为两大类：一是愉快情绪，如快乐、好感、恬静、和悦等；二是不愉快情绪，如悲伤、焦虑、紧张、沮丧、忌妒等。无论是愉快或不愉快情绪，都应该控制在适度的范围内，过激的情绪都是有害的。不愉快的情绪对人体的危害更大，80%的溃疡病患者有情绪压抑的病史，急躁易怒者易患高血压、冠心病；自卑、精神创伤、悲观失望者易患癌症；惊吓可以使哺乳的妇女乳汁枯竭。

情绪变化不单是主观感受，也有客观的表现，如紧张、激动时体温增高；考场上的考生，绝大部分白细胞比平时增多1～1.5倍；胜利者的伤口，比失败者的伤口愈合得快。

陶冶情操，培养兴趣，修身养性，做到生活有乐趣，精神有寄托，遇事要量力而行，做自己情绪的主人。

（二）音乐减压法

音乐是一定频率的声波振动，携带有不同的物理能量，可以转移和化解人们的心理焦虑，产生愉悦的感觉。音乐还能通过神经内分泌系统，进一步对人体机能进行调节，比如促进血液循环，促进胃肠蠕动及唾液分泌，加强新陈代谢等作用，从而使人精力充沛。高速铁路客运服务人员工作之余，用音乐减压是一种很好的放松方法。

音乐对神经系统有积极的调节作用，不同的乐曲对人体的作用不尽相同。所以要针对工作性质的不同和紧张程度，选择合适的音乐。例如，长时间脑力劳动后，听一听节奏明快、优美的轻音乐，能使你很快松弛下来；当你精神不振时，可以听听节奏感强、富有激情的音乐，以增强信心；如果刚进行了伴有强烈噪声的体力劳动，就不要立即去听打击乐；逢年过节，尽情娱乐时，应注意控制情绪，不要过于激动地长时间听节奏感强的音乐，以免听觉器官承受过重负担而引起疲劳。

每日3餐的用餐时间，以听轻音乐最为理想，使你产生一种愉快的情绪，并会使你大增食欲。做家务时，最好挑一些你喜欢的歌曲播放，它会使你的情绪被感染，家庭琐事所带来的厌烦之感会远离而去。

有研究发现，小声哼唱也可以减压。哼唱，即小声地、漫不经心地、肌肉放松地轻声哼唱歌曲、乐曲或者任何别的带旋律的曲调。它不要求方式和方法，不讲究科学性和艺术性，完全是随心所欲的流露，但如果这个下意识上升到有意识，久而久之，便会对自己的身心有极大的好处。

（1）音乐有利于冲淡不协调的气氛。当你与人发生了冲突、闹了一点儿矛盾之后，不免胸有积气，如果在此时，你能有意识地自己哼上几句音乐（强制自己哼唱总比强制自己承认错误或者避开矛盾容易得多），心气自然会逐渐平和冷静下来。

（2）音乐有利于集中精力思考问题。当你在集中精力思考着一个难解的问题，或者是在进行创作构思、发明设计、技术改造时，很可能"卡"住思路，再苦思冥想也难取得进展。如果这个时候你能暂离案头，关闭思路，有意识地哼上几句音乐，则会起到净化头脑、调节神经的作用，之后再来思考问题，说不定会产生意外的新思路。

（3）音乐有利于消除紧张的心理。人们在日常生活中，难免会处于各种各样的紧张状态之中，对于从事某些特殊行业的人更是如此。紧张是一种心理变化，而哼唱音乐则是消除这种特殊心理变化的妙方之一。

（4）音乐有利于解除疲劳。无论是体力劳动者还是脑力劳动者，音乐是解除精神疲劳和身体疲劳的一种很好的方式。

（5）音乐有利于消除烦躁、焦虑的心情。等车是一件非常烦躁而使人焦虑的事情。这时如果你有意识地强迫自己哼唱几首小曲，焦急的心情就会平静下来，也会觉得时间过得较快。

（6）音乐有利于气的代谢和血的流通。哼唱，不只是声带的运动，也是体内各肌肉组织、各器官协调运动的结果，更重要的是气的运动，当然，哼唱时各部位的运动都是极其放松、极其轻微的，但这已足够了。因为哼唱的是音乐，而音乐是有固定的节奏的，这就必然打破了正常的呼吸节奏，起到了调节气息的作用。

听音乐是一种最普通的放松形式。选择那种能够使你感到安静、抚慰的音乐，坐在舒服的座椅上，放松身体，闭目聆听，当有不相干的想法或念头进入你的脑海时，立即将它驱除，记住你的目的是音乐和放松，对自己说"音乐使我得到放松。"

高速铁路客运服务人员面对不同压力类别应选取的音乐减压方案见表 5-1。

表 5-1　高速铁路客运服务人员面对不同压力类别应选取的音乐减压方案

压力类别	曲目风格	代表音乐作品案例
抑郁	选择优美动听，节奏明快且强弱分明的音乐旋律	《春天来了》《喜洋洋》《雨打芭蕉》《步步高》《喜相逢》《匈牙利狂想曲》《苏格兰》《沉思曲》
焦虑	选择轻缓低吟、旋律优美、柔和的音乐	《高山流水》《春江花月夜》《田园交响曲》《蓝色多瑙河》《蓝色狂想曲》《塞上曲》《苏武牧羊》《花之圆舞曲》
紧张	选择旋律低沉伤感，节奏有起伏变化，强弱有明显变化的音乐	《平沙落雁》《白桦树》《三套车》《亚麻色头发的少女》《太阳雨》《天鹅湖》
胆怯	选择具有激昂情绪、振奋勇气功效的音乐	《保卫黄河》《国际歌》《娱乐升平》《解放军进行曲》《金蛇狂舞曲》《茉莉花》《涛声依旧》《望月》《珊瑚颂》《晚风》
人际关系紧张	选择具有大自然元素的舒缓音乐	《大海》《水上音乐》《彩云追月》《松涛声》《海浪》《雨滴》《泉水》及大自然的鸟鸣声
职业倦怠	选择曲调低吟、缓慢而轻悠的音乐	《平湖秋月》《烛影摇红》《军港之夜》《宝贝》《银河会》《摇篮曲》《催眠曲》

（三）睡眠减压法

压力往往来源于精神疲惫，而良好的睡眠能从根本上有效解决压力的问题。高速铁路客运服务人员因工作性质，常常是"黑白颠倒"，睡眠时间不足且无规律，致使他们压力大，严重者会产生精神崩溃等精神问题。休班在家时，应该充分、科学睡眠，在睡眠过程中享受零噪声的深度睡眠，有利于健康。

床是睡眠的关键因素。床的宽度和长度适宜，使人有足够的伸展余地。

睡觉时不应穿太多衣服。这是因为衣服扭着和拧着时易使人做噩梦。

卧室墙壁的颜色要柔和。人们普遍认为，某些颜色，如鲜红色和明黄色，可以使人睡眠时脉搏加快，这是应该避免的。

尽量减少卧室内的灰尘。地毯及其他织物容易扬起灰尘，因此，卧室的地上尽量不要铺满地毯，也不要摆设过多的织物类装饰物。

不要把花和其他植物放在卧室内。医学上早已证实，人对植物有不同程度的过敏，而这种过敏轻则影响睡眠的质量，重则令人无法入眠。

卧室的温度不宜过高和过低。专家建议，最佳温度应保持在 19～20 ℃。如果温度超过 24 ℃，人就会在床上辗转反侧，不容易熟睡。当然，被子如果厚的话，温度得做相应的调节。

要保持室内湿度。冬季屋内有暖气的时候，要特别注意这一点。

卧室里最好不要有亮光。也有例外，有些人在睡觉时习惯点亮灯光，因为他们害怕屋里漆黑一团。

保持室内的安静，减少噪声的干扰。

睡眠的卧位与方向也很重要。从人的生理结构来看，心脏位于胸腔的左侧，右卧便于心脏血液输出，从而减轻了心脏的负担。肝脏位于人体右上腹，右卧能使更多的血液流入肝脏，从而加强了肝脏的代谢与排毒功能。胃通向十二指肠的开口和小肠通向大肠的开口均朝右侧开口，右卧有利于食物在消化道中的消化运行。

许多专家研究认为，头朝南北向睡眠有利于健康。有人认为这是地磁对人体的影响。地球的南极和北极之间有一个磁场，生活在地球上的人均会受到这个磁场的影响。如果人体长期顺着地磁的南北极方向，产生生物磁化效应，使器官机能得到调整，就会给健康带来益处。

影响睡眠的其他因素如下。

（1）色彩。蓝色最安定，通常被认为是最适合睡眠的色彩；紫色对于人的身体能起到平衡作用，能够刺激或者促进睡意，提高睡眠的质量。浅蓝、浅绿、浅紫、粉红等浅色系能够使人平静，精神放松，是卧室中常用的色彩。最不适合睡眠的颜色有红色、橙色、黄色。红色使人亢奋，影响休息；而黄色对于眼睛的刺激大。

（2）灯光。视觉要素对于睡眠也有重要影响。卧室内的灯具应根据家具的颜色、风格而定，应选择相邻色系和统一风格的灯饰。通常，暖色光源可营造温馨、柔和的氛围，更适用于卧室。此外，卧室应利用多种光源，如利用床头台灯和落地灯打造柔和的视觉环境。

（3）气味。清新自然的气味，可以帮助人体放松神经、心旷神怡，快速进入梦乡。一般可以选择自然气味，或者自己熟悉的味道放置在卧室内。应注意不应随便使用气味，以防不适应。此外，适当的花香，可以让卧室香气萦绕，提升卧室情趣。

（4）床品。天然桑蚕丝、竹纤维、长绒棉、醋酸纤维等材质，使床品具有极好的亲肤性、透气性和吸湿性。例如，桑蚕丝具有很好的吸湿性和保暖性；竹纤维具有抗菌、抑菌、除臭和保健功能。与身体皮肤接触的床单、被罩、枕套等，最好选择此类产品。

（四）运动减压法

运动之所以能缓解压力，让人保持平和的心态，与腓肽效应有关。腓肽是身体的一种激素，被称为"快乐因子"。当运动达到一定量时，身体产生的腓肽效应能愉悦神经。适当的运动锻炼，还有利于消除疲劳。那么哪些运动能减压呢？

通常来说，有氧运动能使人全身得到放松。想通过运动缓解压力，可以参加一些缓和的、运动量小的运动，使心情先平静下来，如跳绳、游泳、散步、打乒乓球等。运动时间可掌握在每天半小时左右。

这里介绍一种放松肌肉的方法，可以在睡前练习。

（1）在一间安静、灯光柔和的房间里躺下，掌心向上，两腿伸直，脚尖向外。

（2）闭上眼睛，轻柔地按照自己的节奏呼吸。绷紧脸部肌肉约10秒，放松；缓慢地向上抬头，放下；提肩10秒，放松；伸展手臂及手指，握拳10秒，放松；提臀，然后缓缓地放下；脚后跟并拢，向外伸展腿和脚趾，然后完全放松。重复练习5次。

（3）呼吸减压。选一种舒适的姿势，或站或坐，将双手放在胸前，上身保持放松，吸气的同时扩展胸部，稍停，紧闭双唇，慢慢呼气，重复几次，就会感到紧张的情绪缓和了许多，心情也会随之舒畅。

（4）立姿，两脚分开与肩同宽。用鼻子深吸气，同时两臂缓缓经体侧平举至上举。待吸足气后（两臂恰成上举），两臂急速下放似"挥砍"，张口吐气的同时高喊一声"哈"。这一练习有助于消除精神紧张，并能使长期淤积在肺部的浊气排出。

为了达到放松身心的作用，可以选择自己喜爱的、能产生愉悦感的运动。运动完毕后要及时洗浴，防止感冒，运动时间不要过长，避免过度疲劳或兴奋。

不少静态性运动可以有效帮助高速铁路客运服务人员放松、抗疲劳。现在就介绍几种可在乘务室运动的放松法。

（1）放松眼睛。闭目转动眼球，先按顺时针方向转动 6 次，再按逆时针方向转动 6 次。然后睁开眼睛向窗外远处绿色草坪或树木眺望 2～3 分钟。

（2）放松全身。将全身分为若干段，然后自上而下进行分段放松。其顺序为：头部—颈部—上肢—胸腹—背—大腿—小腿。接着采用相反的顺序，自下而上分段放松。连续做 3 组。

（3）放松颈肩。坐在椅子上，缓慢地用力挺胸，使双肩向后张开，恢复原状后再反复做 10～12 次。然后做耸肩动作，左、右肩各做 12 次。

（4）放松手指。双手放在大腿上，掌心向上用力握拳，然后按拇指—食指—中指—无名指—小指的顺序依次伸开手指。反复做同样的动作，左、右手指各做 12 次。

（5）放松腿部。坐在椅子上，抬起脚尖，同时用力收缩小腿及大腿肌肉，然后用力抬起脚跟，小腿及大腿肌肉保持收缩 15 秒，然后放松，如此反复做 5 分钟。

运动能够缓解压力，让人保持良性的、平和的心态。当运动达到一定量时，身体产生的腓肽效应，能愉悦神经。腓肽效应让人感觉到高兴和满足，甚至可以把压力和不愉快都带走。但如果带着太大的压力和不良情绪去锻炼，在锻炼中思绪杂乱，注意力不集中，将影响锻炼的效果。有人刻意从事一些激烈的、运动量大的运动项目，认为出一身大汗，压力和不良情绪就会全部释放出来。专家指出，这种激烈且大运动量的锻炼，往往会造成身体疲劳，加上原来紧张的精神，压力不但排解不了，情绪反而会更坏。

如果想选择通过运动来缓解压力，可以先参加一些缓和的、运动量小的运动，使心情先平静下来，再逐渐过渡到大运动量的运动。如果压力来源于工作，可以参加一些集体运动，如篮球、排球等，在这些运动过程中，也可以体会到合作的愉快。此外，有时候换一个运动环境，可能对缓解压力起到意想不到的效果。如经常在室内运动的人，到户外去爬山，到小树林里去跑步，就会感觉轻松愉快。运动前可以尝试一下心理调节，也有利于运动中更好地释放压力。如在运动之前找个安静的地方，先闭目养神几分钟，做几次深呼吸；或对着镜子看看自己，说一句鼓励自己的话，让精神振奋起来。

高速铁路客运服务人员运动减压方案见表 5-2。

表 5-2　高速铁路客运服务人员运动减压方案

压力类型	运动项目	机理
职业倦怠	有氧格斗、拳击等节奏性强的运动	选择节奏快的运动项目，可以使身体保持兴奋，有助于发泄压力
抑郁、人际关系紧张	足球、篮球、排球等团队运动	选择团队运动项目，可以增强合作意识
焦虑	乒乓球、羽毛球、网球等运动	这些项目要求运动者头脑冷静、思维敏捷、判断准确，长期从事这些活动将有助于人走出多疑的思维模式
紧张	足球、篮球、排球等竞争激烈的运动	这些项目场上形势多变，紧张激烈，只有冷静沉着地应对，才能获胜
胆怯	拳击、单双杠、平衡木等运动	这些项目有助于运动者克服胆怯，战胜困难
急躁	下象棋、慢跑、长距离散步等强度不大的运动	这些项目有助于运动者慢慢冷静下来

（五）饮食减压法

缓解压力、放松自己与健康的体质有很密切的关系。在身心健康中，身体健康是基础，有了健康的身体，心理的健康才有坚强的后盾。除了体育运动能够增强体质外，饮食和营养也是身体健康的一个非常重要的方面。

饮食减压包括两个方面，一方面指科学合理的饮食可以保证高速铁路客运服务人员生理健康，为他们超强的劳动提供足够的物质与营养基础。这是高速铁路客运服务人员减轻心理压力的生理保证。另一方面，研究表明，有的食物有直接减轻人的心理压力的作用，有的食物还可提高我们的接受能力和工作效率，使我们的思维更加敏捷，精力集中。

食品具有人体生理调节机能。人们对食品功能的认识，在一个很长的时间内一直停留在两个方面，即食品的营养（一次功能）和味道（二次功能）。其实食品还有人体生理调节机能（三次功能）。所谓机能性食品是指这些食品中的一些成分具有调节人体生物节律，增强人体免疫能力和恢复健康等调节机能。

在工作繁忙的时候，人们往往会忽略饮食营养平衡，没时间购买新鲜食材烹调三餐，而是用方便面、快餐、甜食、膨化食品等来充当三餐。这样的饮食含有大量的钠盐，钠是促进紧张的元素，会让人的情绪更难以安宁，而对抗压力，缓解情绪所需要的钙、镁元素和多种维生素却严重缺乏。

所以，越是工作繁忙，越要在饮食上照顾好自己。多吃天然新鲜食物，每天半斤五谷杂粮，一斤蔬菜，半斤奶，二两豆腐，一斤水果，再加点坚果。当然，减少竞争心态和物质欲望，更有条理地安排好日常工作和生活，适度健身锻炼，经常接触日光和大自然，学习人际相处的技巧，都是对抗压力，让人们更健康、更安宁的重要措施。

（六）放松训练减压

放松是控制自主神经兴奋和镇静替代关系的自主行为方法，通过放松的练习可以让副交感神经系统重新得到控制。使用放松技巧会改善人体的生理状况，使血压降低、心跳变慢、肌肉松弛、血浆中的胆固醇减少。

放松训练是指身体和精神由紧张状态转向松弛状态的过程。放松主要是消除肌肉的紧张。在所有生理系统中，只有肌肉系统是我们可以直接控制的。当压力事件出现时，紧张不断积累，压力体验逐渐增强，此时，持续几分钟的完全放松效果很好。放松可以通过呼吸放松、想象放松、静坐放松、自律放松等方法进行。那么，是否需要放松，何时放松最好？除了压力测试外，可以从身体、精神方面了解自己。从身体方面，可以观察饮食是否正常、营养是否充分、睡眠是否充足、有无适量运动等；从精神方面，可以观察处事是否镇定、注意力是否集中、是否心平气和。如果回答都为"是"，说明比较放松；如果回答大部分为"不是"，那么需要借助放松训练来调整。

放松训练是一种自我调整方法，是通过机体主动放松来增强自我控制的有效手段。一般是在安静的环境中按一定要求完成特定的动作程序，通过反复的练习，使人学会有意识地控制自身的心理、生理活动，以达到降低机体唤醒水平，增强适应能力，调整因过度紧张而造成的生理、心理功能失调，起到预防及治疗作用。

放松训练的方法有多种，下面介绍几种方法，高速铁路客运服务人员可以利用早上醒来或晚上临睡前的几分钟进行练习。

1. 想象放松

（1）选一个安静的房间，平躺在床上或坐在沙发上。

（2）闭上双眼，想象放松各部分紧张的肌肉。

（3）想象一个你熟悉的、令人高兴的、具有快乐联想的景致，比如校园或是公园。

（4）仔细看着它，寻找细致之处。如果是花园，找到花坛、树林的位置，看着它们的颜色和形状，尽量准确地观察它。

（5）此时，敞开想象的翅膀，幻想你来到一个海滩（或草原），你躺在海边，周围风平浪静，波光熠熠，一望无际，使你心旷神怡，内心充满宁静、祥和。

（6）随着景象越来越清晰，幻想自己越来越轻柔，飘飘悠悠地离开躺着的地方，融入环境之中。阳光、微风轻拂着你，你已成为景象的一部分，没有事要做，没有压力，只有安静和轻松。

（7）在这种状态下停留一会儿，然后想象自己慢慢地又躺回海边，景象渐渐离你而去。再躺一会，周围是蓝天白云，碧涛沙滩。然后做好准备，睁开眼睛，回到现实。此时，头脑平静，全身轻松，非常舒服。

2. 渐进放松

（1）选择一间安静的房间，躺在床上或坐在沙发上。

（2）调整姿态，尽量舒服些。

（3）使右脚和右脚踝肌肉紧张，扭动脚趾，收紧肌肉，再放松，反复做几次，感受紧张和放松时不同的感觉。

（4）左脚和左脚踝重复同样的练习。

（5）收紧小腿肌肉，先右后左，重复紧张和放松。

（6）收紧大腿肌肉，先右后左，体会大腿紧张是怎样影响膝盖和膝关节的。

（7）收紧臀部和腰部，注意紧张和松弛两种状态的不同感觉。

（8）向上练习腹部、胸部、背部、肩膀的肌肉。

（9）练习前臂与手，抬起放下，先右后左，反复练习。

（10）最后放松脖颈、面部、前额和头皮。

放松顺序也可以自上而下，每天花几分钟时间练习，坚持下去，必有收获。

（七）情感宣泄减压法

宣泄是一种将内心的压力排泄出去，以促使身心免受打击和破坏的方法。通过宣泄内心的郁闷、愤怒和悲痛，可以减轻或消除心理压力，避免引起精神崩溃，恢复心理平衡。

高速铁路客运服务人员由于工作环境特殊，长期工作在环境单一、封闭且噪声不断的列车中，工作中的压力和紧张状态往往会延伸到工作之外，他们需要通过情感宣泄的方法将身体与心理方面的问题进行排解。

对不良情绪需要及时的宣泄。不宜提倡"喜怒不行于色"，如果压抑自己，不仅会加重不良情绪的困扰，还会导致某些身心疾病。因此对不良情绪的疏导和宣泄是自我调节的一种好方法。曾有一位运动员受到教练员训斥后很沮丧，不久引发了胃病，药物治疗不见效果。心理学家建议他在训练中把球当教练员的脸狠狠地打。采用此法后他的胃病果然好多了。这种不损害他人又有利于排泄不良情绪的自我宣泄法，可以借鉴。

不过这种宣泄应该是合理的，不伤害别人的。简单的打砸、吼叫、迁怒于人，找替罪羊（丈夫、妻子、孩子、同事……）或发牢骚、说怪话都是不可取的。有人说一份快乐由两人分享会变成两份快乐；一份痛苦，由两人分担就只有半份痛苦。如果把自己的烦恼、痛苦埋藏在心底里，只会加剧自己的苦恼。而如果把心中的忧愁、烦恼、痛苦、悲哀等向你的亲朋好友倾诉出来，即使他们无法替你解决，但是得到朋友的同情或安慰，你的烦恼和痛苦似乎也减轻了许多。想哭的时候大哭一场，释放积聚的负面情绪，调整机体的平衡，大雨过后是晴空，心中的不良情绪会一扫而光。

（八）转移注意力减压法

转移注意力减压法的原理是在大脑皮层产生一个新的兴奋中心，通过相互诱导，抵消或冲淡原来的优势兴奋中心（即原来的不良情绪中心）。如你与人发生争吵后，马上离开那个环境，去打球或看电影。当悲伤、愤怒、忧愁情绪发生时，先避开某种对象，不去想或暂时遗忘，可以消忧解愁。在余怒未消时，可以通过运动、娱乐、散步等活动，使紧张情绪松弛下来，有意识地转移话题或是做点别的事情来分散注意力，可使不良情绪得到缓解。

💡 心理自助

一不高兴就当个"吃货"——情绪化进食的应对

不少人会因为进食的问题而感到困惑，不管是开心还是情绪低落，都会通过食物来宣泄情绪，会对自己"肚子已经饱了，但还是忍不住再吃"的行为感到不解。有些人甚至会感到羞耻，怀疑自己的意志力，对自己产生否定情绪。

那么什么是情绪化进食，如何应对这一行为呢？

进食不仅是为了满足自然的口腹之欲，也可能被赋予了一些额外的功能。情绪化进食，就是以食物作为调节或控制情绪的工具。"没有很喜欢吃，但就是想不停进食"就是情绪化进食的一种。进食前，我们或许会感到无聊，不知道做什么，或者没有动力去做，这时的进食行为就是为了缓解无聊。进食情况也可能出现在紧张任务来临之际，此时的进食行为是用来缓解紧张的情绪。将注意力转移到进食上可以让我们暂时回避那些不想面对的感受，让我们暂时体验不到紧张、无聊、无助等；又或是进食本身能带给我们满足感，而这种感受往往不易在进食之外获得。

为了让大家更清楚地认识自己的进食行为，接下来我们辨析三组与此相关的概念。

（1）情绪化进食与生理饥饿。首先，情绪化进食一般来得很快，它驱使你迫切地寻找食物，拿到食物后迅速地吞下。而生理性饥饿一般缓慢产生，产生后并不会驱使你迫切地想要进食，人们往往可以忍受一段时间。其次，情绪化进食对食物的渴求是特定的，例如甜食。而生理性饥饿渴求的食物是任意的，可以是高热量的食物，也可以是水果、蔬菜等。最后，情绪化进食相对不可控，而生理性饥饿往往在吃饱后可以及时停止。

（2）情绪化进食与吃多了也是有区别的。情绪化进食吃的可多可少，常伴有失控感，且进食后伴有羞耻、内疚；而日常生活中说的吃多了并不会失控，也不易使人沉溺于负面情绪中。

（3）情绪化进食与暴食。暴食是不可控制地多吃，情绪化进食是由情绪激发的，与吃的多少没有关系。也就是说情绪化进食不一定是暴食。

你是一名情绪化进食者吗？我们可以试问自己：

（1）不自觉吃撑是你的常态吗？

（2）明知自己不是生理性饥饿，你还会不断进食吗？

（3）进食是你调节情绪的主要方式吗？

（4）你能控制自己的进食吗，还是食物在控制你？

如果你对以上几个问题的回答都是肯定的，那么你的进食行为可能存在情绪化特征。

小妙招

一、处在情绪化进食风口的四个小措施

1. 给自己 10 分钟时间

告诉自己，在这 10 分钟内不吃任何东西。如果想吃，就在 10 分钟以后再吃。在 10 分钟的时间内，情绪很可能会降低到不想吃食物的程度。

2. 后退一步

在这 10 分钟之内，你可以远离充满食物的环境，甚至可以采取毁掉食物的方式来阻断与食物的联结。你也可以通过一些方式来转移自己的注意力，例如跑步，给信任的人打电话。

3. 观察情绪

情绪化进食的欲望往往来源于负面情绪，问问自己是否感到愤怒、担心、恐惧、羞愧？你会很快发现自己的负面情绪。

4. 在情绪上冲浪

你可以站在第三者的视角去观察想要进食的冲动，而不是试图压抑这种冲动。你可以想象自己正在冲浪，随着浪花时而上升时而下降。但无论浪来得多么汹涌，你只要站在冲浪板上掌握着平衡，就不会掉入海水中，被其淹没。

二、度过情绪化进食的调整思路

想要改变情绪化进食，关键是了解进食背后的情绪，然后进行有针对性的调节。如果你能够掌握与情绪相处的本领，就不会付诸行动于食物了。当你经历情绪化进食的危机后，可以从以下几点中找到一些调整思路。

1. 找到情绪化进食的诱因

一般来说，情绪化进食会降低人们对情绪的耐受性，加重焦虑、抑郁等负面情绪，强化吃的行为。找到情绪化进食的诱因是改善情绪化进食的第一步。可以问问自己，在何时、何地、何种情绪下，你会向食物寻求安慰？

2. 分析利弊

当你意识到情绪化进食的原因及对自身的危害时，改变就成为可能。利弊分析可以帮助我们觉察情绪化进食对自身的影响，消除情绪化进食的动机。

3. 保持良好的身心状态

运动可以缓解压力，对于情绪调节和身体健康都有良好的促进作用。可以每天花一些时间进行放松，将自己从压力中解脱出来，给予自己重获能量的时间。良好的人际关系对于良好身心状态的保持也起到关键的作用。睡眠对于我们的身心状态十分重要，长时间睡眠不足，大脑对行为的控制就会减弱，这会诱导情绪化进食的产生。

4. 积极求助

当觉得情绪化进食行为不受控制的时候可以及时求助专业机构，心理干预可以帮助你处理进食背后的情绪。必要的时候也可以去心理专科门诊就诊。

面对和处理情绪往往是痛苦的，但请你相信平静会随后而至！

任务三　高速铁路客运服务人员动机、抱负的认知与意志的培养

知识点

- 了解人的工作动机；
- 了解提高抱负水平的方法；
- 了解培养人的意志的途径。

技能目标

- 能够根据高速铁路客运服务人员的行为特征分析其工作动机；
- 能够确定自己的工作动机，并尝试提高自己的抱负水平；
- 能够通过各种途径加强自身的意志水平。

素质目标

体会心理健康是工作、生活的重要保障。

在高速铁路客运服务人员与旅客之间的服务关系中，矛盾、问题、困难等总是存在的。为了做好服务工作，高速铁路客运服务人员应具有坚强的意志。而坚强的意志来自工作动机、抱负水平、工作目标等方面。

心理学认为，需要产生动机，动机支配人的行为，通过行为实现目标。高速铁路客运服务人员只有具备正确的工作动机，强烈的成效期待，以及较高的抱负水平，才能激发和保持工作积极性，提高客运服务工作质量。

一、工作动机

工作动机是一种心理状态，指的是一系列激发与工作绩效相关的行为，并决定这些行为的形式、方向、强度和持续时间的内部与外部力量。动机是个体动力系统的重要组成部分，是行为的原动力，也是行为的直接驱动力量。在职业生涯发展过程中，每个人实际上都是在根据自己的天资、能力、动机、需要、态度和价值观等慢慢形成较为明晰的与职业有关的自我概念，从而形成一个占主要地位的职业动机。职业动机是职业生涯规划时一个必须考虑的要素。

在生活和工作中，动机代表着一个人的内在心理面貌，它在很大程度上决定着一个人的行动。由于社会生活的多样性和复杂性，以及人的需要的差异性和多变性，人们在从事某种活动时，往往有好几个动机同时发生作用。在同时发生作用的动机中，有主要动机和次要动机，明显动机和隐蔽动机，暂时动机和长期动机等。在旅客运输服务中，全心全意为旅客服务，建设高度的社会主义精神文明，努力提高旅客运输服务工作的社会效益和经济效益，应该是高速铁路客运服务人员普遍的、长期的工作动机。全心全意为旅客服务的工作动机，在客运服务中直接表现为敬业精神，即在自己的本职工作岗位上所表现出的勤勤恳恳、任劳任怨、兢兢业业的工作精神。

（一）工作动机需求分析

动机可以是有意识的，也可能是无意识的。动机分为内在动机和外在动机，最基本的内在动机是本能，外在动机是以外界刺激为诱因的，更多的是来源于社会的刺激。内外动机既可以相互促进，在一定条件下又可以相互抵触。如果按照内部动机去行动，我们就是自己的主人，如果驱使我们的是外部动机，我们就会被外部因素所左右，成为它的奴隶。

根据事物的形态，人的需求可分为物质需求和精神需求两类。人的工作动机也不外乎物质与精神两方面的需求。

1. 物质需求的内容

物质需求主要有衣、食、住、行方面的基本物质需求，维持健康和保障安全的一般物质需求，积累未来发展的潜在物质需求，追求社会潮流及攀比、享乐的高级物质需求等。

2. 精神需求的内容

人的精神需求非常丰富，大致可以归结为以下10项内容：他人给予的基本情感需要，如亲情、爱情和友情等；自己获得的摆脱空虚、追求快乐的需要；归属需要，即个人在群体中活动的心理感受；被他人和社会认可的需要；权利需求；荣誉感；受到尊重的需要；实现愿望的需求；责任的需求；体现个人人生价值的需求等。

具体到每一个高速铁路客运服务人员，其工作动机的表现很复杂。从实际情况来看，除了不同程度地具有为他人服务的动机外，还有一些从属的动机。例如，为自身和家庭的生存、发展和享受，必须通过工作而获得收入；为谋求稳定、轻松、舒适的工作环境而选择了高速铁路客运服务职业；对客运工作具有浓厚的兴趣；为了获得他人（上级、同事等）的表扬和尊重；为了争取提升、晋级或表扬，也包括免受批评和处罚。

这些动机的具体差异，是由于高速铁路客运服务人员的觉悟程度、人生理想、价值观念、实践经验、文化修养等差异造成的。

在具体工作中，有时几个动机，甚至相互矛盾的动机，在特定的场合会同时发挥作用。例如，有的高速铁路客运服务人员，努力改进工作方法，提高工作质量，其中既有为旅客服务这个高尚的动机，同时还有"露一手"以引起领导重视的动机，甚至还可能掺杂着把其他同事比下去的动机。这种情况说明，动机的产生是个很复杂的心理现象。同时，动机又是发展变化的，一个动机消失了，会产生另一个动机，低层次的需求满足后，随之产生高层次的需求，不同的需求产生不同的动机。

（二）高速铁路客运服务人员类型分析

将高速铁路客运服务人员的心理成熟度和工作动机结合起来进行分析，可以大致地归纳出以下几种类型。

1. 事业型

这类高速铁路客运服务人员有高尚的工作动机，热爱本职工作，不斤斤计较报酬和荣誉，不怕劳累，一心只想做好本职工作，力求在事业上有较高的成就，工作的积极性和主动性强。在这类高速铁路客运服务人员的需求结构中，成就需求占主导地位，而交往需求和生理需求相对不太强烈，其工作积极性稳定、持久。客运管理工作的重点是为具有事业型动机的高速铁路客运服务人员创造工作条件，使其积极性和创造性能够得到充分的发挥。

2. 自尊型

这类高速铁路客运服务人员的工作动机处于一般水平，谈不上献身客运服务事业，但也决不甘居他人之后。这类高速铁路客运服务人员自尊心较强，比较看重荣誉或"面子"。他们力求自己的工作符合规章的要求。在这类高速铁路客运服务人员的需求结构中，交往和发展需求占主导地位。他们的积极性常常呈现波浪式变化，当受到表扬时，劲头很足，遇到挫折时，则容易情绪低落，甚至垂头丧气。对待具有自尊型工作动机的高速铁路客运服务人员，管理工作的重点是有针对性地对其工作中取得的成绩给予适当的表扬，表扬时要选择有其他人员在场的场合；对其错误要及时给予批评，批评时的场合视问题的严重性而定，一般性的小问题要避免其他人员在场，问题严重时，也需要当众批评，但要做到批评得力，使其心服口服。

3. 服从型

这类高速铁路客运服务人员工作动机的层次不高，让我做什么，我就做什么，从心理上安于现状，不思进取，满足于"过得去"。这些高速铁路客运服务人员的需求结构中，生理、安全、交往等方面的因素占主导地位。他们往往在考评、评比或上级检查工作等激励因素作用下，能表现出较高的积极性，因此，其工作积极性不能持久，带有"偶发性"。客运管理工作的重点是采取适当的方法调动这类高速铁路客运服务人员的积极性。

4. 逆反型

具有逆反型工作动机心理的高速铁路客运服务人员，在工作中不服从指挥，不积极工作，反而影响其他高速铁路客运服务人员的工作态度。其工作动机心理的产生原因有很多方面，例如，对高速铁路客运服务工作不喜欢；在家庭生活及社会生活中发生了一些不愉快的事情，造成心理障碍，产生一些消极的情绪，把消极情绪带到工作中来，等等。对具有逆反型工作动机的高速铁路客运服务人员，客运管理工作的重点是分析产生逆反型心理的原因，有针对性地进行教育，解决其心理问题；对其工作中存在的问题给予适当的批评，问题严重者停止其工作。

上述这些类型的划分是相对的，有时是相互交叉的，同时又是可以转化的。管理者的任务在于进行经常性的思想教育，并且创造良好的情境条件，努力做好思想工作，使高速铁路客运服务人员在工作实践中树立高尚的动机，帮助他们提高心理素质，促使其保持稳定而持久的工作积极性。

二、抱负水平

抱负水平是指高速铁路客运服务人员决定其行为达到什么质量标准的内心目标尺度。许多人在工作和活动中对自己要达到的标准有较高的要求，这种要求就是抱负水平。因此，抱负水平的高低是与一个人为自己所制定的目标的高低相联系的。

（一）抱负水平的表现

抱负水平并不是越高越好，适度的抱负水平，是避免挫折和失败，获得自信和成功，使个体得以顺利发展的重要因素。

1. 抱负远大

抱负远大与否是推动人们从事某项工作以达到某种理想结果的力量。成就动机的高低因人而异，相应地，抱负水平的高低也因人而异。成就动机高的人追求成功心切，因此其抱负水平也较高；成就动机低的人在逃避失败与追求成功二者中更偏重于前者，因而其抱负水平也就较低。

如果高速铁路客运服务人员有远大的抱负，就能够为自己树立远大的人生目标，在工作中精益求精，千方百计提高工作质量，努力在事业上做出贡献。

2. 目光短浅

如果高速铁路客运服务人员目光短浅，抱负水平低，就会在工作中表现出马马虎虎，得过且过，存在"当一天和尚撞一天钟"的心理。

高速铁路客运服务人员应具有远大的抱负水平。具有远大的抱负水平，并不一定表现在轰轰烈烈地干一番事业上。在我们日常生活中，轰轰烈烈的事情很少，更多的是平平凡凡的事情。在本职工作岗位上勤恳工作的敬业精神，也是一种人生的目标，也是一种远大的抱负。伟大来自平凡，它是在平凡的工作岗位上对平凡的工作日积月累而表现出的一种精神。

没有高尚的目标就必然是平庸的目标。普通人可能满足于吃好穿好，或生活上比别人强一些。而有较高抱负的人会追求一种从社会角度来说有价值、有意义的人生。

（二）抱负水平形成的原则

在如何形成适度的抱负水平上，应该遵循以下3个原则。

1. 价值原则

价值原则是指人们所确定的目标应当具有一定的价值，而衡量价值的标准是社会和人类利益。我们每一个人都不是独立存在于这个世界的，我们是生活于并且紧密依赖于社会的，社会性是我们每个人的本质。

任何时候，对任何人，我们都必须以社会和人类利益为衡量目标的标准，符合社会利益的目标就是高尚的，反之就是低下的。像葛朗台，一生嗜钱如命，他的生活对他个人来说是愉快而充实的，但对于整个社会和人类来说，这个生命却是卑俗低下、毫无价值的。

2. 可行原则

可行原则是指人的抱负理想应符合主客观条件。有些人看问题常常失之片面，在目标选择过程中，容易好高骛远，而不注意理想与现实的关系，往往使时间和生命在好大喜功中悄然流逝，自己也感觉深受打击。

3. 超限原则

超限原则是指在可行的前提下，目标应该高一些。古话说："取法于上，仅得为中；取法于中，故为其下。"就是说，要想得"中"就得把目标定在"上"处；若想得"上"，就必须将目标定在"上上"处。因为理想与现实总是有一定的距离，只有在可行性下的超限目标指引下，人的生活和精神才能达到一定程度的紧张，人才会变得更积极、更富生命的张力。

（三）提高抱负水平的方法

一个人抱负水平的提高受多种因素影响。从个人及组织管理角度看，提高抱负水平主要有以下 5 种方法。

1. 正确认识人生的价值观

抱负水平直接反映着一个人的人生观，即人的苦乐观、幸福观、荣辱观、生死观、价值观等方面，其中核心是人的价值观。如果从价值观的角度进行研究，可以发现人追求的是以下方面的价值。

（1）以信仰为中心的精神价值。

（2）以权力、地位为中心的政治价值。

（3）以实利为中心的经济价值。

（4）以和谐、愉悦为中心的审美价值。

人的价值追求不同，决定着抱负的不同内容和方向。不同的抱负，在一定程度上影响着人们对生活、工作、他人的态度和行为。

2. 正确对待得与失，成与败

抱负水平与个人的生活环境及个人对客观现实的认识深度有着密切的关系。在为自己确定了一定的工作目标之后，就要通过自己的努力去达到目标。目标又可分为现实目标和理想目标，现实目标即为可能达到的目标，理想目标即为最高目标。

影响一个人的抱负水平高低的因素很多，主要受以下 3 个因素影响。

1）个人成就动机的高低

动机是推动人从事某项工作以达到某种理想结果的力量。成就动机的高低因人而异，相应地，抱负水平的高低也因人而异。成就动机高的人追求成功心切，因而其抱负水平也就较高；成就动机低的人在逃避失败与追求成功的二者中偏重于前者，因而其抱负水平也就较低。

2）个人能力的大小

一个人的能力有高低之分，能力的大小取决于一个人所拥有的知识的深度和广度，以及对所拥有的知识灵活运用的程度。如果知识渊博，并能够灵活地运用，表现出的能力就高；反之，能力就低。能力高，为实现目标准备了必要的基础前提。而高强的能力，是在运用知识的实践中不断提高的结果。可以说，知识是与理论相关的，能力则与实践相关。目标的制定应与能力相适应。

3）环境因素的影响

能力的高低只为目标的实现提供了基础前提，人的目标能否实现还取决于环境因素的影响。如果人制定的目标脱离了环境，或环境不具备实现目标的条件，都可能造成目标不能实现。这也从另一方面说明，人对目标的制定，需要综合考查两个因素：一是目标必须结合环境的要求；二是尽力创造环境，提高实现目标的可能性。

存在着人的目标能否实现的问题，也就存在着如何对待得与失、成与败的问题。目标能否实现，影响人的抱负水平的高低。在工作中，一个人非常顺利，经常取得成功，如技术革新项目的成功，新的服务方式被肯定和被表扬，合理化建议被采纳，等等，都会提高他的抱负水平。抱负水平高的人，敢于提出较高的工作目标，并具有战胜困难的勇气。

如果人经常受挫和失败，就容易降低其抱负水平。只有意志很顽强，屡遭挫折始终不气馁的人，才能努力坚持下去。有的人，常常异想天开，随意地制定很高的目标，根本不考虑目标实现的可能性和现实性，这样的人也极容易在遭到挫折时，降低其抱负水平。

高速铁路客运服务人员总是不断地在工作中总结经验教训，经历着抱负的“实现性—可能性—新的实现性—更大可能性”这样一个发展过程。例如，一个售票员刚上班时，制定三个月内熟悉有关售票工作的全部知识，并初步掌握售票技术的目标，这个目标既是现实的，又是可行的。实现这个目标后，她为自己制定出发售百万张车票无差错这样的目标，经过努力又实现了。于是她可能对售票工作程序科学化等内容进行深入的研究，进一步提高目标，最终她可能成为这方面的专家。

3. 培养员工积极向上的士气

高速铁路客运服务是由一定数量的高速铁路客运服务人员共同完成的，具有特定的环境性，每个高速铁路客运服务人员都受其工作环境因素的影响和制约。高速铁路客运服务人员抱负水平的高低，受他所在的集体（如乘务组、服务组等）士气的影响。如果整个集体形成你争我赶，积极向上，人际关系和谐的气氛，就会营造比技术、比优质服务的态势，就容易普遍提高员工的抱负水平。

4. 建立奖励先进，鞭策后进的管理方式

高速铁路客运服务人员抱负水平的提高，受到管理方式的影响，即管理方式是否有利于激发职工的积极性、主动性，是否真正奖励先进，鞭策后进等，所以，高速铁路客运服务管理部门务必建立和健全科学有效的奖罚制度，并充分发挥这个机制的积极作用。

5. 建立良好的铁路客运管理人员与服务人员之间的关系

铁路客运管理人员与服务人员之间良好的关系，可以造就一个和谐、轻松的工作氛围。在工作中，高速铁路客运服务人员畅所欲言，积极地提出合理化建议，既能够做到改进工作方式，提高服务水平，又能满足高速铁路客运服务人员工作的成就感。

高速铁路客运服务人员的抱负水平同工作动机有密切联系，两者都是复杂可变的心理现象，客运组织中的管理者要经常对高速铁路客运服务人员进行形势教育和理想教育，刺激高速铁路客运服务人员产生做好工作的愿望，帮助他们树立信心，并采取正确的政策和方法，促使高速铁路客运服务人员提高抱负水平。

三、意志及其培养

意志是人的内部意识向外部动作或活动的主动转化，这种主动转化就表现为意志对人的

活动的调节和支配。一方面，这种调节和支配是根据自觉的目的进行的；另一方面，只有通过这种对行动的调节、支配，自觉的目的方能得以实现。意志对行动的这种调节、支配作用表现为发动和制止两个方面。另外，意志还可以调节人的注意、观察和思维等心理活动。

人的意志品质不是天生的，而是在后天生活实践的过程中逐步形成的，因此，培养良好的意志品质对保持健康的心理有重要意义。

1. 树立高尚的理想和恰当的目标

理想是指路明灯，没有理想，就没有坚定的方向，而没有方向也就没有生活。远大的理想和确定的目标是培养坚强意志的前提。

当然理想的树立和目标的确立应该是正确的、有意义的、符合社会发展要求的，也必须与现实的学习与工作结合起来。只有把理想转化到现实的生活中，成为行动的指南，意志才有发展的可能。

2. 加强科学的世界观教育

世界观是人认识活动的定向工具和行为调节器。树立科学的世界观，才能使人正确地确立自己的行为目的。

3. 积极参与社会实践

坚强的意志是在克服困难的实践活动中形成和发展起来的，积极参加实践活动，对实践活动中存在的问题努力去解决，与困难进行斗争，会提高人的意志力。

意志品质是人们在长期的社会实践与社会生活中形成的较为稳定的心理素质，它在人们调动自身力量去克服困难和挫折的实践中体现出来。一个人意志的培养和锻炼并不仅仅局限于挫折、困难、逆境，有时取得成功时坚持不懈要比遭到失败时顽强不屈更重要。

4. 要有吃苦的思想准备

成就大事的过程就是意志磨炼的过程，意志磨炼的过程也就是吃苦耐劳、艰苦努力的过程。

5. 充分发挥集体和榜样的教育作用

在具有良好风气的集体中，人们团结互助，珍惜自己所属的集体，尊重集体的意见，执行集体委托的任务，努力为集体争光而不损害集体的荣誉。对集体的义务感和荣誉感有助于人的自制、刚毅、勇敢等意志品质的形成。

榜样在意志品质的培养中占据重要的地位。可选择社会上的先进人物做榜样，也要善于从职工周围的生活中、熟悉的人群中选取典型，这些榜样因为心理距离小，使人感到亲切，心理障碍少，容易接受。

6. 优化自身的素质，塑造健全的个性

集体荣誉感、榜样的教育等，必须通过自我锻炼才能真正起作用。为加强意志的自我锻炼，要养成自我检查、自我监督、自我鼓励等习惯。

💡 **素质拓展**

"00后"的首个春运

有一群"00后"新面孔，她们是新入职的高铁乘务员，面对职业生涯中的首个春运，姑娘们到底表现如何？

　　2022年2月15日凌晨4时10分，在中国铁路郑州局集团有限公司郑州东高铁行车公寓里，丁飞燕、尚梦涵和廉梦艳已经开始洗漱、化妆、整理仪容。

　　作为郑州客运段高铁一队的新晋乘务员，入路半年来，除去岗前集中培训，她们真正走上工作岗位的时间还不到四个月。说起职业生涯中迎来的第一个春运，丁飞燕、尚梦涵和廉梦艳表示既紧张又兴奋，每天都全力以赴迎接"大考"。如今春运即将结束，姑娘们依旧坚守岗位，唯一的变化是工作的时候越来越自信从容。"一个月来虽然累惨了，但非常充实，我也学到了很多！节前那几天最让我印象深刻，能把思乡心切、渴望与家人团聚的旅客安全送到目的地，我觉得自己做了件特别有意义的事。看着他们因为回家而掩盖不住的喜悦，我也更加明白了家的意义。"廉梦艳回忆着。春运期间，丁飞燕、尚梦涵和廉梦艳值乘的路线和范围各有不同，工作侧重点也自然不同。廉梦艳主要值乘省内线路，车程短但跨区域流动的客流较高；尚梦涵主要值乘北京方向线路，进京列车各项工作需要多加注意；丁飞燕值乘北京至银川的线路，车程长、站点多，还需要在异地过夜，一个班往返下来需要近40个小时，对体力和耐力是个不小的考验。

　　高铁乘务员在许多人眼中是个光鲜亮丽的工作，尚梦涵上学时也一直这么认为，但真正成为一名高铁乘务员后，这个职业让她有了全新的认识：工作琐碎，责任重大！

　　用尚梦涵自己的话来形容，想成为一名优秀的高铁乘务员，要精通"十八般武艺"——查票验票、线路情况、急救常识、消防应急、外语手语、形体礼仪……除了熟练掌握业务技能，还要不断丰富自己的阅历，培养超强的观察能力和耐心，再加上充沛的体力，这样才能从容不迫地服务旅客，解决旅行途中出现的问题。尽管入路时间不长，但对三名"00后"来说，每一次出乘经历都让她们记忆犹新。

　　"记得我第一次出乘正好遇到雨雪天气，列车晚点，一些旅客情绪激动，问题一个接一个扑面而来。我当时真感觉脑袋发懵，有点不知所措，幸好师傅及时解围。现在回想起来，自己当时应该积极回答旅客提问，不逃避，这样才能跟旅客建立信任关系。"廉梦艳回忆着当时的情景。

　　"我那天遇到一位独自带娃乘车的旅客想去卫生间，请我帮忙照顾宝宝。我因为没有抱孩子的经验，动作有些笨拙，弄得宝宝一直哭。好在身边的师傅及时接手，并教我该如何处理。"丁飞燕说，对旅客服务的责任心要在日常工作中不断培养。

　　"您好，欢迎乘车，请注意脚下安全！"这是三个人工作中对旅客说得最多的一句话。随着春运接近尾声，她们也快速成长为可以独当一面的高铁乘务员。虽然前方的道路依旧漫长，但只要时刻把守护旅客安全放在首位，姑娘们的脚步就会更快、更坚定。

　　很多像丁飞燕、尚梦涵和廉梦艳一样的"00后"铁路新人，放弃与家人团聚的机会，和师哥、师姐、师傅们一起义无反顾地投入铁路运输工作中，把万千旅客安全、平安送达目的地。

　　点拨要点、领会精髓：

　　（1）不论从事什么类型的工作，在哪个岗位上，职位是高是低，都要有一个健康的心理。心理健康是工作顺利、家庭幸福的重要条件。

　　（2）每个人都是社会的一分子，都在自己的岗位上为国家、为社会做着自己的贡献。

当别人举家团圆时，高速铁路客运服务人员往往奋战在工作的第一线；当为旅客的安全尽责时，偶尔会招来旅客的误解与埋怨；当工作辛苦、任劳任怨，却不如金融、航空等行业的朋友、同学收入高时，身上的使命，强大的心理调适能力是你坚持初心，承受压力，战胜困难，抵御外界诱惑与干扰，踏实做好本职工作，一步一个脚印走向成熟的能量之源。

💡 心理自助

从"心"出发：自主掌控人生的力量

在生活中，如果你只是为了追求外在的金钱、名望，会很容易感到疲倦；而如果依靠内在动机，也就是从内心自发地"生"出一股力量，就能把自己变成一台"永动机"，永远带着兴趣、好奇和冲劲儿去学习、工作和生活。

为何我们常感受不到内在动机，如何寻找内在动机呢？

一、外部的奖励与惩罚并不如我们想象的有用

社会心理学专家发现，孩子天生的求知欲是惊人的，可是随着孩子慢慢长大，他们的学习动机就大为减弱。特别是进入学校之后，他们很少表现出在三四岁时那种对学习天生的好奇心和兴奋感。这让专家们开始怀疑，也许人们长期以来思考的方式错了：外在的奖惩并不会激励孩子的行为，反而会破坏孩子的内在动机。

专家们找来了一群学生，让他们来玩一款拼图游戏。专家们把这群学生分为两组，其中一组学生每成功拼出一个图案，就会得到金钱的奖励。而另一组学生则不会得到任何奖励。

实验开始时，所有学生都需要专注地拼大约半个小时的拼图。然后，实验室的工作人员会告诉他们，实验结束，他必须离开房间几分钟，去把数据输入计算机中。在工作人员离开的这段时间里，学生们可以在房里自由活动。事实上，这个实验最重要的观察部分，就是工作人员离开的这 8 分钟。

结果显示，那些因为拼图游戏而获得金钱奖励的学生，一旦没有奖励，他们便不再玩了。即使这本来是一项他们一开始就非常愿意玩的游戏。而那些没有获得任何奖励的学生，在实验结束后的 8 分钟时间里，他们还愿意花时间玩拼图。这能在一定程度上表明，金钱奖励削弱了学生的内在动机。

二、外部奖励与惩罚会削弱内在动机

专家们认为，外部奖赏和惩罚破坏了人类三种最基本的心理需求：自主、胜任和联结。只要满足这三种需求，就能持续地激发人们的内在动机，让人们全心全意地投入某件事情。

1. 自主

顾名思义，自主就是自己做主，不受别人支配。被人控制的事情，既包括物质的奖惩，比如做得好升职加薪，做得差批评教育，也包括威胁，比如父母威胁孩子，"如果你不学习，就不能看电视"，还包括最后期限、强加的目标、外在的监督等，这些都会破坏内在动机。

对人来说，自主的本质，是希望自己成为自己行动的"本源"，而不是被外部力量操纵的"棋子"。我们需要感到自己的行为是自己选择的，这种需求是和吃喝拉撒一样重要的。

而外部奖励恰恰削弱了人的掌控感，它把玩家变成了棋子。

2. 胜任

我们都很乐意做能给自己带来胜任感、成就感的事。外界为了激发我们的胜任感，经常会因为我们做成了某件事情，而给我们奖赏。但每个人能胜任的事情是不同的，这就造成了外界在乎的，不一定是当事人在乎的。

比如在奥运会赛场上，如果把一切都变成一场只有一个赢家的比赛时，那么我们肯定会把取得银牌的运动员，看作令人失望的失败者，即使他已经排名第二了。这时，我们就是在通过外界一致的舆论，破坏运动员对胜任感的自然渴望。因为我们在潜意识里认为，获胜要比在比赛中表现出色更重要。

3. 联结

联结就是爱与被爱的需要，关心与被关心的需要。为了和他人建立关系，我们从儿时开始，就会做出相应的调整，接受身边群体和社会的价值观。心理学界就是用"内化"这个词，来描述个人接受社会价值观和规则的具体过程。

内化包括两个部分，首先是整合，就是你从心里接受了外部的价值观和规则，并且把它消化了，当成自己的一部分，这是内化的最佳形式。而另一种是内摄，你可能并不认可某些价值观和规则，但由于你害怕被孤立，担心自己不按对方的要求做，他们就会回收爱，所以你不得不接受。

在外界因素的影响下，很多人内化的方式不是整合，而是内摄。包括胁迫在内的外部奖赏，很多时候不仅不能满足个体对联结的需要，还可能阻碍真实的自我的发展。

三、挖掘自己的内在动机

1. 接纳情绪成本

我们之所以要激发内在动机，通常是因为想要借助它的力量，实现自我改善或改变。而专家们指出，很多人之所以无法激发内在动机的力量，正是因为，他们其实从心底并不愿意接纳因为改变而带来的情绪成本。比如失去长辈夸奖引发的失落，不够好看引发的焦虑，落于人后引发的屈辱感，等等。

首先是要允许自己充分感受这些情绪，承认它们的合理性；在此基础上，可以尝试进行自我调节。在通常情况下，我们之所以会产生种种情绪，是因为我们想要得到或者无法得到某些东西。那么，在找到这个东西之后，我们可以退后一步，认真地问自己：我真的需要它吗？如果没有它，会怎样？在很多时候，当人们反复追问自己这些问题的时候，会突然发觉，很多自己曾经以为"必须、应该、不得不"去追求的东西，其实并不是自己真正需要的东西，或者，它们的重要性并没有想象中那么高。因此，像这样的追问，能够帮助我们在不压抑自己情绪的前提下，调节情绪、接纳情绪。

2. 重新定义自我

在这一步里，你需要在头脑中画出一幅清晰的画像，描绘出你想成为的那个样子，让自己真切地看到那个改变后的你。通过这幅画像，重新定义自己的未来，激发出一个强有力的"内在动机"，正是这个动机，能给你坚定的决心，把改变贯彻到底。

最后，当我们基于内在动机，也就是愿意为了自己做一些事情，而不是被外在力量强迫时，我们才能获得真正的自主和持久的幸福。

项 目 实 训

制定缓解压力的方案并持续实施

1. 实训要求

（1）若干人为一组，设组长一人。

（2）每位小组成员设计个人缓解压力的方案。

（3）召开小组讨论会，小组成员介绍自己的方案，其他小组成员提出意见和建议。

（4）完善方案，并着手实施。

（5）一段时间后，总结经验，调整方案后再实施。

2. 实训成果

（1）个人缓解压力的方案。

（2）总结实施个人缓解压力方案过程中的感受。

参 考 文 献

［1］兰云飞，宋婷婷. 铁路旅客服务心理学. 北京：北京交通大学出版社，2022.

［2］万金辉，吴垠锋，任娜. 高速铁路旅客运输心理学. 北京：北京交通大学出版社，2018.

［3］北京交通大学轨道交通行车关键岗位人员职业适应性研究中心. 铁路职工心理健康管理手册. 北京：北京交通大学出版社，2016.